全国高等职业教育药品类专业
国家卫生健康委员会"十三五"规划教材

供药学、药物制剂技术、化学制药技术、中药制药技术、
生物制药技术、药品经营与管理、药品服务与管理专业用

医药应用文写作

第 3 版

主　编　张月亮

副主编　谢雨君　王建林

编　者　（以姓氏笔画为序）

王　琳　（重庆医药高等专科学校）　　张月亮　（山东医学高等专科学校）

王建林　（南阳医学高等专科学校）　　赵方军　（山东海王医药集团有限公司）

许　君　（天津生物工程职业技术学院）　郝美玲　（黑龙江中医药大学）

张万强　（山东医学高等专科学校）　　谢雨君　（重庆三峡医药高等专科学校）

人民卫生出版社

图书在版编目（CIP）数据

医药应用文写作／张月亮主编.—3 版.—北京：
人民卫生出版社,2018
ISBN 978-7-117-26285-9

Ⅰ.①医…　Ⅱ.①张…　Ⅲ.①医药学-应用文-写作
-高等职业教育-教材　Ⅳ.①H152.3

中国版本图书馆 CIP 数据核字(2018)第 088509 号

人卫智网	www.ipmph.com	医学教育、学术、考试、健康， 购书智慧智能综合服务平台
人卫官网	www.pmph.com	人卫官方资讯发布平台

医药应用文写作
第 3 版

主　　编：张月亮
出版发行：人民卫生出版社（中继线 010-59780011）
地　　址：北京市朝阳区潘家园南里 19 号
邮　　编：100021
E - mail：pmph @ pmph.com
购书热线：010-59787592　010-59787584　010-65264830
印　　刷：北京盛通数码印刷有限公司
经　　销：新华书店
开　　本：850×1168　1/16　印张：19
字　　数：447 千字
版　　次：2009 年 1 月第 1 版　2019 年 3 月第 3 版
　　　　　2024 年 11 月第 3 版第 4 次印刷（总第 19 次印刷）
标准书号：ISBN 978-7-117-26285-9
定　　价：46.00 元

打击盗版举报电话：010-59787491　E- mail：WQ @ pmph.com
（凡属印装质量问题请与本社市场营销中心联系退换）

全国高等职业教育药品类专业国家卫生健康委员会"十三五"规划教材出版说明

《国务院关于加快发展现代职业教育的决定》《高等职业教育创新发展行动计划(2015—2018年)》《教育部关于深化职业教育教学改革全面提高人才培养质量的若干意见》等一系列重要指导性文件相继出台,明确了职业教育的战略地位、发展方向。为全面贯彻国家教育方针,将现代职教发展理念融入教材建设全过程,人民卫生出版社组建了全国食品药品职业教育教材建设指导委员会。在该指导委员会的直接指导下,经过广泛调研论证,人民卫生出版社启动了全国高等职业教育药品类专业第三轮规划教材的修订出版工作。

本套规划教材首版于2009年,于2013年修订出版了第二轮规划教材,其中部分教材入选了"十二五"职业教育国家规划教材。本轮规划教材主要依据教育部颁布的《普通高等学校高等职业教育(专科)专业目录(2015年)》及2017年增补专业,调整充实了教材品种,涵盖了药品类相关专业的主要课程。全套教材为国家卫生健康委员会"十三五"规划教材,是"十三五"时期人卫社重点教材建设项目。本轮教材继续秉承"五个对接"的职教理念,结合国内药学类专业高等职业教育教学发展趋势,科学合理推进规划教材体系改革,同步进行了数字资源建设,着力打造本领域首套融合教材。

本套教材重点突出如下特点:

1. **适应发展需求,体现高职特色**　本套教材定位于高等职业教育药品类专业,教材的顶层设计既考虑行业创新驱动发展对技术技能型人才的需要,又充分考虑职业人才的全面发展和技术技能型人才的成长规律;既集合了我国职业教育快速发展的实践经验,又充分体现了现代高等职业教育的发展理念,突出高等职业教育特色。

2. **完善课程标准,兼顾接续培养**　本套教材根据各专业对应从业岗位的任职标准优化课程标准,避免重要知识点的遗漏和不必要的交叉重复,以保证教学内容的设计与职业标准精准对接,学校的人才培养与企业的岗位需求精准对接。同时,本套教材顺应接续培养的需要,适当考虑建立各课程的衔接体系,以保证高等职业教育对口招收中职学生的需要和高职学生对口升学至应用型本科专业学习的衔接。

3. **推进产学结合,实现一体化教学**　本套教材的内容编排以技能培养为目标,以技术应用为主线,使学生在逐步了解岗位工作实践,掌握工作技能的过程中获取相应的知识。为此,在编写队伍组建上,特别邀请了一大批具有丰富实践经验的行业专家参加编写工作,与从全国高职院校中遴选出的优秀师资共同合作,确保教材内容贴近一线工作岗位实际,促使一体化教学成为现实。

4. **注重素养教育,打造工匠精神**　在全国"劳动光荣、技能宝贵"的氛围逐渐形成,"工匠精神"在各行各业广为倡导的形势下,医药卫生行业的从业人员更要有崇高的道德和职业素养。教材更加强调要充分体现对学生职业素养的培养,在适当的环节,特别是案例中要体现出药品从业人员的行为准则和道德规范,以及精益求精的工作态度。

5. 培养创新意识,提高创业能力 为有效地开展大学生创新创业教育,促进学生全面发展和全面成才,本套教材特别注意将创新创业教育融入专业课程中,帮助学生培养创新思维,提高创新能力、实践能力和解决复杂问题的能力,引导学生独立思考、客观判断,以积极的、锲而不舍的精神寻求解决问题的方案。

6. 对接岗位实际,确保课证融通 按照课程标准与职业标准融通,课程评价方式与职业技能鉴定方式融通,学历教育管理与职业资格管理融通的现代职业教育发展趋势,本套教材中的专业课程,充分考虑学生考取相关职业资格证书的需要,其内容和实训项目的选取尽量涵盖相关的考试内容,使其成为一本既是学历教育的教科书,又是职业岗位证书的培训教材,实现"双证书"培养。

7. 营造真实场景,活化教学模式 本套教材在继承保持人卫版职业教育教材栏目式编写模式的基础上,进行了进一步系统优化。例如,增加了"导学情景",借助真实工作情景开启知识内容的学习;"复习导图"以思维导图的模式,为学生梳理本章的知识脉络,帮助学生构建知识框架。进而提高教材的可读性,体现教材的职业教育属性,做到学以致用。

8. 全面"纸数"融合,促进多媒体共享 为了适应新的教学模式的需要,本套教材同步建设以纸质教材内容为核心的多样化的数字教学资源,从广度、深度上拓展纸质教材内容。通过在纸质教材中增加二维码的方式"无缝隙"地链接视频、动画、图片、PPT、音频、文档等富媒体资源,丰富纸质教材的表现形式,补充拓展性的知识内容,为多元化的人才培养提供更多的信息知识支撑。

本套教材的编写过程中,全体编者以高度负责、严谨认真的态度为教材的编写工作付出了诸多心血,各参编院校对编写工作的顺利开展给予了大力支持,从而使本套教材得以高质量如期出版,在此对有关单位和各位专家表示诚挚的感谢! 教材出版后,各位教师、学生在使用过程中,如发现问题请反馈给我们(renweiyaoxue@163.com),以便及时更正和修订完善。

人民卫生出版社

2018 年 3 月

全国高等职业教育药品类专业国家卫生健康委员会
"十三五"规划教材
教材目录

序号	教材名称	主编	适用专业
1	人体解剖生理学(第3版)	贺　伟　吴金英	药学类、药品制造类、食品药品管理类、食品工业类
2	基础化学(第3版)	傅春华　黄月君	药学类、药品制造类、食品药品管理类、食品工业类
3	无机化学(第3版)	牛秀明　林　珍	药学类、药品制造类、食品药品管理类、食品工业类
4	分析化学(第3版)	李维斌　陈哲洪	药学类、药品制造类、食品药品管理类、医学技术类、生物技术类
5	仪器分析	任玉红　闫冬良	药学类、药品制造类、食品药品管理类、食品工业类
6	有机化学(第3版)*	刘　斌　卫月琴	药学类、药品制造类、食品药品管理类、食品工业类
7	生物化学(第3版)	李清秀	药学类、药品制造类、食品药品管理类、食品工业类
8	微生物与免疫学*	凌庆枝　魏仲香	药学类、药品制造类、食品药品管理类、食品工业类
9	药事管理与法规(第3版)	万仁甫	药学类、药品经营与管理、中药学、药品生产技术、药品质量与安全、食品药品监督管理
10	公共关系基础(第3版)	秦东华　惠　春	药学类、药品制造类、食品药品管理类、食品工业类
11	医药数理统计(第3版)	侯丽英	药学、药物制剂技术、化学制药技术、中药制药技术、生物制药技术、药品经营与管理、药品服务与管理
12	药学英语	林速容　赵　旦	药学、药物制剂技术、化学制药技术、中药制药技术、生物制药技术、药品经营与管理、药品服务与管理
13	医药应用文写作(第3版)	张月亮	药学、药物制剂技术、化学制药技术、中药制药技术、生物制药技术、药品经营与管理、药品服务与管理

序号	教材名称	主编	适用专业
14	医药信息检索(第3版)	陈 燕 李现红	药学、药物制剂技术、化学制药技术、中药制药技术、生物制药技术、药品经营与管理、药品服务与管理
15	药理学(第3版)	罗跃娥 樊一桥	药学、药物制剂技术、化学制药技术、中药制药技术、生物制药技术、药品经营与管理、药品服务与管理
16	药物化学(第3版)	葛淑兰 张彦文	药学、药品经营与管理、药品服务与管理、药物制剂技术、化学制药技术
17	药剂学(第3版)*	李忠文	药学、药品经营与管理、药品服务与管理、药品质量与安全
18	药物分析(第3版)	孙 莹 刘 燕	药学、药品质量与安全、药品经营与管理、药品生产技术
19	天然药物学(第3版)	沈 力 张 辛	药学、药物制剂技术、化学制药技术、生物制药技术、药品经营与管理
20	天然药物化学(第3版)	吴剑峰	药学、药物制剂技术、化学制药技术、生物制药技术、中药制药技术
21	医院药学概要(第3版)	张明淑 于 倩	药学、药品经营与管理、药品服务与管理
22	中医药学概论(第3版)	周少林 吴立明	药学、药物制剂技术、化学制药技术、中药制药技术、生物制药技术、药品经营与管理、药品服务与管理
23	药品营销心理学(第3版)	丛 媛	药学、药品经营与管理
24	基础会计(第3版)	周凤莲	药品经营与管理、药品服务与管理
25	临床医学概要(第3版)*	曾 华	药学、药品经营与管理
26	药品市场营销学(第3版)*	张 丽	药学、药品经营与管理、中药学、药物制剂技术、化学制药技术、生物制药技术、中药制药技术、药品服务与管理
27	临床药物治疗学(第3版)*	曹 红	药学、药品经营与管理、药品服务与管理
28	医药企业管理	戴 宇 徐茂红	药品经营与管理、药学、药品服务与管理
29	药品储存与养护(第3版)	徐世义 宫淑秋	药品经营与管理、药学、中药学、药品生产技术
30	药品经营管理法律实务(第3版)*	李朝霞	药品经营与管理、药品服务与管理
31	医学基础(第3版)	孙志军 李宏伟	药学、药物制剂技术、生物制药技术、化学制药技术、中药制药技术
32	药学服务实务(第2版)	秦红兵 陈俊荣	药学、中药学、药品经营与管理、药品服务与管理

序号	教材名称	主编	适用专业
33	药品生产质量管理(第3版)*	李洪	药物制剂技术、化学制药技术、中药制药技术、生物制药技术、药品生产技术
34	安全生产知识(第3版)	张之东	药物制剂技术、化学制药技术、中药制药技术、生物制药技术、药学
35	实用药物学基础(第3版)	丁丰 张庆	药学、药物制剂技术、生物制药技术、化学制药技术
36	药物制剂技术(第3版)*	张健泓	药学、药物制剂技术、化学制药技术、生物制药技术
	药物制剂综合实训教程	胡英 张健泓	药学、药物制剂技术、药品生产技术
37	药物检测技术(第3版)	甄会贤	药品质量与安全、药物制剂技术、化学制药技术、药学
38	药物制剂设备(第3版)	王泽	药品生产技术、药物制剂技术、制药设备应用技术、中药生产与加工
39	药物制剂辅料与包装材料(第3版)*	张亚红	药物制剂技术、化学制药技术、中药制药技术、生物制药技术、药学
40	化工制图(第3版)	孙安荣	化学制药技术、生物制药技术、中药制药技术、药物制剂技术、药品生产技术、食品加工技术、化工生物技术、制药设备应用技术、医疗设备应用技术
41	药物分离与纯化技术(第3版)	马娟	化学制药技术、药学、生物制药技术
42	药品生物检定技术(第2版)	杨元娟	药学、生物制药技术、药物制剂技术、药品质量与安全、药品生物技术
43	生物药物检测技术(第2版)	兰作平	生物制药技术、药品质量与安全
44	生物制药设备(第3版)*	罗合春 贺峰	生物制药技术
45	中医基本理论(第3版)*	叶玉枝	中药制药技术、中药学、中药生产与加工、中医养生保健、中医康复技术
46	实用中药(第3版)	马维平 徐智斌	中药制药技术、中药学、中药生产与加工
47	方剂与中成药(第3版)	李建民 马波	中药制药技术、中药学、药品生产技术、药品经营与管理、药品服务与管理
48	中药鉴定技术(第3版)*	李炳生 易东阳	中药制药技术、药品经营与管理、中药学、中草药栽培技术、中药生产与加工、药品质量与安全、药学
49	药用植物识别技术	宋新丽 彭学著	中药制药技术、中药学、中草药栽培技术、中药生产与加工

序号	教材名称	主编	适用专业
50	中药药理学（第3版）	袁先雄	药学、中药学、药品生产技术、药品经营与管理、药品服务与管理
51	中药化学实用技术（第3版）*	杨 红　郭素华	中药制药技术、中药学、中草药栽培技术、中药生产与加工
52	中药炮制技术（第3版）	张中社　龙全江	中药制药技术、中药学、中药生产与加工
53	中药制药设备（第3版）	魏增余	中药制药技术、中药学、药品生产技术、制药设备应用技术
54	中药制剂技术（第3版）	汪小根　刘德军	中药制药技术、中药学、中药生产与加工、药品质量与安全
55	中药制剂检测技术（第3版）	田友清　张钦德	中药制药技术、中药学、药学、药品生产技术、药品质量与安全
56	药品生产技术	李丽娟	药品生产技术、化学制药技术、生物制药技术、药品质量与安全
57	中药生产与加工	庄义修　付绍智	药学、药品生产技术、药品质量与安全、中药学、中药生产与加工

说明：* 为"十二五"职业教育国家规划教材。全套教材均配有数字资源。

全国食品药品职业教育教材建设指导委员会
成员名单

主 任 委 员：姚文兵　中国药科大学

副主任委员：刘　斌　天津职业大学　　　　　马　波　安徽中医药高等专科学校

冯连贵　重庆医药高等专科学校　　　袁　龙　江苏省徐州医药高等职业学校

张彦文　天津医学高等专科学校　　　缪立德　长江职业学院

陶书中　江苏食品药品职业技术学院　张伟群　安庆医药高等专科学校

许莉勇　浙江医药高等专科学校　　　罗晓清　苏州卫生职业技术学院

昝雪峰　楚雄医药高等专科学校　　　葛淑兰　山东医学高等专科学校

陈国忠　江苏医药职业学院　　　　　孙勇民　天津现代职业技术学院

委　　　　员（以姓氏笔画为序）：

于文国　河北化工医药职业技术学院　杨元娟　重庆医药高等专科学校

王　宁　江苏医药职业学院　　　　　杨先振　楚雄医药高等专科学校

王玮瑛　黑龙江护理高等专科学校　　邹浩军　无锡卫生高等职业技术学校

王明军　厦门医学高等专科学校　　　张　庆　济南护理职业学院

王峥业　江苏省徐州医药高等职业学校　张　建　天津生物工程职业技术学院

王瑞兰　广东食品药品职业学院　　　张　铎　河北化工医药职业技术学院

牛红云　黑龙江农垦职业学院　　　　张志琴　楚雄医药高等专科学校

毛小明　安庆医药高等专科学校　　　张佳佳　浙江医药高等专科学校

边　江　中国医学装备协会康复医学装　张健泓　广东食品药品职业学院

　　　　备技术专业委员会　　　　　张海涛　辽宁农业职业技术学院

师邱毅　浙江医药高等专科学校　　　陈芳梅　广西卫生职业技术学院

吕　平　天津职业大学　　　　　　　陈海洋　湖南环境生物职业技术学院

朱照静　重庆医药高等专科学校　　　罗兴洪　先声药业集团

刘　燕　肇庆医学高等专科学校　　　罗跃娥　天津医学高等专科学校

刘玉兵　黑龙江农业经济职业学院　　邴枝花　安徽医学高等专科学校

刘德军　江苏省连云港中医药高等职业　金浩宇　广东食品药品职业学院

　　　　技术学校　　　　　　　　　周双林　浙江医药高等专科学校

孙　莹　长春医学高等专科学校　　　郝晶晶　北京卫生职业学院

严　振　广东省药品监督管理局　　　胡雪琴　重庆医药高等专科学校

李　霞　天津职业大学　　　　　　　段如春　楚雄医药高等专科学校

李群力　金华职业技术学院　　　　　袁加程　江苏食品药品职业技术学院

莫国民　上海健康医学院

晨　阳　江苏医药职业学院

顾立众　江苏食品药品职业技术学院

葛　虹　广东食品药品职业学院

倪　峰　福建卫生职业技术学院

蒋长顺　安徽医学高等专科学校

徐一新　上海健康医学院

景维斌　江苏省徐州医药高等职业学校

黄丽萍　安徽中医药高等专科学校

潘志恒　天津现代职业技术学院

黄美娥　湖南食品药品职业学院

前　言

医药应用文作为应用文大类中的一种,在医药卫生领域被广泛地使用,医药应用文写作是所有医药相关专业学生必须学习掌握的技能之一。近年来出版的高职高专应用文写作类教材绝大多数属于公共综合类,即内容上多以法定公文为主,再以此为基础全面介绍其他各类应用文,体系庞大,内容繁杂,适用面广,而真正面向医药卫生领域的内容相对较少。本书正是为了适应高等卫生职业教育教学改革与发展的需要,面向药品类相关专业学生,适应他们未来的职业岗位需求而进行编写的针对性较强的国家卫生健康委员会"十三五"规划教材。

本教材保留了第2版的诸多特点。此次编写更加密切结合医药工作的实际,增添了数字素材,精心选取符合医药生产和经营专业特点的应用文种,在模拟的任务情境中重点介绍了医药工作事务文书、医药工作公务文书、医药经济类文书、医药工作礼仪文书、医药新闻类文书、医药科技文书、医药法律文书、申论及专用书信的写作知识、写作技能与技巧。在编写中设置了"导学情景""课堂活动"等环节,强调基本技能的训练和培养,注重与医药行业专业的密切结合,使学生能够有身临其境的亲切感。精选与医药实践密切相关的写作案例,采用分栏对应的形式进行简要评析,使学生能够直观地了解应用文体的基本程式和内容要点。教材编写中还特别注重教材的适读性,精心设置了"知识链接""点滴积累"等小栏目,引导学生阅读并读有所获。

本教材供药学及其相关专业教学使用,也可作为医药行业培训和自学用书。

本教材由山东医学高等专科学校张月亮担任主编,重庆三峡医药高等专科学校谢雨君、南阳医学高等专科学校王建林担任副主编,重庆医药高等专科学校王琳、天津生物工程职业技术学院许君、黑龙江中医药大学郝美玲、山东海王医药集团有限公司赵方军、山东医学高等专科学校张万强等参加了本书的编写工作。尽管各位编者殚精竭虑,一次次交流讨论,力图使教材能更加完善,但不足之处依然存在,还请广大师生在使用中予以批评指正。

本书在编写过程中,参考了大量的文献资料,吸收了最新的研究成果,特别是援引、借鉴、改编了大量的已有例文和训练素材,我们尽可能在参考文献中一一列出,但仍有一些引用的成果及材料未能注明,特此说明并致谢!

主编

2019 年 1 月

目　录

第一章

医药应用文写作基础知识

ER-01章PPT

导学情景 ∨ ··

情景描述：

叶圣陶先生指出"大学毕业生不一定要会写小说诗歌，但是一定要写工作和生活中实用的文章，而且非写得既通顺又扎实不可。"然而，《新民晚报》曾登载一篇题为《大学生：企业想对你说》的文章提到："尽管有这个证书、那个证书，大学生们最基本的语言表达和写作能力却不尽如人意，不少企业表示有15%的大学生在写作能力方面十分欠缺"。

学前导语：

对于医药相关专业的大学生而言，医药应用文写作能力的重要性日趋凸显。本章将带领同学们学习医药应用文写作的基础知识，从而为熟练写作奠定基础。

第一节　医药应用文的主旨

一、医药应用文主旨的内涵和作用

（一）医药应用文主旨的内涵

主旨的内涵较为丰富，议论文称为中心论点；说明文称为中心意思；文学作品中常称为主题、主题思想（或中心思想）；应用文则称为主旨。医药应用文的主旨，是指文章的行文目的、对客观事物的态度、认识和文本内容。即写作主体写出文章的全部材料所表达的基本思想和目的、意图。因此，医药应用文的主旨通常由两部分组成：一是写作主体的目的、意图，二是医药应用文的主要内容。但一些篇幅短小的医药应用文，如任免通知、公告，其主旨只写主要内容而不必写出写作意图。

（二）医药应用文主旨的作用

在每一篇医药应用文中，主旨都会贯穿首尾，成为支配一切的中心。清代王夫之在《姜斋诗话》中谈道："无论诗歌与长行文字，俱以立意为主。意犹帅也，无帅之兵，谓之乌合。"主旨具有高度的抽象性，渗透而又超越于具体写作材料之上。作者在写作时，需主旨先行，其后的取材、谋篇布局、遣词造句才能顺理成章，形成一个整体。

主旨是医药应用文的灵魂和统帅，起着纲领的作用，医药应用文其他要素都要围绕主旨进行，如材料的取舍、结构的安排、语言的运用、表达方式的选取。主旨是否正确、深刻、新颖、独到直接关系到医药应用文质量的高低、价值的大小、社会作用的强弱、办事的成功与否。

二、医药应用文主旨的特点和要求

(一) 医药应用文主旨的特点

1. 强调主旨先行　写作医药应用文常常先确定主旨,即意在笔先,后组织材料。工作、生活中遇到实际问题需询问、反映和答复,领导分配的任务、单位和个人的约稿等,多是因需作文。作者常常是被动写作,根据调查研究商定好主题,再组织材料,拟定提纲。

2. 体现集体意志　医药应用文的主旨是通过事实材料和说理、说明,表达某种主要观点或基本意见,往往是经过集体讨论研究决定,代表一定的群体或组织对某个问题的认识与评价。

3. 要求鲜明单一　一篇医药应用文应紧紧围绕一个问题组织材料,突出一个中心,无论肯定或否定、支持或反对,都必须做到鲜明单一,使读者或受文机关准确地把握理解文章的行文意图。

(二) 医药应用文主旨的要求

1. 正确　正确是指在医药应用文中,作者对事物或对问题的认识科学、合理,符合客观实际要求,这是对主旨最基本的要求。具体包含两层意思:一是指明确写作目的,正确领会写作意图;二是必须符合党的路线、方针、政策和国家的法律、法规,真实地反映客观实际,能够解决实际问题。

2. 集中　集中是指主旨单一简明,要求"一文一事一主题"。因此,一篇医药应用文只能围绕一个问题、一个主题来表达思想或说明问题,以保证主旨的统帅地位。

3. 新颖　新颖是指医药应用文中,对事物、对问题的认识有新意。一篇医药应用文仅有观点正确还不够,还要在表达方面出新意,尤其在担负解决新问题的任务时,务必要在正确的基础上有所发现,能够针对新的现实问题,提出新的意见和解决办法。

4. 明确　明确指医药应用文主旨的倾向性要清晰明白、态度明朗,不可含糊其辞,似是而非。赞成什么、反对什么、表扬什么、批评什么等要直截了当,否则就不便于读者准确理解并付诸实践。

知识链接

医药应用文写作与文学创作的区别

1. 思维方式不同。 医药应用写作以逻辑思维为主;而文学创作以形象思维为主。

2. 主旨表达方式不同。 医药应用文的主旨表达鲜明、突出,一目了然。 开门见山,开宗明义,是医药应用文写作的基本原则;而文学作品的主题常常表达含蓄、委婉,需要读者去感悟、领会。

3. 语言风格不同。 医药应用文的语言朴实无华,言简意赅;而文学作品的语言生动、形象,富有艺术感染力。

4. 真实性的内涵不同。 应用写作讲求生活真实,即必须按照客观事物的本来面目进行写作;而文学创作讲求的是艺术的真实,允许以生活为基础进行虚构创作。

5. 作品发挥的功用不同。 应用文对社会生活起直接的干预作用;而文学作品发挥的是审美、愉悦的怡情功能。

三、医药应用文主旨的表现

提炼了主题,还要运用适当的方式去把它表现出来,立意才算完满。如果表现的方式不当,就会削弱主题的感染力、影响力,就会降低医药应用文的实用效果。

医药应用文主题的表现,常常运用直接表白方式,即作者运用鲜明、简练、通俗的语言,使读者一看便能准确把握方法。但不同文种的医药应用文,在运用直接表白方式的时候,也会不尽相同。

1. 标题显旨　部分医药应用文的标题直接揭示主旨。例如《某区第五人民医院 2017 年度工作计划》《明确岗位职责 铸就人生辉煌——某药厂 2017 年度工作总结》,两标题均揭示了文章的主旨。

2. 开篇明旨　部分医药应用文第一段开头部分直截了当地点明主旨,然后逐层细化内容。通告、通知、通报等常采用这种方法显示主旨。例如《某省人民医院关于进一步加强抗菌药物临床应用管理遏制细菌耐药的通知》的开头写道:"为进一步加强抗菌药物临床应用管理,针对抗菌药物临床应用管理中仍存在的薄弱环节,提出以下要求"。

3. 文中现旨　部分医药应用文在文章中间表现主旨。作者常常把文章划分成几个部分,每一部分拟一个小标题来概括本段的主旨,全部小标题合在一起即为全文主旨。小标题现旨适合篇幅较长、内容较多的医药应用文,例如《某中心医院质量工程工作总结》中,其小标题如下:

一、认真开展学习实践活动,强化思想教育;

二、深入推进"质量为先"活动,树立医院新形象;

三、加强业务管理,保障医疗安全;

四、注重骨干人员培训,增强医疗质量;

五、规范学科建设,完善服务功能;

……

4. 篇末点旨　部分医药应用文在文尾表现主旨。例如《某药业公司关于表彰黎某等同志先进事迹的通报》正文结尾写到:

为表彰先进,激励全公司干部职工更加主动地发挥个人爱岗敬业、勇于奉献的主人翁精神,鼓励大家向先进人物学习,公司决定对黎某、朱某、伊某三位同志予以通报表扬。

以上几方面是医药应用文显示主旨常用的方法,但显示主旨的方法远不止这几种,例如开头和结尾综合显旨;按语、摘要点明主旨;内容重大转换处揭示主旨;有的医药应用文,特别是公文为了强调目的、意图,常常在文章中多处显示其主旨。

点滴积累　∨

医药应用文的主旨是全文的灵魂和统帅,应了解主旨的概念,并熟练运用表现主旨的方法。

第二节 医药应用文的材料和结构

一、医药应用文的材料

（一）医药应用文材料的作用

医药应用文的材料是指写入医药应用文的、用来表现某一医药工作主题或阐明某一医药工作事理的一系列事实和道理，包括各种情况、事例、统计数字、图表等。材料在医药应用文中具有重要作用，正如清代学者章学诚在《文史通义·文理》中所提出的"夫立言之要在于物"。

1. 材料是谋篇布局的基本要素 材料使文章的内容具体、翔实，使表达的意思准确、清晰，使主旨鲜明而集中。如果医药应用文缺少必要的材料，就会使文章的内容显得空洞而抽象，表达的意思模糊不清，使文章的主旨不突出。

2. 材料是形成主旨的基础 材料是文章的"血肉"，主旨是文章的"灵魂"，好的材料可以深化文章主旨，材料越全面、典型、准确，越能言之有物、言之可信、言之可行。没有材料就不会产生主旨，也表现不了主旨。

3. 材料是支撑主旨的依据 医药应用文的主旨需要材料来表现，使医药应用文的结论有据有理。一篇医药应用文如果没有真实而具体的材料，主旨就是"空中楼阁"，就无法发挥其作用。例如调查报告、计划、总结，就是以大量真实、具体、丰富的材料为支撑。

（二）医药应用文材料的收集

材料是医药应用文写作的前提和基础，只有充分掌握材料，才能写出好的文章。因此，写作医药应用文之前应注意通过正确的途径和方法，广泛搜集材料，并对搜集到的材料进行整理、归类。

1. 医药应用文材料收集的途径 首先建立"材料仓库"，一方面要注意收集生活素材。对单位的工作、生活以及身边发生的事情处处留心，通过观察体验、调查采访获取第一手资料，坚持不懈搜集丰富的材料；另一方面要积累"书籍和资料中得来的材料"。如通过网络、图书馆、资料室、档案馆等获取写作材料。

其次定期清查"材料仓库"，一方面将收集到的材料进行鉴别、筛选，去伪存真；另一方面将收集到的材料进行归类整理，并经常更新。只有这样，才便于查阅使用。

2. 医药应用文材料的收集方法

（1）观察体验法。要求先观察，再体验。观察和体验是人们感知外部世界、搜集材料的主要方法。观察能够获得的是感性材料，体验能够获得理性材料。观察与体验相结合的方法，其实就是感性认识与理性认识相结合的方法。例如总结、调查报告等文种的写作，常常要采用这种方法。

（2）访谈调查法。部分现实材料仅依靠观察和体验无法获得，作者还必须深入实地访谈调查才能获得。访谈，即是为了了解情况而搜集寻访。对重要人物进行当面问询，往往可获取真实、具体、新鲜的材料。调查，即是为了了解情况而进行考察。常用方式有全面调查、典型调查、抽样调查、追踪调查等，也可召开座谈会或发放问卷。

（3）查阅资料法。即通过查阅已有资料,来获得写作材料。这种写作材料是间接材料,却往往具有广泛性或权威性,可作为背景材料或依据材料使用。例如上级单位的各种记录、报表、统计数字、决定、决议、批复等,都要通过查阅资料法获取。

3. 医药应用文材料的积累方法　写作医药应用文需要许多材料,作者必须借助某些方法积累材料,存贮信息。

（1）勤于用笔记录。养成随时记录有价值的材料的习惯,一旦需要便可随时拿出完整的材料来使用。

（2）借助现代化办公设备。利用电脑或者存储播放设备,积累有用的写作材料。材料储备越多,越助于提升专业素养和写作能力。

二、医药应用文的结构

医药应用文的结构是指具体应用文的组织和排列形式,是作者在确定了主旨和选好材料之后,根据写作目的对材料进行合理、有序的组织和安排,使之构成一个合理而统一的整体。也有人把医药应用文的结构称之为"谋篇"或"布局"。实际上医药应用文的"结构",就是具体应用文内部的组织和构造。

（一）医药应用文结构的作用

医药应用文结构的作用很重要。如果说主题是文章的"灵魂",材料是文章的"血肉",那么结构就是文章的"骨架"。结构安排恰当,会使主题鲜明突出,内容层次清楚,材料出现合理,文章完整丰满,效果凸显。反之,如果结构散乱,就会影响主题的有效表达,失去写作意义。

（二）医药应用文结构的表现形式

医药应用文的结构一般比较单一、平直,没有曲折变化、悬念巧合。它的文种繁多,不同的文种,其结构的表现形式也就不同。目前,广泛使用的医药应用文的结构大体可以分为以下几类:

1. 法定格式　它是指国家党政机关公文格式,或者相当一部分具有公文性质的应用文格式,这些格式都具有统一的、规定的要求。例如公文、规章制度等。

2. 惯用格式　它是指人们在长期的应用文写作实践中约定俗成的应用文格式。这些惯用格式,虽然不是政府机关明文规定的,也不像法定格式那么严格,但整体结构形态不可以随意变更,有一定规律性。例如调查报告的基本型是:基本情况—分析—建议和措施;学术论文的基本型是:引论—本论—结论,形成提出问题—分析问题—解决问题的基本结构形式。

3. 灵活格式　即格式不固定,具有较大的灵活性。例如广告,它常常追求新颖独特的表现形式,目的是要吸引广大公众的注意。

（三）医药应用文结构的内容

医药应用文结构的内容是指结构构架的主要组成部分。一般来说,包括层次与段落、过渡与照应、开头与结尾几个部分。

1. 层次与段落

（1）层次。层次即医药应用文中所表达意思的展开次序。每一"层"都是相对完整的意思,"层"

与"层"之间有一定的排列顺序,这体现了作者的思路,即表达意思时的安排与步骤。例如请示正文部分一般分为开头、主体、结语三个层次,分别说明写作原因、具体陈述反映的事项、结束语。

医药应用文常见的层次安排有纵式结构、横式结构、纵横交叉结构三种。

第一种,纵向结构

这种结构按时间先后顺序或按事物的发生、发展变化过程的顺序安排层次。每一阶段都是边举材料边亮观点,运用夹叙夹议的方法完成写作。或者按事理的逻辑顺序安排层次,常用的有三种方式:一是按"叙事—说理—结论"的方式安排结构;二是按"提出问题—分析问题—解决问题"的方式安排结构;三是按"原因—结果"或者"结果—原因"的方式安排结构。

第二种,横向结构

这种结构根据表现主旨的需要,把材料逐层分类归纳,各层次间呈现出一种并列关系,没有主次之分。一般法规、规章、综合性的计划等条文式公文使用较多。

第三种,纵横交叉结构

这种结构形式常用于时空变化较大、内容丰富、篇幅较长、层次较多的医药应用文。如某医院年终总结涉及诸多方面,每一方面之间的关系是横向并列关系,而每一方面内,则可按照纵向进程安排层次。

(2)段落。段落是指医药应用文中表达相对完整内容的基本单位,体现层次的外部形式。在习惯上,段落也被称为"自然段"。段落反映作者的思维,使文章有行有止,也便于阅读和理解。依据医药应用文内容的繁与简、篇幅的长与短形成了不同的段落结构类型。大体有以下类型:

第一种,独段式

正文全文的内容只有一个自然段,一个段落就是一篇完整的文章。通常写作目的或缘由、行文事项、结语三大内容不换行写成一段。这种形式常用于内容简单、篇幅极短的公文,例如部分通知、公告、命令等。

第二种,两段式

内容简单、篇幅简短的公文常用这一形式。一般有以下三种情况:写作目的、缘由和行文事项各为一自然段,结语部分省略;写作目的、缘由和行文事项写成一自然段,结语部分单独列为一自然段;在转发、发布性文书或答复性文书中,将转发、发布对象、态度即批准、同意转发、发布有关文件的名称和态度或将答复对象列为一自然段,把转发、发布的执行意见、要求或答复事项及结尾列为另一自然段。

第三种,三段式

这是篇幅简短的医药应用文一种比较规范的外部结构形式。正文把写作目的缘由、行文事项、文章结语分为三个自然段。三段式中,重点往往在行文事项部分,这一段篇幅一般比开头段和结尾段略长。

第四种,多段式

它用于内容稍多、篇幅稍长的医药应用文,总段数在四个自然段以上。一般开头、结尾分别单独成段,主体部分别写成几个自然段,各自然段不分条列项。自然段之间的逻辑关系应清晰、明了。

第五种,条文式

这是医药应用文横式结构中的一种简单列举式。多用于法规、规章和职能部门的一些行业文书。用条文组织内容,排列有序,简洁明了。一般有以下几种:

其一,章断条连式:适用于内容多、篇幅长的法规、规章。这是以章为序划分为有关法规、规章的层次,各章下的"条"连续编号。例如《某医科大学学风建设实施细则》共六章二十二条(第一章 总则——第一条至第六条、第二章组织机构——第七条至第十一条……)。章下可分条,极少数还在章下分节,节下再分条。章、节、条均用大写汉字数目表示,如第一章、第一节、第一条。条下可分款,款不带序数,一个自然段就是一款。条下也有项。项冠以带圆括号的汉字数码,如(一)、(二)等。项下可分目,目冠以阿拉伯数字,如1、2等。

其二,总分条文式:这是应用文横式结构中总分并列式的体现。文章开头部分(即引言部分)先总说或概述情况,或说明写作目的、依据、原因,或阐明主旨,摆出结论。主体部分则分条文分述有关内容,这是重点部分。条文的层级结构序数,像条式的写法一样。有的在分条之后还有一个总说的结尾,则成了总—分—总的结构。常用于公文、规章、合同、总结、计划等文书。

其三,条文并列式:适用于内容不太多、篇幅不太长的法规、规章和其他公文。若是法规、规章层级稍多的,可分条、项、目,分别用"第一条""(一)"标示。例如《某人民医院科研管理办法》共二十六条,其中:

第六条 申请研究项目必须满足以下条件:

(一)先进性 研究内容新颖,有一定技术难度。所用指标先进,研究起点高,达到国内先进水平;

(二)科学性 技术方法先进可行,实验手段、动物、试剂符合标准,样本量满足统计学要求,分析、判断、推理合乎逻辑,研究结果具有可重复性;

(三)可行性 项目承担单位及协作单位的技术力量强,具备基本的实验研究条件和已有一定的工作基础,进度安排切合实际,经费预算合理,措施到位……

条式一般把写作原因、依据、适用范围等开头部分的内容放在第一、二条或总说,而把结尾部分的内容写在最后一两条。中间各条则写有关规定、要求、事项等主体内容。写作时,应注意条文内容单一、完整,条文前后排列要符合逻辑。

第六种,小标题式

根据医药应用文结构安排,为使观点鲜明,给划分出的每一部分拟一个小标题,此即为文章的结构提纲和基本内容。小标题前面的序号可有可无。小标题作用在于提示本条内容范围,或揭示本条内容中心,便于读者把握文章重点。

第七种,表格式

这是医药应用文不同于其他文体所特有的一种结构形态。表格式的公文通常有两种形式。一是由职能机关或企事业管理部门事先印制好的有关文件表格式规范文本,例如会计的财务报表;二是由作者单位临时撰制的表格式文书。表格文书简明、直观,比只用文字叙述说明效果更好。还可对统计数据适当说明,分析主要的、突出的、变化明显的数据,能增强表格式文书的表达效果。有时,一份文书还可从不同角度编制几个表格,使反映的情况、说明的问题更加全面、客观。

2. 过渡与照应　过渡与照应都是文章不同层次段落之间内在联系的表现形式,其作用是使文章结构严谨,文气贯通,浑然一体。

(1)过渡。过渡是指层次、段落之间的转承和衔接,起着承上启下的作用,使文章前后衔接自然。常用的过渡方法有三种:一是运用关联词,如"综上所述""据此";二是运用过渡句,如"现总结如下";三是运用过渡段,一般用于篇幅较长,且前后两层意思相隔较远的文章。

(2)照应。照应是指文章某些内容的前后关照与呼应。旨在强调、突出某一内容,突出主旨。照应不是简单重复,追求前后互相补充、彼此映衬。医药应用文常用点题照应、段间照应、首尾照应等方式。

3. 开头与结尾

(1)开头。开头即"起笔",它是行文的起点,具有统领全文、揭示主旨的作用。大多数医药应用文是开门见山,点明旨意,也有少数标有"前言"或"引言"。常用的开头方式有以下几种:

缘由式:它是在文首以简明的语言说明目的,常用"由于……""因为……""鉴于……""为了……""为……"等句式领起下文或交待有关情况。多用于通知、通告、决定、条例、规章制度等的开头。

概述式:它是在文首用简练的语言,概括地叙述基本情况或基本过程,使读者建立整体印象。多用于报告、总结、决定、决议等文种。

结论式:它是先将相关事情的结论放在文首,为全文定下基调。即先对情况和工作进行总结,作出评价,提出看法,并分别加以阐述。例如总结的开头。

引文式:它是在文首直接引用上级的指示精神,下级的来文,或者有关批文或批示,然后引出下文的写法。例如通知、批复的开头就常用这种写法。

依据式:它是以交代事项或要求的根据作为开头,常用"根据……""依据……"或者"遵照……"等句式领起下文。批复、规章、通知等文种常用这种开头方式。

(2)结尾。结尾是全文总的收束。好的结尾能够使文章"意尽而言止",起到归纳全文、强化主题、发人深省的作用。

医药应用文的结尾通常有以下几种形式:

期请式:是请求上级给予指示、答复、批准或帮助解决问题的结尾方式。主要运用于上行文和平行文。如"妥否,请批示"。

总结式:是对全文的主要观点或问题进行归纳总结,强调主旨,加深读者印象。多用于总结、会议报告、学术论文等。

指令式:是向下级有关单位或部门发出指示、传达精神、布置工作、提出要求的结尾方式。主要用于下行文。如"请遵照执行"。

号召式:是对今后工作指出方向、提出希望、发出行动号召的结尾方式。多用于总结、演讲词等。

祝福式:是表示某种良好祝愿的收笔方式。多用于贺词(信、电)、欢迎(送)词、答谢信与慰问信等。如"祝……"

说明式：是交代不容忽视事项的收笔方式。例如合同、协议等，常用这种方式，强调说明合同、协议的份数、签订合同的双方单位或者个人等。

医药应用文也可正文意尽文止，无须写结尾。如计划、规章制度、药品说明书等。

点滴积累　∨

1. 医药应用文的材料是指写入医药应用文的、用来表现某一医药工作主题或阐明某一医药工作事理的一系列事实和道理。　它是谋篇布局的基本要素、形成主旨的基础以及支撑主旨的依据。
2. 医药应用文结构的内容是指结构构架的主要组成部分。　一般来说，包括层次与段落、过渡与照应、开头与结尾几个部分。

第三节　医药应用文的语言表达方式和要求

一、医药应用文的语言表达方式

（一）语言表达方式的种类

语言表达方式是指作者运用书面语言反映客观事实、表达思想、抒发情感、说明问题时所采用的具体手段和方式。主要有五种，分别是叙述、说明、议论、描写、抒情。医药应用文的语言表达方式一般用前三种。其中，叙述运用最多，说明、议论则次之。因为医药应用文是一种实用性文体，需直接明了地告知信息、处理和解决问题的办法等。抒情和描写除了在通讯报道、广告词、演讲词、欢迎词等少数文种中使用外，基本上不使用或很少使用。

1. 叙述

（1）概述叙述。叙述是把人物的经历或把事物、事件的发展变化过程表述出来的一种语言表达方式。它在医药应用文中使用最多。叙述表述的是"怎么样"，常常直接介绍时间、地点、人物、事件、起因、结果六要素。叙述具有介绍人物的经历和事迹、介绍事物的基本情况、介绍事件的发展变化过程、介绍问题的来龙去脉的作用。

叙述有概述和细叙之分。

概述是对事件或人物、事物作全过程、全局性的概括叙述，使读者有较全面的认识。常用于文章的开头、结尾或过渡衔接处。概述使读者快速抓住全文的要点，避免陷入材料里而理不出头绪。以传递全面信息为主要目的的医药应用文，例如简报中的先进人物事迹介绍、单位情况的报告、事件过程报道等应用文，运用概述较多。

细叙是对人物、事物某一阶段或某一侧面作具体的细致的叙述，以便给读者留下深刻印象。细叙有概述所不能替代的独特作用。医药应用文的重点部分或关键部分，运用细叙较多。

为更好地表现主题，医药应用文要根据需要选择运用概述和细叙。两者配合使用，能使文章呈现整体和具体的结合,广度和深度的结合,详和略的结合,疏和密的结合,做到言简意赅。

(2)叙述的人称。即为叙述的立足点,作者站在何种位置,从哪个角度去叙述人物、事件,用何种身份和口气叙述问题。医药应用文主要采用第一人称和第三人称来叙述。

第一人称的叙述是作者以参加人、见证人身份出现,常用"我(我们)""本"表示,是作者或发文机关的自称。第一人称叙述有三大优点:一是可以给予读者真实感、亲切感,增强文章的感染力;二是便于直接抒发作者自己的感情;三是便于揭示和剖析作者自己的内心活动。但是,第一人称叙述要受时间、空间的限制,反映客观实际时会有一定的局限性。

第三人称的叙述是作者以局外人的身份从旁叙述别人的事情,常用"他(他们)""该(部门、公司)"等表示。第三人称叙述不受时间、空间的限制,灵活而自由,可以弥补第一人称的缺陷,能反映更为广阔的社会生活。但是,第三人称叙述不如第一人称叙述那样容易使人感到亲切。

(3)叙述的方式。即为叙述的方法,医药应用文的叙述方式主要有顺叙、倒叙、插叙。

顺叙:它是按照人物的经历、事件发生、发展的时间先后顺序来表达意思的叙述方式。这是最基本、最常用的叙述方法,它能把事情叙述得有头有尾,脉络清楚,井然有序,形成独立而完整的事实,也符合人们认识事物的规律和阅读习惯。医药应用文大多采用这种叙述方式。

倒叙:它是把事件的结局或事件中最突出的部分提到开头来写,再按事件的发展过程来叙述的叙述方式。倒叙能给读者留下深刻印象,突出重点,构成悬念,营造吸引力,引人入胜。倒叙一般运用在新闻通讯、调查报告中。

插叙:它是指在按时间顺序记叙事物的发展过程中,暂时中断叙述线索,插入一段有关的说明材料的叙述方式。插叙的内容与中心事件一般是补充、注释、对比、说明的关系。恰当地运用插叙,可丰富文章的内容,深化主题,使文章的结构紧凑,曲折有致,富于变化。

(4)医药应用文运用叙述的基本要求:第一,抓住事实,清楚叙述。医药应用文的目的是反映真实情况,解决实际问题。叙述时不用面面俱到,只需抓住主要事情、主要问题,清楚叙述,简明概括,让读者一目了然。

第二,详略得当,突出重点。医药应用文在叙述人物或事件时,凡重要的地方或者能深刻表现主题的地方,都要详细叙述,突出重点;凡次要的地方或不需要详细交代的地方,都要略写。

2. 说明

(1)概述说明。说明是对客观事物进行解说的表达方式。其作用在于解释某种具体的事物或抽象的事理,可阐释概念、解说名词,也可对事物的某一方面情况或原理进行解说,帮助读者了解、认识事物或事理。它所要表述的"是什么",大多是说明事物的性质、形状、特征、功能等。

(2)说明的方法。医药应用文常用的说明方法有:定义说明法、解释说明法、举例说明法、分类说明法、比较说明法、引用说明法、数字说明法、比喻说明法、图表说明法。

定义说明法:它是用简练概括的语言提示事物本质特征的一种说明方法。定义说明能使读者对事物产生比较明确的认识。

解释说明法:它是解释事物的性质、特征、功用等,说明事物的一般特点和属性的一种说明方法。解释说明能使读者对事物有大致的了解。

举例说明法:它是通过列举事例来说明事物或事理,使读者得到具体明晰印象的一种说明方法。举例说明能把比较抽象复杂的事物说得具体而清楚。

分类说明法:它是把事物按照一定的标准分成若干类,然后再逐一说明的一种说明方法。分类说明使文章的脉络清晰,介绍事物会更加清楚。

比较说明法:它是将两样及其以上的事物放在一起比较,以具体说明某事物在某方面所具有的特征的一种说明方法。比较说明可具体突出某事物在某方面的特点。

引用说明法:它是引用有关的文献资料说明事物的形状、特点、本质和规律的一种说明方法。引用说明既可丰富说明的内容,也可作为说明的依据。

数字说明法:它是运用数字从数量上说明事物或道理的一种说明方法。数字说明可量化说明对象,能具体确切地介绍事物的大小、快慢、轻重、高低、长短等特点。

比喻说明法:它是找出与被说明对象具有相同点或相似点的事物、事理,运用比喻的方式来说明对象的一种说明方法。比喻说明可使抽象、深奥的道理变得形象、浅显,使说明更为生动活泼。

图表说明法:它是运用绘制好的图画或表格来说明事物的一种说明方法。图表说明可节约文字,便于比较,使读者一目了然。

(3)医药应用文运用说明的基本要求

第一,要说明事物的本质特征。事物的本质特征是指一事物区别于其他事物的主要的根本的特点,抓住事物主要的根本的特点予以说明,能使文章言简意赅,达到说明的目的。

第二,要科学地说明客观事物。说明的目的是要传播知识,要求说明的内容必须符合客观实际,必须正确,必须揭示事物的本质。作者应站在客观的立场上去说明事物,实事求是地阐明事理。

第三,说明要有条理性。说明既要符合事物发展的客观规律,又要符合人们对于事物的认识规律,即在说明时要由浅入深,由表及里,由点到面,由现象到本质,做到言之有序、言之有据、言之有理,条理清楚,方便读者了解和掌握。

3. 议论

(1)概述议论。议论是作者针对某一问题,通过各种材料及逻辑推理,表明自己的见解、主张,以便使读者信服的语言表达形式。议论是医药应用文普遍使用的一种语言表达方式,它表述的是"为什么"。具有分析情况,明辨是非,讲明道理,阐述观点,表明态度,提出主张的作用。

论点、论据、论证是议论所不可缺少的三个要素。论点即观点,是作者对某一问题提出的主张、看法、作出的判断。论据即支持论点的事实依据和理论依据。论证即论证方式,就是把论点和论据按照一定方式联系起来,运用论据证明论点的方法和过程。

(2)议论的方法。主要方法有:例证法、归纳法、演绎法、比较法、引证法、反证法、因果法。

例证法:它是以事实为论据,用典型的事例证明观点的一种论证方法。

归纳法:它是综合许多具有内在联系的个别事物的共同特点,归纳出一般性结论和原理的一种论证方法。

演绎法:它是从一个普遍原理出发,引申出一些事实的分析解释,并且从中推出对个别事物结论的一种论证方法。

比较法:它是把正反两方面的论点或论据加以对比,从而树立正确的论点,否定错误的论点,得出正确结论的一种论证方法。

引证法:它是引用理论论据,或者引用名人的言论作论据,对自己的观点加以证明的一种论证方法。

反证法:它是通过对反面论点的否定来证明作者自己论点正确的一种论证方法。

因果法:它是以公认的道理或基本原则为论据,通过分析问题、剖析事理来揭示论点和论据间的因果关系,从而证明论点的一种论证方法。

(3)医药应用文运用议论的基本要求

第一,论点正确,论据可靠,论证严密。论点是议论的中心,要针对社会生活和工作中的实际问题,必须符合客观事物的发展规律,符合党和国家的方针和政策,符合人民群众的愿望;论据支持论点,需真实、确凿、充分,加强论点的说服力;论证中,论点与论据之间包含诸多推理,推理要符合逻辑,分析要严密,论证方法要得当,确保论证过程无懈可击。

第二,议论结合叙述、说明,简要分析,就事论事。医药应用文的议论一般是在叙述、说明的基础上进行的。议论不必通过复杂的多层次的逻辑推理,只需抓住事情或问题的实质简要分析,依靠典型的客观事实,直接证明观点。

(二)语言表达方式的运用

在医药应用文中,语言表达方式常常交替使用,互相融合,不能截然分开。叙述中往往包含说明、议论,说明中往往穿插叙述、议论,议论中往往也会有叙述、说明。这不仅丰富了医药应用文的表现方式,还增加了医药应用文的审美内涵。

1. 运用自然 一般而言,医药应用文常以叙述方式为主,以议论方式或说明方式为辅助。凡是反映客观实际情况、介绍人物经历或呈现事物、事件的发展变化过程,就必须运用叙述;凡是对某一问题表明自己的见解、主张,帮助读者理解文章内容,就必须运用议论;凡是解说客观事物,就必须运用说明。语言表达方式必须自然合理,不能牵强附会。

2. 运用灵活 有些医药应用文由于内容少,可只运用叙述一种语言表达方式,例如条据。而有些医药应用文,由于内容多,综合运用多种语言表达方式,例如计划、总结、调查报告。语言表达方式必须根据内容和表达需要而定,灵活运用,不能机械。

▶ **课堂活动**

叶圣陶先生说"阅读跟写作不会比走路跟说话容易,一要得其道,二要经常历练,历练到成了习惯,才算有了这种能力。"如何理解"得其道"?

二、医药应用文语言的特点与要求

(一)医药应用文语言的特点

语言是撰写一切文章的工具。如果缺少了语言,任何深刻的主题、典型的材料、精巧的结构都无法体现。医药应用文需要直截了当、言简意赅地表达意思。总体而言,叙述事件经过时,不能追求委婉含蓄、生动形象;议论问题时,不能追求长篇累牍、啰唆累赘;说明相关情况时,不能追求华而不实、似是而非。

1. 表意明确　医药应用文的语言平实直接,多为词的本义,一般不用引申义和比喻义,也不用语气词、感叹词、儿化词。要求开门见山、简明扼要、通俗易懂、朴实准确。

2. 规范用语　医药应用文使用事务语体,必须是规范化的书面语言,不能滥用简称和略语,忌用口语词语、方言词语、网络词语,否则会影响医药应用文的表达效果。

3. 句型固定　医药应用文的句式多为偏正句结构和主谓句结构,多用陈述句、祈使句,少用疑问句、感叹句。句子往往因为修饰限制成分较多而使用长句较多,使用短句较少。

4. 语气适宜　医药应用文的种类很多,不同的文种需要不同语气的语言。使用的语言要与主题、文种、受文对象相宜。一般而言,应用文多为平降语调的陈述语气,少用高升语调的疑问语气、降语调或曲折语调的感叹语气、降语调的祈使语气。

▶▶ **课堂活动**

讨论医药应用文的语言和文学语言有什么区别?

(二) 医药应用文语言的要求

1. 准确　是指语言表达与实际或预期相符合,表达不可含糊其辞,模棱两可。从谋篇布局到遣词造句,都要真实准确,才能正确迅速传递信息。因此,准确是应用文最基本的要求,也是最高要求。这表现在诸多方面,如词汇方面,大量使用介词结构和限制性词语,如"一切""凡""均"等;语法方面,一般不用省略句,以免产生歧义;语义方面,要辨析同义词与近义词、词语的感情色彩;标点符号方面,多为陈述句。同时还要正确使用与医药工作有关的专业术语。

2. 简洁　是指医药应用文中所使用的语言言简意明、干净精练,从而使文章篇幅短小精悍,提高办文效率。医药应用文以说明问题、方便读者明白文章意思为前提,能简则简,能短则短。行文时,务必排除废话、空话、套话,紧扣主旨,必要时还可使用缩略语及专用词语,援引数据及图表等进行说明。语言的缩略是交际和写作中的常见现象。如"国家卫健委"(中华人民共和国国家卫生健康委员会)、"医保"(医疗保险)等。

3. 朴实　是指医药应用文语言讲求平白直叙、质朴无华、通俗易懂的语言。医药应用文主要用于传递信息、布置工作、汇报情况,其目的在于解决实际问题。因此,在陈述事件、说明问题、讲清道理的过程中,慎用文学描写、艺术手法来夸大或缩小真实情况。简而言之,要做到文实相符、文如其事、反映客观实际。

4. 得体　是指医药应用文语言要与行文目的、收文对象对象和谐一致,恰如其分。具体而言,医药应用文语言得体需特别注意三方面:

一是写上行文时,如请示、报告等,不必过多宣传议论,应尊重而不阿谀,恭敬而不讨好,可用"提请""敬请""报请""送请""呈报""报批"等词语。

二是写下行文时,如给下级单位的通知、决定等,应明确可行、谦和有度,可用"务希""希予""必须""必需""务必""务须"等词语。

三是写平行文时,如与平行机关往来函件,应以礼相待,互相尊重,可用"函邀""函请""拟"等词语。

点滴积累　∨

1. 医药应用文的语言表达方式一般多用三种。 其中,叙述运用最多,说明、议论次之。
2. 医药应用文语言的特点包括表意明确、规范用语、句型固定和语气适宜。

第四节　文面常识

文面,即文章的卷面,是文章的外在表现形式在人们视觉印象上所显示的整体面貌,体现了作者的写作风格和文化素养。格式规范、标点正确、排版清晰、用语严谨的文面能准确地表达意思,也便于读者阅读。文面常识涉及纸张与版式、次序与字体、文稿修改等方面。

一、纸张与版式

(一) 纸张

一篇医药应用文写好后,经过修改定稿,再用打印机打印出稿,或者通过制版,用印刷机印刷出稿,最终完成从形式到内容都完美的一篇文稿。无论打印文稿还是印刷文稿,都需要印刷材料——纸张。纸张是医药应用文文字信息的载体。

纸张是纸的总称,泛指写字、绘画、印刷、包装等工作所使用的物质材料,多用植物纤维制造。纸是中国古代四大发明之一,我国汉代就已经用纸,自古以来,纸在文化传播方面发挥了很大作用。

纸的制造有手工制造和机器制造之分。手工制造纸是指运用传统手工工艺制造的纸,也叫手工纸;机器制造纸是指运用现代机器设备制造的纸,也叫机制纸。在现代社会中,使用最多的纸是机制纸。机制纸的品种很多,其中用来印制书报刊的纸,统称为出版用纸;用作办公打印文件的纸,统称为打印纸。

1. **出版用纸**　我国目前常用的出版用纸,主要有凸版纸、新闻纸、胶版纸、铜版纸等。

(1)凸版纸。它是供凸版印刷书刊的主要用纸,用化学纸浆制造,经过施胶,纸质柔韧,吸墨均匀,不透明度较高,有一定的抗水性能。

(2)新闻纸。它是印刷报刊、书籍的主要用纸,用机械木浆制造,纸质松软,富有弹性,吸墨性能好。

(3)胶版纸。它是供胶版印刷的专业用纸,适合印制画报、画册、图片、书刊封面、插页等。

(4)铜版纸。它是高级美术印刷纸,适用于彩色的书刊封面、插图、画报、画册、明信片、样本等印刷。

2. **打印用纸**　是指打印文件以及复印文件所用的一种纸张。它有特殊的规格要求,即有严格的长宽要求。

打印用纸的分类：

第一种，按国际标准分类。过去是以多少"开"（例如 8 开或 16 开等）来表示纸张的大小，我国现在采用国际标准，规定以 A0、A1、A2、B1、B2、A4、A5 等标记来表示纸张的幅面规格。标准规定纸张的幅宽（以 X 表示）和长度（以 Y 表示）的比例关系为 $X：Y=1：n$。

国家规定的开本尺寸采用国际标准系列，现在已经写入国家行业标准 GB/T 1999 内，在全国执行。书刊本册现行开本尺寸主要是 A 系列规格，有以下几种：

A4（16k）297mm×210mm

A5（32k）210mm×148mm

A6（64k）144mm×105mm

A3（8k）420mm×297mm

国际普遍通用 A4（297mm×210mm）纸张，作为打印纸、复印纸。

第二种，按照打印用纸的重量、厚度或大小、层数分类。

（二）版式

版式是指书刊或文件的外观形式，也是成就一篇医药应用文不可缺少的因素。良好的版式，能使文章呈现形式美，吸引读者，从而增加文章的可读性。

1. 版式设计 版式设计是技术编辑将书刊或文件的文字、插图、表格及其装饰图案在既定版面上进行编排，通过运用各种字体、符号、排版材料的排列组合，表达文稿的内容和结构。凡是好的版式都需要巧妙设计，精心安排。这种设计以美感和实用为其基本原则，要求新颖、美观、大方，雅俗共赏。

2. 版式设计的先决条件 版式设计的先决条件是选择适当的开本，开本是指文稿或文件所使用纸张幅面的大小。要根据书刊或文件内容的实际容量或规范来确定开本，即确定所使用纸张幅面的大小，以及字号的大小、字体，使版式设计的形式与书刊、文件、文章的内容和谐统一。

3. 通常使用的开本幅面

（1）32 开，成品尺寸为 184mm×130mm。一般用于普及型图书、青少年辅助读物，适合目标读者的心理特点。

（2）大 32 开，成品尺寸为 203mm×140mm。多用于科技类和文学类图书，既大方又无笨拙之感。

（3）长 32 开，成品尺寸为 184mm×113mm。因为它版面横向较窄，多用于诗歌集、散文集等小巧的文艺作品，有时也用来出版篇幅少的一般性读物和普及本。它形态修长，具有抒情意味。

（4）16 开，成品尺寸为 260mm×188mm。它多用于大型图书，优点是版面容纳字数多，可安排无法再缩小的大型图表，便于各类公式、结构式的安排。

（5）6 开，成品尺寸为 385mm×355mm；8 开，成品尺寸为 355mm×265mm。6 开和 8 开两种开本呈豪华型，用纸规格高，多用于高级画册、纪念册。

（6）24 开，成品尺寸为 185mm×165mm。它形态呈方形，大方美观，适于普通画集、美术作品、儿童画册。

4. 常用版式 通过办公打印机打印文稿，一般通用版式为 A4，成品尺寸为 260mm×188mm。

二、次序与字体

(一) 次序

次序是指医药应用文写作的先后顺序,也叫文章的行款格式。这是人们在长期写作实践中总结出来的一种约定俗成的规范。

1. 卷面留有"天地" 每一张稿纸要上留"天"、下留"地",右边要空少许,左边要留有装订线。否则,满篇是字,卷面既不美观,也不实用。特别是当文章需要修改时,卷面无眉批、边批的地方,十分不便。

如无特殊说明,一般每面排22行,每行排28个字,为防止出现"此页无正文"字样,在调整行距、字距时,每页可减少或增加1行,每行可减少增加1~2个字。同时,采用左侧装订,不掉页。

2. 标题 医药应用文都有标题,字数因文而异,但都必须居中放置。如果标题的字数少,写成一行即可;若标题的字数多,可酌情写成两行或三行。

文中如果既有总标题又有许多小标题,总标题居中,上下各空一行。小标题也居中,上下各空一行。如果标题字数较多,可将部分文字下移一行,呈梯形状。如果总标题中有主标题和副标题,副标题要在正标题的下一行书写,前面用破折号表示,破折号不能超过正标题的第一个字。标题转行时,不能把同一个词切分成两行,把具有完整意义的词硬性切分为两半。例如假如"计划"是标题中的中心词,不能在第一行写"计",而在第二行写"划"。

3. 署名 署名是指医药应用文作者的落名,或者撰写文章单位的落名,表示文章著作权所属和文责所在。署名一般写在标题下面,居中,上下各空一行;也有些文稿的署名,会写在文稿结尾的右下方。

4. 开头 开头是医药应用文开始的段落语句。许多医药应用文由好几个自然段构成,每一个自然段的开头都必须退后两空格书写,表示一个段落开始的提示。这种开头书写格式称为提行书写。

5. 正文结构 有些医药应用文内容较多,需用数字编制序码,使层次清楚有序。

序码有两种序列:一种是"一、×××(第一层次标题);(一)×××(第二层次标题);1.×××(第三层次标题);(1)×××(第四层次标题);①×××(第五层次标题)"的序列。另一种是"1.×××(第一层次标题);1.1、1.2、1.3×××(第二层次标题);1.2.1、1.2.2、1.2.3×××(第三层次标题)的序列。

6. 引文 医药应用文中引用的话语叫引文。如果引用原话,要加引号,表示直接引语;如果转述话语,就不加引号,表示间接引语。

比较重要的引文要单独成段,前面空四格,不加引号。

引用单行本的文句,先注作者名,再注书名或篇名、版本、页码。如:

所谓新闻职业道德,即指记者在采写、传播新闻过程中与人、与社会相处时的行为规范。

(刘海贵:《新闻采访教程》,复旦大学出版社,第2版,第227页)

(二) 字体

字体,又称书体,是指文字的风格式样。例如汉字手写的楷书、行书、草书。中国文字有正、草、隶、篆、行五种。每种字体中,又根据各种风格,多以书家的姓氏来命名,像楷书中有欧(欧阳询)体、颜(真卿)体、柳(公权)体等。而宋体字是用朝代名来命名的一种字体。

1. 常见的字体　目前在各类文字处理系统中常见的字体包括楷书、草书、隶书、篆书、行书、黑体、仿宋。

2. 字体的选用与书写

(1)字体的选用。在医药应用文的文稿中,总标题往往选用小标宋体字,这样能使标题鲜明突出,庄重大方;字号一般用二号字。正文往往选用仿宋字,由于字体秀丽,卷面更显整洁;字号一般用三号字。作者信息处及注释处往往用楷体字,这样可以与标题字体、正文字体区分开来,字号一般为小四号字或五号字。

在医药应用文的文稿中,除了在广告中会使用一些草书、隶书、篆书、行书字体外,一般很少使用。

(2)字体的书写。书写汉字,无论选用何种字体,其基本要求都是端正、规范、清楚、均匀、合适,无错别字。

知识链接

书家小常识

颜真卿与柳公权、赵孟頫、欧阳询并称为"楷书四大家"。颜真卿用笔浑厚强劲,雄秀端庄;柳公权书风遒劲、妩媚,两人并称为"颜筋柳骨";赵孟頫书风遒媚、秀逸,结体严整、笔法圆熟;欧阳询笔力险峻,被称之为"唐人楷书第一"。

三、文稿修改

文稿修改,是医药应用文写作中不可缺少的一项工作,它是作者认识不断深化的反映,促使文章表达内容和表达形式不断周密、完善,进而提高文稿质量。作者只有具备了对文稿的修改能力,才能圆满驾驭写作,完成对医药应用文的写作。

(一)文稿修改的意义

1. 文稿修改是确保医药应用文正确反映客观事物的重要手段　医药应用文之所以要多次修改,是因为它要正确地反映客观事物。这就要求作者必须对已经写好的文稿再从内容到形式进行反复修改,通过斟酌、推敲、增删,最终达到完善,使语言简洁流畅、条理清楚、主题突出、切合实际。

2. 文稿修改是医药应用文的作用、特点所决定的必然要求　医药应用文,尤其是一些公文,是政府的方针、政策以及单位、部门意志的直接体现,实用性很强,如果其表述不清或使用格式不规范,就会造成读者误解,贻误工作,甚至造成严重损失。这就要求作者精益求精,反复推敲文稿,根据需要确定增删,直至把文章修改好。

3. 文稿修改是医药应用文写作的重要环节　任何文章都需要不断地补充、完善,才能言简意赅、丰富饱满。对文章的不断修改,才能使作者对客观事物的认识不断深入,理性认识进一步提高,使其表述达到一个新的高度。这也符合人的认识规律,因为人对客观事物的认识不是一次就能完成的。

（二）文稿修改的方式

文稿修改的方式，往往因人而异，因文而异，但大致有两种：

1. 作者自己修改　这是作者通过通读已经写成的文稿全文，检查是否文通字顺，格式规范，主题突出，若遇疑惑处或表白不清处，必须字斟句酌，反复推敲，通过疏通文字，理清文意，增删内容，最终达到突出主题的一种修改方式。这种方式的最大好处是由于作者对领导机关的意图比较了解，熟悉本部门的工作情况，而且写作时，作者对文稿的主题、结构均作了认真思考，写作思路完整，修改起来往往驾轻就熟。但不足的是，作者自己写的文章，往往会有主观性，或受到已有写作框架和定式的束缚，不易发现或很少发现文稿中的错误。

2. 请别人修改　这是一种集思广益的修改方式，即结合他人的智慧与作者的智慧，利用他人的客观优势来弥补作者自己的主观劣势的修改方式。这种方式可以请同事或领导帮助修改。他人站在不同的角度阅读文稿，容易发现文稿中的错误，能够提出合理的修改意见、建议。作者可根据他人的修改意见，分析判断，再结合自己的修改思维，合理整合，进一步完善文稿。

（三）文稿修改的范围

1. 主题必须突出　文稿修改时，首先要注意对主题的检查，看它是否正确、清楚、完整、突出。修改时必须抓住主题，删除空话、不切实际的话，删除与主题不相吻合的材料，让主题集中凸显。

2. 结构必须合理　结构是文稿的骨架，骨架合理，才能有利于主题的表述。文稿修改时，特别是文字较长的文稿，要看文稿中各部分是否围绕主题，并构成一个整体，各层次、段落之间是否合乎逻辑，安排是否合理，开头与结尾是否前后呼应，段与段之间的衔接、过渡是否自然、顺畅。修改时，要参照写作章法，直至符合要求。

3. 材料必须得当　观点与材料统一，是对医药应用文的必然要求。按照这一要求，文稿修改时，作者要注意检查材料是否真实可靠，是否典型，是否科学，是否新鲜，是否得当，是否能够表现主题。修改时或替换材料，或增减材料，直至符合要求。

4. 文字必须有效　医药应用文的内容是靠文字表达的，文字运用是否有效，直接关系着医药应用文的质量优劣。因此，文稿修改时，要注意所使用的文字是否准确、简练、规范、通俗、清楚，是否都搭载了确切的含义，是否文通句顺。修改时必须删去那些言而无实、言而无用的空话，精练语句段落，让文稿中的语言都发挥最大的作用。

5. 格式必须正确　医药应用文的显著特点是具有规范格式。因此，格式检查是医药应用文修改的一个重点。格式检查包括运用的文种、行文的格式、行文的关系、书写的款式等方面。要根据不同文种的格式要求，分别予以修改，直至符合要求。

点滴积累 ∨

1. 次序是指医药应用文写作的先后顺序，也叫文章的行款格式。这是人们在长期写作实践中总结出来的一种约定俗成的规范。

2. 文稿修改，是医药应用文写作中不可缺少的一项工作，它是作者认识不断深化的反映，从而促使文章表达内容和表达形式不断周密、完善，提高文稿质量。

18

目标检测

一、判断题

1. 应用文可有一个主旨或多个主旨。（　　　）

2. 发文字号的年份应用六角括号标识。（　　　）

3. 某篇应用文使用的过渡句是"下面把有关事情广泛地告知"。（　　　）

4. 议论是应用文写作中最基本、最常见的一种表达方式。（　　　）

5. 应用文不能掺杂作者个人的思想感情。（　　　）

二、改错题

1. 那个公司每天的营业额大约 300 万元左右。

2. 请参会代表于 3 月 3 日前来报到。

3. 学校团委国庆长假期间决定组织团员游玩观看故宫。

4. 现在把我区受灾情况写在下面的报告中：

5. 对李书记的讲话，开会代表们发出如雷似潮的掌声。

ER-01章习题

（谢雨君）

第二章

医药工作事务文书写作

导学情景 Ⅴ

情景描述：

美国哈佛大学曾对一群智力、学历、环境等客观条件都差不多的毕业生进行了一次长达25年的有关人生目标（计划、规划）的跟踪调查，调查内容是规划对人生的影响。结果发现，毕业时，仅有3%的人有清晰而长远的目标。25年后的跟踪调查显示，3%的有清晰长期目标的毕业生，他们总是朝着同一个方向不懈努力，从而成为了社会各界的顶尖人士，他们当中不乏创业者、行业领袖、社会精英。20年后，他们取得的财富比其他97%的学生的总和还要多。调查者因此得出结论：目标（计划、规划）对人生有巨大的导向性作用。成功，在一开始就是一种选择。你选择什么样的人生规划，就会有什么样的人生。你未来的人生，或灿烂绚丽，或暗淡无光，取决于你的人生规划，取决于你的计划选择和具体行动。

学前导语：

通过上面的例子，我们可以看出计划的重要性。本章将带领同学们学习医药工作事务文书写作的基础知识，了解计划、总结、调查报告、简报、会议记录、规章制度、述职报告等事务文书的概念、分类、特点、用途；熟悉一般事务文书的格式和写作要求；重点掌握写作要求和写作方法。培养学生提高人文素质，提高一般事务文书的写作能力。

第一节 计划

一、计划的概念及适用范围

（一）计划的概念

计划是各级机关、团体、企事业单位或个人，对预定的一定时期内所要进行的工作、要完成的目标任务所做的条理化的书面安排和打算的一种实用文书。计划通常根据预定的目标、任务制定出落实的措施、方法及具体实施的时间和步骤，具有目的性和针对性。

计划是一个统称。由于内容和使用程度等的不同，"规划""纲要""设想""安排""打算""要点""意见""部署""方案"等都属于计划的范畴。它们都是人们对今后一定时期的工作或活动作出的部署和安排。如《国家"十三五"教育规划》《大学生职业生涯规划》《×药业公司2017年营销工作方案》《××厂××××年度生产计划》等。"规划"和"纲要"是带有全局性和纲领性、概括性和方向性、长远性和粗略性的计划;"设想""安排""打算""要点"等是短时间、小范围和规模、内容比较具体的计划;"要点""意见""部署"是上级对下级指导的指令性计划,明确政策,交代任务,布置工作等;"方案"是专业性强的单项具体计划。

（二）计划的适用范围

计划一般是单位(部门)和个人使用。计划的适用范围有以下两个方面:

1. 在上、下级单位或部门之间使用

（1）上级机关掌握下级单位、部门的工作安排的计划:下级单位的计划报送上级领导机关和主管部门,供领导机关和主管部门了解下属单位的工作安排和打算,便于上级单位督促检查和指导下级单位开展工作。

（2）下级单位了解上级机关的工作部署的计划:上级单位的计划下发所属单位,便于下属单位了解上级领导机关的工作部署和安排,与上级在工作中保持协调,落实工作任务。

2. 在本单位、团体等内部使用　起到互相督促制约的作用。

3. 个人的计划　具有行动的目的性、规范性和约束性。

二、计划的种类

计划按照不同的分类标准可分为多种类型。

1. 按性质分　综合计划、专项计划等。

2. 按内容分　工作计划、学习计划、经济业务计划、科研计划、财务计划、信贷计划、各种生产作业计划、教学计划等。

3. 按范围分　个人计划、单位计划、地区计划、国家计划等。

4. 按时间分　长期计划(又称规划)、中期计划(年度计划)、短期计划(季度计划、月份计划)等。

5. 按表达方式分　条文式计划、表格式计划、条文与表格相结合的综合计划。

三、计划的特点和作用

（一）计划的特点

1. 目的性和针对性　计划是针对本单位的工作任务,主、客观条件及相应的能力等来制订的。计划的目的必须明确,要求做哪些工作、完成什么、达到什么目标是计划的基本内容,计划所作出的安排和所提出的措施都是针对目标任务的,是为完成任务、实现目标而进行的。

2. 超前性和预见性　计划是单位、团体和个人在行动之前对行动的目标、任务、方法和措施等所作出的预见性设想、打算,是在它所针对的工作开展之前预先制订的超前于工作实践的文书,可以说没有超前性和预见性,就没有计划。

3. 规范性和约束性　计划要明确做什么、怎么做、什么时间做,都要按规范的程序制订。计划一经通过、批准或认定,在其所指向的范围内就具有了约束作用,成为单位、部门或个人等工作的指南,因此计划具有一定的约束性。

4. 可行性和灵活性 计划的目标、任务、实施的步骤和措施必须要可行。如果目标定得过高、无法实施,或目标定得过低、计划轻而易举就能实现,也就称不上可行性。当然计划在执行中随着集体情况的变化,可以调整、变通和修改。

(二)计划的作用

1. 指导、约束、监督和检查等作用 计划本身是对工作进度和质量的考核标准,对大家有较强的约束和督促作用。计划一经制订,就要认真贯彻执行。即使是个人学习或工作计划,也应具有自我约束力。

2. 协调工作步骤的作用 按照计划,工作就有了明确的目标和具体的步骤,就可以协调大家的行动,特别是复杂的工作参与实施计划的行为主体和涉及的环节多,需要计划来协调工作步骤。

3. 激励、推动、增强学习和工作主动性的作用 "凡事预则立,不预则废"。计划是对为了实现某种目的而对未来的行动作出的设想和部署,是人们的一种自觉行为。"宜未雨而绸缪,勿临渴而掘井"。有了计划,就能增强学习、工作的主动性。

知识链接

目标(计划、规划)对于成功的作用和意义

1. 目标能够使你看清自己的使命。

2. 目标能让你安排事情的轻重缓急。

3. 目标引导你发挥潜能。

4. 目标使你有能力把握现在。

5. 目标有助于你评估事业的进展情况。

6. 目标为你提供一种自我评估的重要手段。

7. 目标使你未雨绸缪。

8. 目标使你将工作重点从工作本身转到工作成果上。

9. 目标能使你认识到自己的人生价值。

四、计划的格式和写作方法

(一)条文式计划的结构

条文式计划的结构大体上分为标题、正文、落款(结尾)三部分。

1. 标题

(1)公文式标题:由计划单位名称、计划适用时间、计划内容(事由)、文种构成,如《××××医药专科学校 2017 年度工作计划》就是由单位名称"××××医药专科学校"、适用时期"2017 年度"、事由"工作"和文种"计划"组成的。有时公文式标题也可省略其中的一些部分:①省略单位名称,以时间+事由+文种为题,如《××××年度工作计划》。②省略时间,以单位名称+事由+文种为题,如《××药业公司生产计划》;有的专项计划可省略计划的时限。③省略单位名称和时间,以事由+文种为题,如《工作计划》。④省略其他部分,直接用文种《计划》作为标题。有的计划尚未定稿,处于讨论、征求意见的阶段,则应标明"征求意见稿""讨论稿"等。

(2)一般文章式标题:一般文章式标题采用正、副标题式,正标题是计划的目标,副标题则按照单位名称+适用时期+事由+文种构成。如《我要成为××大医药销售总经理——我的十年职业生涯规划》。一般文章式标题可以单独将计划的核心主题作为标题,如《实现跨越式发展,争做战略性新兴产业龙头企业排头兵》。

2. 正文 由前言、主体和结尾构成。

(1)前言:前言部分是计划的总纲,一般用来说明编制计划的指导思想,简明扼要说明制订计划的目的或依据,提出工作的总任务或总目标,指出计划制订的意义、单位的情况等。常用"为此,今年(或某一时期)要抓好以下几项工作"来引出下述的计划事项。

(2)主体:计划的主体内容采用分条列项的方法表述,一般包括 3 个方面的内容(即三要素)。①目标与任务:要写清计划工作(项目)的总任务(总目标),要求分条写出具体内容,即"做什么";②措施与责任:写清目标实施的方法、步骤和措施,包括时间分配和人力、财力、物力等的安排,即"如何做";③步骤与进度:总目标的实施经常需要分解成几项或多项任务去实现,所以主体部分也可以分项去写。

(3)结尾:有的计划还有结语,结语是对计划的补充,常见的写法有展望前景式、发出号召式等。可以用来表明完成计划的信心和决心,也可以写对其他事项的补充,或者强调重点任务和执行的要求,或者用来展望前景、提出希望、发出号召。如果无需这些内容,则可略去。

3. 落款 落款包括署名和日期。署名写计划的制定者的名称,如果计划的标题中已经标明单位名称,可以不写;日期写计划通过或写作的日期。

(二) 表格式计划的结构

表格式计划由标题、正文、落款三部分构成。

表格式计划的标题和落款的写法与条文式计划相同,正文则由表格(或图表)构成。表格的内容有先后顺序,一般将计划制订的指导思想、总的方向和要求等内容放在表格的前面部分,具体的步骤安排、实施的措施等内容放在表格的后面部分。

(三) 条文与表格相结合的计划的综合结构

条文与表格相结合的计划由标题、正文、落款三部分构成。

这类形式的计划的正文由条文和表格组成。一般将适合用表格形式陈述的内容用表格来列明,不宜于用表格列明的部分或对表格的附加解释的部分用文字说明。以文件形式发的计划要写出文件编号。

知识链接

计划的结构

标题
1. 机关+时间+内容+计划，如《××学校 2017 年度工作计划》
2. 时间+内容+计划，如《2017 年学习计划》
3. 机关+内容+计划，如《××专科学校教学计划》
4. 内容+计划，如《科研工作计划》

正文
1. 前言　背景、根据、目的、意义、指导思想
2. 主体　开展的工作、任务，提出步骤、方法、措施
3. 结尾　提出希望、发出号召、展望前景、明确执行

署名（公章）

日　期

五、计划的写作要求

（一）指导思想鲜明正确

计划要符合国家法律法规和政策的规定，符合本单位和个人的实际情况。

（二）立足全局，集思广益

写作计划前应广泛调查研究，集思广益，有利于计划成为集体的意志，有利于实施落实计划。

（三）结构完整，条理明细

写作计划要求三要素，即计划的目标、计划实施的步骤和方法措施要具体、明确、齐全。

1. 目标明确　计划是为了实现某项预期目标和完成某项工作任务而做的安排和打算，计划最基本的要求是目标明确。

2. 步骤清晰、方法措施可行　目标的实现要靠计划者在工作中去落实。计划的实施要有合理的步骤和可行的措施来保障。特别是复杂的项目，写作计划时要注意步骤清晰、合理，措施可行，有利于计划的完成。

（四）语言准确、朴实、自然

计划的写作要求语言准确、明晰，有利于员工或群众的理解执行。

▶ **课堂活动**

小李是药学专业的专科毕业生。他在事业单位工作 2 年后，与周围同事的关系处理不好，因工作不顺利，跳槽到一家私营企业，又由于工作压力太大，1 年就辞职了。他又到 A 公司做推销业务，因为薪酬没有保障，在朋友的劝说下，他打算到保险公司去应聘，希望能找到一份自己感到理想的工作。他对于从事的工作，也说不清楚喜欢还是不喜欢。他一直在为自己的工作烦恼，不知道自己究竟该怎么办。

讨论：

1. 小李为什么工作上总是不顺利、有烦恼？ 试从人生计划的角度，谈谈自己的看法。

2. 请你为他提出解除烦恼的科学合理的办法和建议。

[提示] 学生能根据自己的情况回答即可，教师结合计划的作用对学生的讨论和回答进行引导、点评。

六、例文和分析

例文一：条文式计划

20××年度××××医院工作计划

20××年医院将认真学习宣传、贯彻、落实党的十九大精神和新医改的政策，紧紧地围绕"以患者为中心，以质量为核心，为患者提供安全、温馨的就医环境"的活动主题，提高医疗的质量，强化医疗服务，使医院提升一个新的水平、再登新的台阶。我院20××年度工作计划如下：

一、指导思想

坚持以党的"十九大"精神为指导，坚持"科技兴院"的发展战略，坚持"以患者为中心"的服务理念，"立足服务、突出特色、培养人才、发展专科、树立品牌"，加大改革力度，实现思路创新、经营创新、管理创新，开创医院工作的新局面。

二、重点任务

进一步解放思想，深化改革，加快医院发展的步伐。在学科建设、技术创新、经营理念、扩大外延服务、分配方案改革等方面取得新突破，硬件设施进一步完善，服务态度进一步好转，经济效益和社会效益明显提高，医院综合实力及可持续发展能力明显增强，职工待遇进一步提高。全院业务收入增长××%，医疗性收入达到××%，实现新增长、新突破。

三、强化管理，理顺机制，深化医院改革

我们将主动寻求、探索医院发展的新的思路、新的途径。深入挖掘潜力，主动创造机遇。要大力弘扬艰苦奋斗、吃苦耐劳的优良传统，树立朴实勤俭办院的思想意识。继续加强和完善制度的建设，加大人事分配制度改革，进一步完善规章制度，完善激励机制。要建立现代营销理念，不断扩大市场占有额，不断畅通服务流程，搞好医疗服务，最终实现让患者满意这一根本。

四、加强重点专科建设，拓展业务范围，打造特色专科

医院要生存、要发展，要在竞争日益激烈的医疗市场中立于不败之地，必须不断拓展医疗业务范围。医疗业务范围的拓展，离不开特色专科和重点专科建设。我们下一步的重点项目依然放在专科建设和专科特色建设上面，用特色专科去拓宽市场，用特色专科去服务患者。加大特色专科规模建设，力争使其成为市级品牌医院。

五、加强内涵建设，重视人才培养，提高核心竞争力

进一步加强整体队伍建设，全面提高员工综合素质。医院要发展，队伍是关键。以强化医德、提高技能为着力点，医院将继续突出"以人为本"的原则，大力加强整体队伍建设，通过培训、学习、考试、考核,以及激励机制等方法,全面提高员工的综合素质。从细小处下功夫,在细微处见精神,为患者提供全程全方位的优质服务。

六、抓好医疗质量,确保医疗安全,完善医疗服务体系

"医疗质量、医疗安全、医疗服务体系"是任何时候都不可忽视的系统工程。我们将把强调"医疗质量"、确保"医疗安全"、完善"服务体系"作为医院头等大事来抓,通过制度建设、人员素质建设等措施,着力抓好此项系统工程,使医院成为地区名副其实的"医疗质量高、社会评价好"的"龙头医院"。

七、加快信息化建设进程,实现科学化、现代化管理

信息化建设要以满足需要为标准,构建医院信息化系统,使之成为管理科学化、现代化管理的一个重要手段,成为患者与社会沟通的交流平台。

在上级党组织的领导下,在全院职工的共同努力下,我们一定能顺利完成全年的工作计划,加快我院的建设步伐。我们要以改革创新的意识、求真务实的精神、脚踏实地的作风,为提高医疗质量、推动医院创新发展,为人民提供更优质的服务努力奋斗!

20××年××月××日

分析:

1. 题目 由适用时期"20××年度"、单位名称"××××医院"、事由"工作"和文种"计划"组成。

2. 正文 开头第一段是引言,指明制订这份工作计划的总体目标和任务。

从"一"到"七"是计划的主体部分。"一"和"二"具体指出工作的指导思想和年度重点任务;从"三"到"七"多措并举促发展,提升效率,以及给出实现这些目标的措施等。每项条目的具体措施因篇幅所限有删减(在实际应用中可以细化)。

3. 最后一个自然段是结尾,表明实现计划的信心和号召。

4. 落款只是写日期;署名(单位名称)在标题上已有,落款时可略去不写。

例文二:表格式计划

20××年度××医药有限公司安全生产工作计划表

序号	月份	安全生产工作要点
1	1月	公司主要负责人与分管领导,各部门、项目部负责人签订安全生产责任书。
2	2月	1. 召开年度安全生产工作部署会议(第一次安全生产工作会议); 2. 对各项目部的安全生产状况进行查摆、分析。
3	3月	1. 部署"六打六治""清剿火患"等专项工作; 2. 开展第一季度隐患排查工作。
4	4月	1. 开展上半年安全生产安全员培训活动; 2. 参加安监局安全员证培训及复训。
5	5月	1. 对"党政同责、一岗双责"的贯彻落实集中学习; 2. 召开第二次安全生产工作会议; 3. 部署"安全生产月"工作。

续表

序号	月份	安全生产工作要点
6	6月	1. 开展"安全生产月"活动； 2. 组织公司全体人员开展事故救援疏散和消防安全疏散演练活动； 3. 开展第二季度安全生产隐患排查。
7	7月	1. 组织安全生产目标责任制落实情况督查工作； 2. 组织公司所有人员观看安全"警示"教育片； 3. 召开半年度安全生产工作会议，总结上半年安全生产工作情况，部署下半年安全生产工作。
8	8月	1. 召开第三次安全生产工作会议； 2. 开展下半年安全生产安全员培训活动； 3. 对各在建项目安全生产工作开展"明查暗访"。
9	9月	开展第三季度安全生产隐患排查。
10	10月	国庆假期前的安全生产大检查。
11	11月	1. 开展第四季度安全生产隐患排查； 2. 对各在建项目开展一次"拉链式"安全检查。
12	12月	1. 召开第四次安全生产工作会议及年终会议； 2. 积极准备年终"迎检"工作； 3. 召开公司年终安全生产工作会议。

××医药有限公司安全生产办公室

20××年1月

分析：

1. 这是一份表格式计划。表格式计划的特点就是运用表格，简单明确地将计划的序号、时间和对应的安全生产工作要点事项要求等相关情况表达出来，清楚明白。

2. 题目由时间+单位+事由+文种组成。

3. 正文部分是用表格列明1~12月的安全生产工作计划事项。

4. 落款部分为××医药有限公司安全生产办公室单位的署名和日期。

知识链接

事务文书的概念、特点与分类

一、事务文书的概念

事务文书是党政机关、社会团体、企事业单位和个人在处理日常公务工作或日常事务时运用的具有实用性和特定体式的一种应用文体。

二、事务文书的特点

1. 广泛的应用性、使用率高　它是一般机关、单位的日常公务所使用的文书，机关、单位的计划、总结及其他事务往往都是用事务文书。 事务文书的使用频率往往超过行政文书。

2. 自主性强、程序简便　法定公文的制发和处理须经过一定的程序，不得擅自处理。 而事务文书没有那样严格的处理程序，有一定的自主权。 如行业的一些规章制度可以本单位自己制订，无须报上级批准。

3. 格式灵活、行文自由　事务文书没有行政公文那样讲究规范，在谋篇布局上可以根据不同的情况来设计。 法定公文有严格的行文规则，而事务文书的行文相对宽泛自由，可以选择行文对象，可越级行文，如简报，可以上报，也可以平送，还可以下发。 而会议记录、大事记因属内部资料，一般不外发。

三、事务文书的种类

事务文书的种类很多。 本章主要介绍计划、总结、调查报告、简报、规章制度、会议记录、述职报告等事务文书的写作知识。

点滴积累　∨

写作计划时应注意计划目标要明确，步骤要清晰明了，措施一定要切实可行。 写计划往往分条列项地阐述计划的目标、任务、指标、措施等，大多采用序数或小标题，即在每节后按条目列出本节需要掌握的重点内容，条目不宜多，层次鲜明，眉目清晰，语言简洁明了。

第二节　总结

一、总结的概念及适用范围

（一）总结的概念

总结也叫总结报告,是本单位(本部门)、本人对前一时期的工作、生产、学习、思想等情况进行全面系统的回顾检查,分析归纳,明确成绩、缺点和存在的问题,找出经验教训,从中得出规律性的认识,用以指导和促进今后的工作的一种文书。

（二）总结的适用范围

总结的适用范围较广泛。本单位、本部门或个人在完成某项工作或工作进行到某个阶段时都要进行工作回顾,以检查工作或项目等的完成情况,找出经验教训,归纳,分析,形成书面总结,指导今后的工作。总结是做好各项工作、提高工作效率和水平能力的重要方法。

二、总结的种类

总结可按不同的分类方法分类。

（一）按时间分

年度总结、季度总结、月份总结、周总结、日总结等。

（二）按总结的范围分

个人总结、部门总结、单位总结、地区总结等。

（三）按总结的性质分

综合（全面）总结、专题总结等。

（四）按总结的内容分

工作总结、生产总结、经营（销售）总结、科研总结、学习总结、思想总结等。

（五）按总结的功能分

汇报性总结、经验性总结。

三、总结的特点和作用

（一）总结的特点

1. 实践性与理论性　总结是对工作实践的本质概括，是对工作中的成绩、失误进行理论分析研究，找出经验、教训，上升到高度认识，提炼出规律性的理论认知。总结既要回顾工作（项目）等的实践过程，又要从实践中找到规律，因而总结具有理论与实际相结合的特点。

2. 客观性与主观性　总结是实事求是地对已完成或正在完成的工作进行评价，既不能夸大，也不能缩小，实事求是是客观要求，同时总结又是对实践活动规律的主观理论认识。

3. 全面性与概括性　总结要忠实于客观实践的全面把握，又要将实践中的典型经验提炼概括出来，不是记流水账。

4. 借鉴性　总结不是简单地罗列成绩和失误，而是要把握事物的规律性，提高对今后工作的预见性，为以后的工作提供借鉴和相互借鉴。

（二）总结的作用

1. 推动和促进作用　总结是对某种工作（项目）实施结果的评价和结论，是对过去的工作实践的一种理性认识。通过总结可以全面地、系统地了解以往的工作情况，可以正确认识以往工作中的优缺点，获得有意义的启示和借鉴，对今后的工作、学习和思想提高起到推动和促进作用。总结是工作向更高级的阶段发展的"助推器"。

2. 互相交流、借鉴作用　总结可以成为上下沟通、互通情报、相互交流的工具，有助于相互学习，借鉴成功的经验，吸取失败的教训，共同提高。

3. 决策和指导作用　总结可以找出工作和事物发展的规律，回顾过去，评估得失，指导将来。可以成为领导部门作出正确决策的依据，并以此指导今后的工作。

四、总结的格式和写作方法

总结一般包括标题、正文、落款三部分。

（一）标题

总结的标题有以下两种写法：

1. 公文式标题 由单位名称+时限+事由内容+文种四要素构成，如《××医药专科学校2017年度工作总结》《××药业公司2017年度销售工作总结》就是分别由单位名称"××医药专科学校""××药业公司"、适用时期"2017年度"、事由"工作""销售工作"和文种"总结"组成的。

公文式标题有时可以省略其中的一些部分，例如省略单位名称，以时间+事由+文种为题，如《2017年工作总结》；省略时间，以单位名称+事由+文种为题，如《××药业公司工作总结》；省略单位名称和时间，以事由+文种为题，如《工作总结》；省略其他部分，直接用文种作为标题，写为《总结》。

2. 新闻式标题 用概括中心意思的短语作标题，如以《×××市城市建设取得显著成绩》作为总结的标题。也有采用正、副标题式，以突出总结的主题。正标题是总结的主旨，副标题则按照单位名称+适用时期+事由+文种构成。如《立足职业岗位，推动教学改革——××学校2017年医药应用文写作教学工作总结》。

（二）正文

总结的正文由开头、主体、结尾三部分组成。

1. 引言开头，也称前言或导语 这部分一般用简洁的语言交代总结的缘由，概括与交代基本情况，并作出总体性的评价。如对总结的内容、范围、目的做限定，或对所做的工作及其过程做扼要的概述、评估。

2. 主体部分 由工作的主要做法及成效、基本经验与体会和今后的打算三部分组成。在第一部分概述情况之后展开分述。有的用小标题分别阐明成绩与问题、做法与体会，或者成绩与缺点。总结带有规律性的经验是衡量总结质量高低的主要标志。这部分要求内容翔实、条理清晰，要注意叙议结合、实践和理论相结合。

3. 结尾是正文的收束 这部分内容包括如何发扬成绩、克服存在的问题及明确今后的努力方向；也可以展望未来，得出新的奋斗目标。提出今后的方向、任务和措施，表明决心、展望前景。有些总结在主体部分已将这些内容表达过了，就不必再写结尾。

（三）落款

落款包括署名和日期。署名写总结单位（部门）、个人的名称，如果标题中已经有名称的，这里可以不写；日期写总结写作或通过的日期。

知识链接

总结的结构

标题 {
1. 公文式标题 单位名称+时间+内容+总结
2. 主题式标题 《让市民喝上放心水》
3. 正、副标题 《提高人口质量——×县计划生育总结》
4. 文种标题 《总结》
}

正文
{
1. 前言　概述基本情况，说明成绩、问题等

2. 主体
{
纵式：按时间顺序写明成绩、做法、经验、体会

横式：按事实性质和规律的不同分门别类叙述

纵横式：既考虑事情先后，又体现事情发展
}
内容：基本情况、主要成绩、经验、存在的问题和教训

3. 结尾　今后努力的方向、措施，表明决心，展望前景
}

（署名）

日　期

五、总结的写作要求

总结的写作有以下几点要求：

1. 实事求是，总结规律　善找规律，名实相符。总结要做到成绩不夸大、缺点不缩小，更不能弄虚作假，这是分析得出教训的基础。以总结经验教训为主，用工作回顾阐明经验教训。实事求是，一分为二。一般是先归纳和提炼出几条经验或教训，分别展开论述，将工作过程、工作办法、取得的成效等穿插在其中写，使经验和教训看起来更加充实。分析问题，实事求是，总结规律是关键重点。

2. 点面结合，突出典型　总结材料有本质的也有现象的，有重要的也有次要的，写作时要突出典型、去芜存精。对过去的情况进行回顾，应是既全面又有重点地陈述情况，还应写其中的经验或教训体会，以指导今后的工作。千万不能将总结写成记流水账。

3. 大小结合，写出新意　既要着眼于写作的高度，体现出单位工作的大方向和思路，又要将这种高度体现到细小的工作中。

4. 条理清楚，层次分明　总结的主体部分条理层次要清楚。

六、总结与计划的异同关系

总结和计划有着密切的关系。总结可以检验计划的优劣得失，计划可以依据总结得出的经验而制订得更加科学、合理。总结是对计划实践活动的检验，总结依赖于计划不断得到创新。总结和计划既是相互制约、相互依赖的关系，又是相互促进、不断提高的关系。计划、实践、总结、再计划、再实践、再总结，如此循环，周而复始，不断提高。这就是计划和总结的最本质、最具有价值的关系。

（一）相同之处

计划和总结都能起到指导工作的作用。

（二）不同之处

1. 计划和总结的制订时间不同　计划制订在事前，总结的写作在事后。

2. 两者的内容不同　计划是对未来事务的安排和打算，对要进行的活动拟定措施、安排步骤；总结则是对过去一段时间内发生的事情进行回顾、归纳，进而进行总结，总结得失、经验、教训。计划所要回答的问题是"做什么""怎么做""做到何种程度"，总结要回答的问题是"做了什么""做得怎

样""有何工作规律""工作中有什么经验教训"等。

▶▶ **课堂活动**

阅读下列《个人学习总结》，讨论该总结有哪些优缺点？ 如何修改？

个人学习总结

时光荏苒，来到医学专科学校就读的第一个学期一晃就过去了。 通过自己的努力，我的学习与生活都有了较大的进步和提高。 现将一学期来的学习、生活情况总结如下：

一、学习方面

首先是树立了正确的学习态度。 为此，我在开学一个月后就立即着手制订自己的学习计划。 要求自己课前做好一切准备，包括预习，以便在上课时听讲收到好效果，课后向老师请教难题，力求做到"知之为知之，不知为不知，是知也"。 正是由于自己认真去对待，"世上无难事，只要肯登攀"，这个学期，我的成绩进步较大，多门科目都获得了奖励学分。 其次在课外学习时间，为了提高自己，我充分利用课余时间，到学校的图书馆阅读各方面的杂志，拓宽了自己思考问题的思路，克服了片面地看待问题和以前不爱思考问题的缺点。

二、在生活上

虽然自己刚来到一个陌生的环境，但是自己还是能通过一段时间适应崭新的生活环境。 刚开始时，对于新老师的教学方法很是陌生，而且药学专业的课程对于我来说完全是崭新的课程，学习起来有一定难度，所以当不理解老师的教学内容时，勇于向老师提出建议，向老师请教，同时与老师建立了良好的师生友谊。 在平时的学习、生活中，我能够和同学沟通交流，增进彼此的了解和友情。 积极参加班级活动，从而觉得之前陌生的环境已经变成了自己栖息的港湾。

总之，我作为医专学生，要总结经验，脚踏实地，用科学知识武装自己，提升自己的实际技能。 今后要努力学习，全面发展，奋勇前进。

［提示］

1. 标题　公文式总结标题，由名称＋事由＋文种组成。

2. 总结　结构上层次较清楚，由引言、主体和结尾三部分构成。 引言简单交代写作总结的背景，第二部分的第二、第三自然段对个人的学习、生活等方面做了总结；最后自然归纳，起到点明主旨的作用。

3. 缺点与修改建议

（1）总结关键是要总结出得和失规律性的经验、教训，以便为今后的进步提供借鉴。 这篇总结写得不够。

（2）内容上，个人总结不能缺少思想政治上进步提高的内容，应补上。 生活方面的总结不够充分，也缺少典型事例。

（3）内容混乱：第三自然段写生活方面的总结，但"刚开始时，对于新老师的教学方法很是陌生，勇于向老师提出建议，向老师请教……"等却是写学习方面的内容，学习方面的内容与生活方面的总结杂糅在一起，显得杂乱。 应将这个内容放到前面的学习总结部分。

（4）总结没有落款，格式上存在缺陷。

（5）语言不规范。 如"对于新老师的教学方法很是陌生""从而觉得之前陌生的环境已经变成了自己栖息的港湾"等句子要修改。

七、例文和分析

例文一：个人总结

个人实习总结

董××

我到一家民营医药公司销售实习半年时间,有不少体会和收获。

记得刚到销售部时,有一位老大姐跟我说:做好销售其实就是"一张嘴两条腿"。如果你能再加上一点脑子,那你的销售就可以做得比一般人优秀了。

公司销售经理说:做销售从某种程度上来说就是在做服务!要随时准备为客户做好服务。这应该是医药代表的基本素质之一。我们所在的公司是一家发展非常迅速的制药企业,在未来一定会有大规模的扩展。我们都应该提高自身的素质和能力来与公司的发展相匹配。首先应该明确:作为一名优秀的医药代表究竟应该具备的素质。经过半年时间,我感受到销售经理谈判的魅力。

我觉得有几点值得总结:掌握必要的销售知识,同时要思路清晰;目标明确,不断自我激励,要加强学习。

思路清晰是对事物的分析和理解的能力。对于医药代表来说,我们面对的客户可能相对还比较固定,但即使是对同样的客户他在不同的时间也会有不同的需求。只有具备良好的"悟性",才能在与客户的交流中,可以很快地通过观察、了解对方的习惯、需要,预测对方的行为反应,换位思考,及时作出判断,顺应客户要求,解决对方的问题。

对我们医药代表来说,在拜访客户的过程中经常遇到各种不顺利的情况,这对我们是一个挑战。而具有良好自我激励能力的医药代表,常常能够发挥个人潜能,极力克服困难,以期达到销售的目的,能积极主动地去开拓市场。明的目标,工作计划的设定、日程的安排,主要取决于医药代表个人,组织的控制比较困难。具有强烈的自我激励能力,会很好地进行自我管理,不断地去迎接挑战,不断学习新的销售技巧和知识。医药代表面对的是瞬息万变的市场以及善于学习、进步的客户,必须不断学习,从市场中吸取养分,将客户作为学习对象,还有通过读书以及互联网获取最新的知识。完善、提升自己的能力,才能自由地应对千变万化的药品销售市场,以期能够有更大的突破。这一点素质我觉得自己有一些,但还远远不够。优秀的医药代表还应具备如下的能力:

1. 勤奋。勤能补拙,勤奋就是全力投入,有着常人难比的耐力。纵使再失意或者业绩下跌的时候也决不撤退,到头来仍然能完成目标。

2. 沟通的技巧。良好的沟通技巧可以帮助你更快达成自己的目标。沟通是分两面的:一个是倾听,另一个是诉说,而一名医药代表不仅要掌握倾听和诉说的能力,还应该掌握一些有用的谈判技巧,能够通过沟通读懂对方的意思,把握一些销售切入的点,当然还需要在与客户沟通的过程中,去了解产品的竞争信息及一些有用的市场信息。

3. 协作能力。必须依靠团队,个人能力再强也不可能将整体销售带到一个很大的规模。木桶理论告诉我们,团队能力的大小不是取决于团队中能力最高的人员,而是取决于团队中能力最低的人员。要善于依靠团队协作。

4. 服务的意识和能力。做销售从某种角度来说就是在做服务,所以服务的意识和能力是非常重要的。

总之,对照自己,还有许多地方需要学习、提高。我会在医药销售这条路上不断前行,努力实现自己的人生价值!

20××年××月×日

分析:

1. 这是一篇个人实习总结,题目明确。

2. 第二节、第三节由大姐和销售经理谈经验,明收获;第四节是过渡段;第五节、第六节主要说明自己的心得体会和收获,总结出有规律性的道理;第七节至第十节分条说明感悟、收获和体会,具有启发作用和意义。内容较充分,有一定的新意;结构较完整,条理较清楚。

3. 结尾,最后一节表明今后的措施、努力的方向、决心,展望前景。

4. 落款写日期。

例文二:

20××年度×××人民医院工作总结

20××年度,×××人民医院在上级的正确领导下,全院干部职工继续发扬"团结向上、拼搏进取"的工作精神,树立"一切以患者为中心"的服务意识,全心全意为人民服务,认真学习党的十九大精神,与时俱进,开拓创新,攻坚克难,推动了医院各项工作开展。现把主要工作总结如下:

一、完成任务基本情况

1. 主要工作量及医疗指标完成情况 医院总收入:139 658 万元,其中业务收入:121 250 万元。完成门诊就诊患者:148 140 人次,急诊患者:9867 人次,入院患者:30 029 人次,出院患者:29 839 人次,手术:3517 台次。农合报补:门诊 2675 人次,金额 73 万元;住院报补:19 232 人次,金额 4505 万元;医保报补:1166 人次,金额 251 万元。

2. 病床使用率 85.17%。平均住院日:7 天。入出院诊断符合率:99.24%。抢救危重患者 982 人次,成功率 89.64%。

二、加强思想政治工作,引领各项工作快速发展

(一) 主抓政治学习,增强思想道德建设(略)

(二) 深入开展治理医药购销领域商业贿赂工作(略)

(三) 加强队伍凝聚力建设,深入开展创先争优活动(略)

(四) 以党建带团建,丰富精神文明建设(略)

三、加强医院管理,深化医院改革(略)

四、加强技能培训,提高服务质量(略)

五、加大医疗设备引进力度(略)

六、存在的问题与不足,今后的努力方向(略)

总之,一年来我们做了大量的工作,取得了一定的成绩。今后全院上下要精诚团结,齐心协力,真抓实干,开拓创新,为再创佳绩而奋斗。

20××年 1 月

分析:

1. 这份总结是综合性总结,总结了某医院一年的工作情况。

2. 总结的标题由时间+单位名称+事由+文种组成。总结的主体内容先用事实数据说明完成任务的基本情况。二至五分项总结工作的主要做法(内容略);第六指出存在的问题与不足、今后的努力方向。总结的结尾发出号召。

3. 总结中既有经验归纳,也有事例和数据,使得这份总结内容充实,有说服力。行文条理清晰。

4. 落款写日期。署名(单位名称)在标题上已有,故落款时可略去不写。

点滴积累 ∨

> 总结既要全面,又要突出重点,以指导今后的工作为目的;总结要分析归纳出规律性的观点。

第三节 调查报告

一、调查报告的概念及适用范围

(一)调查报告的概念

调查报告是按照一定目的,通过对典型的事件、问题、情况、经验等进行深入的调查,经过分析、综合研究,从而揭示出其本质或客观规律的一种应用文体。这是经过调查研究的成果写成的书面报告,也称为考察报告、调研报告、××调查等。

(二)调查报告的适用范围

调查报告的适用范围很广。国家、单位(部门)制定方针政策、解决各种实际问题、反映情况、弄清事实真相、推出新生事物、推广典型经验教训等,都需要运用调查报告。

二、调查报告的种类

调查报告按主要内容和调查方式,可分为以下几类:

(一)社会情况调查报告

主要反映某一地区、某一领域或某一事物的基本面貌或重大问题,目的在于报告全面的情况,为决策者制定方针政策、规定任务、采取措施提供决策依据和参考。如《关于大学生就业问题的社会调查报告》。

(二)典型案例调查报告

主要对典型经验、典型事件、典型人物、典型情况变化进行深入调查分析后,提炼出成功的经验和有效措施,以指导和推动全面性的工作。如《关于合作医疗改革方法在××县试点推广的经验调查报告》等。

（三）反映新生事物的调查报告

主要是用于报告和评价新生事物,帮助人们提高对新生事物的认识、理解和接受,起到宣传、教育的作用。如《互联网对青少年成长影响的调查报告》。

（四）典型问题调查报告

主要用于反映社会重大问题的调查,其往往以工作中存在的问题和缺点、不良倾向和严重事故,以及违法违纪问题等为主要内容。如《××企业对地区环境严重污染的调查报告》等。

（五）研究性调查报告

主要用于研究探讨某项政策或工作,统一认识,提出解决问题的办法和措施,提出可行性调研报告。如《××中药在×××企业生产可行性研究报告》。

三、调查报告的特点和作用

调查报告具有针对性、真实性、科学性和叙议性的特点。调查报告可以起到了解、剖析事物的本质及其发展趋向的作用,为科学决策和解决问题提供依据。

（一）调查报告的特点

1. 针对性与指导性的统一 调查报告总是针对某一种思想倾向、具体的实践活动或实际问题而写作的。通过对客观事物的真实反映,来表达作者的立场观点和思想倾向,得出符合实际的结论,用以指导实践。因此,调查报告具有很强的针对性和指导性。

2. 真实性与科学性的统一 任何社会调查的目的都是为了了解客观实际,发现问题,解决问题,掌握规律。调查报告要用真实、准确的材料说明问题,真实性是调查报告的生命。调查报告的科学性主要表现在认识问题的科学性方面,调查报告要从调查到的材料中去粗取精、去伪存真,经过科学的分析得到结论或结果,反映客观实际;其次语言表述要缜密。

3. 普遍性与典型性的统一 调查报告的基础是客观事实,重要的是要通过典型事例、典型人物和典型问题揭示出普遍规律。

4. 动态性与创新性的统一 调查报告针对当前的工作进行调查研究,有一定的时效性和动态性。而同时要求用新的观点、新的视觉、新的方法去调查研究,发现和挖掘新的材料、明确新的观点,体现出创新性和深刻性。

5. 叙述和议论的结合统一 表现形式上,调查报告陈述事实和数据的地方可用叙述的方法,调查报告的结论、意见、结果部分可用议论的表达方法。有事实、有依据、有道理,叙议结合,以理服人。

（二）调查报告的作用

1. 依据作用 调查报告为上级领导机关掌握和研究某种情况,制定方针、政策、决策,解决重大问题提供科学的重要依据和参考。

2. 指导、检验作用 调查报告是指导、检验路线、方针、政策、工作等贯彻执行的一种有效方法。

3. 宣传、推动作用 通过典型事例的分析、总结,得出具有方向性和普遍意义的经验来推动工作,起到宣传、推动作用。

4. 摆明真相、说服教育作用　用调查的事实明确有关问题的真相,达到说服教育群众的作用。

知识链接

调查研究思考

1. 要解决问题,还须做系统的周密的调查工作和研究工作,这就是分析的过程。提出问题即矛盾的所在。——毛泽东

2. 没有调查,就没有发言权。——毛泽东

3. 某杂志对全国 60 岁以上的老人进行抽样调查,总结出了几个使人感到后悔的事情。第 1 名:75%的人后悔年轻时努力不够,导致一事无成;第 2 名:70%的人后悔在年轻的时候选错了职业;第 3 名:62%的人后悔对子女教育不当;第 4 名:57%的人后悔没有好好珍惜自己的伴侣;第 5 名:49%的人后悔没有善待自己的身体。

四、调查的方式与方法

掌握调查的方式与方法,是写好调查报告必需的基础工作。调查是获取信息资料、掌握事实真相的方法,也是写好调查报告的重要的准备工作。

(一)常用的调查方式

主要有普遍调查、典型调查和个案调查方式。

1. 普遍调查　在调查范围内对每个调查对象逐个具体调查。

2. 典型调查　选择若干个具有代表性的单位(部门)做全面、系统而周密的调查。

3. 个案调查　对社会的某个个人、某几个人群或某个事件、某个单位所做的调查。

(二)常用的调查方法

有问卷法,文献法,现场参观、考察、观察调研、蹲点调查法,实验法,会议调查法,个别访问、集体访谈访问法。

1. 问卷法　合理设计问卷,采用开放式、封闭式或混合式问卷收集信息材料。

2. 文献法　通过阅读、收集书面材料、统计数据等文献对研究对象进行间接调查。

3. 观察法　现场观察,搜集数据资料。

4. 实验法　通过科学实验、实践模拟真实情况以获得调查数据的方法。

5. 开调查会　召集调查对象集中开会以收集材料。开调查会是调查中较常用的一种了解情况、收集资料的方法。

6. 访问法　访问法又称谈话法,主要收集口述的材料。一是正式访问,二是非正式访问。可用函件访问、电话访问等方法。

五、调查报告的格式和写作方法

调查报告由标题、正文和落款三部分组成。

（一）标题

标题可以有以下三种写法：

1. 公文式标题　即由"发文主题"＋"文种"的形式构成，基本格式为"××关于××××的调查报告""关于××××的调查报告"等。如《关于大学生就业创业情况的调查报告》。

2. 一般文章主题式标题　标题包括单标题式标题和双标题式标题。单标题式主要有陈述式、提问式等标题；双标题则采用正、副标题相结合使用。

（1）陈述式标题：标题是简要的陈述句，它通常将主旨表述出来。如《××职业技术学校毕业生就业形势振奋人心》。

（2）提问式标题：标题用反问句将中心问题提出来，起到警醒的作用。如《为什么医学大学生就业创业问题必须高度重视》。

（3）正、副标题相结合式：正标题陈述调查报告的主要结论或明确中心问题，副标题表明调查的对象、范围、问题，采用"发文主题"＋"文种"的格式。如《高校发展必须重视专业建设——××大学学科专业建设的实践与思考》。

3. 新闻式标题　以主标题揭示调查报告的主题思想或主要内容，以副标题表述调查的对象、范围及事项。如《推进创新工程成效显著——20××年××制药公司新药品创新研究开发情况调查》。

（二）正文

调查报告的正文一般由导语、主体、结尾三部分组成。

1. 导语　导语即"前言"或"引言"，起到画龙点睛、精练概括的作用，突出主题。一般概述3个方面的问题：调查的缘由、目的；调查的对象、范围；调查的经过（时间、地点、过程等）和方法。有以下几种写法：

（1）写明调查的起因或目的、时间和地点、对象或范围、经过与方法，以及人员组成等调查本身的情况，从中引出中心问题或基本结论来。

（2）写明调查对象的历史背景、大致发展经过、现实状况、主要成绩、突出问题等基本情况，进而提出中心问题或主要观点。

（3）开门见山，直接概括出调查的结果，如肯定做法、指出问题、提示影响、说明中心内容等。

2. 主体　这是调查报告最主要的部分，这部分详述调查研究的基本情况、做法并对调查得到的材料进行分析归纳，阐明观点和结论。该部分可以采用小标题或分层次进行陈述。

（1）横向式结构：是根据调查的材料、问题的性质、得出的结论、意见等，由若干并列的几部分分别加以说明和阐述。说理充分，在写作中的使用较为普遍。

（2）时间纵向式结构：是根据事情发展的先后顺序或材料内容的逻辑关系，前后有序地组织调查材料，前面部分常常是后面部分的前提和条件，后面部分往往是前面部分的进展和必然结果。一般对新生事物、典型事件的调查多用这种结构。

（3）纵横交叉式结构：是在安排材料时，既考虑到时间的先后顺序，体现事物的发展过程，又考虑内容的逻辑联系。这种结构对比较大型的、复杂的调查报告的写作很有好处，既能做到层次清楚，又能做到逻辑分明。

3. 结尾　有的调查报告在最后对全文进行概括归纳、强调观点，进一步深化主题；或提出问题、希望和建议，引发人们的进一步思考；或发出警醒和号召。

（三）落款

落款由署名和日期组成。署名是撰写调查报告的单位或个人的名称，日期一般是成文的时间。落款应写在正文结束之后的右下方。

知识链接

调查报告的结构

标题
- 1. 公文式标题　事由+文种，如《医学大学生就业情况调查报告》
- 2. 主题式标题　《医学大学生就业优势》
- 3. 双标题　正、副标题式，如《立志创新路——医学大学生创业情况调查报告》

正文
- 1. 前言　调查的目的、对象、方式、时间、地点、过程、背景
- 2. 主体
  - 用观点串联材料
  - 以材料的性质归类分层
  - 以调查过程的不同阶段分段
- 3. 结尾（作者的观点）
  - 概括全文，明确主旨
  - 指出问题，启发思考
  - 针对问题，提出建议

署名（公章）

日　期

六、调查报告的写作要求

（一）针对性、方向性和政策性明确

调查报告关键是应该抓住带方向性和政策性的问题，这样的调查报告才有现实作用和意义。

（二）坚持实事求是，科学分析评论，观点鲜明

坚持以实事求是的态度，对调查事实的大量材料进行去粗取精、去伪存真地分析归纳，得出科学的判断和正确的结论，不以偏概全或断章取义。科学分析评论，观点鲜明。

（三）叙议结合，观点和材料统一

用大量的事实说明观点。要有叙有议，不罗列现象，也不要空泛议论。做到叙议结合，观点和材料统一。

七、例文和分析

例文：

关于大学生就业问题的调查报告

一、前言

1. 调查背景　我国大学扩招后，大学生就业难的问题已经是一个不争的现象，且有越来越难的趋势。一方面与中国的经济结构体制和教育改革落后有关，另一方面更与当今大学生的就业观滞后有关。

2. 调查目的与意义　主要了解在校大学生的就业期望，对自身素质的评价，学校就业指导，对就业形势的看法，旨在了解当前的就业形势对大学生的影响；通过对影响大学生就业因素的调查，更好地调节用人单位与毕业生之间的供需关系；为当代大学生职业生涯规划的发展做一个新的描述；帮助大学生尽快认识自我，学校为学生提供就业指导，使学生能谋取理想职业，为同学们在今后的求职就业过程中提供参考。

3. 调查时间　2016 年 5 月 28 日~2017 年 7 月 7 日。

4. 调查地点　×××市。

5. 调查对象　×××市各大高校学生。

6. 调查方式　问卷调查、访谈。

7. 调查过程　首先设计调查问卷，然后到各高校进行调查问卷，调查完毕后做数据分析、归纳与整理。

二、正文

1. 大学生就业问题现状　大学生就业难，遍地都是大学生。"找到一份合适的工作实在太难了"，很多应届毕业生从心底发出这样的感叹。2016 年，据估算全国至少有 750 万名毕业生要面对"一毕业，即待业"的窘境。很明显，我们人才缺口大和大学生就业难形成一个矛盾，当高教供给与社会需求之间出现失调时，便会出现一个"扩招怪圈"：高校扩招——本科毕业生就业难——硕士生、博士生甚至博士后层层扩招——就业矛盾"后推上移"——高一层次的毕业生挤压低一层次的毕业生，层层挤压，整个社会就业形势更趋严峻——继续加速扩招。如此形成恶性循环，容易引发教育通胀，由此带来的毕业生就业矛盾被"后推上移"，隐患将日益凸显。而且会加剧人才"高消费"现象，大马拉小车，造成教育资源的严重浪费。

2. 大学生就业问题出现原因分析　从调查的数据看出，大学生未来就业形势严峻主要是由社会、学生、学校和用人单位 4 个方面造成的，主要问题体现在大学生的心理状况、本身的工作能力和学校的就业指导工作不足及社会用人单位对大学生的要求严重不一致。

我们就这 4 个方面的原因进行了分析：

(1)用人单位：用人单位选择大学毕业生，最主要的是看重学生如何"调整就业心态"，而"提高职业素质""提高技能"反倒其次；而大学生甚至学校看来，"提高技能"及"提高职业素质"是最主要的，"调整就业心态"并不重要。用人单位认为"德才兼备"是用人的恒久标准，单位对毕业生"品德"

的重视程度远远比毕业自身的重视程度要高得多。

(2)自身原因:①毕业生的就业观念存在误区。一是选地域。在大学生的意识中,大都市总是意味着机会、高薪和前途,这导致最需要大学生的地方少人问津,而都市的大学生求职者则人满为患。二是挑单位。大学毕业生都希望选择一个地域条件好、待遇优厚、社会地位高的职业。三是重薪酬。高薪水、高福利等盲目求富的观念在大学生中流行,带来了就业难。②毕业生综合素质的缺憾。一是学业不精。有的学生在学校里只是混,没有静下心来学习。二是社交能力欠缺。说话办事的能力、沟通合作的能力、交际公关的能力欠缺。三是缺乏社会实践经验。有的学生很不重视社会实践,甚至连学校要求的暑期社会实践都不能认真完成,更谈不上学到具体的实践。

(3)社会原因:①出口减速。次贷危机引发的金融危机,造成美国经济和世界经济的衰退,在很大程度上影响中国的出口。有研究证明,在中国经济外向度较高的情况下,中国外贸出口每波动 1 个百分点,将影响中国 18 万~20 万人的就业。受负面影响较大的主要有纺织服装、制鞋、玩具、摩托车、家具、照明器具、自行车等出口依存度较大的行业,而这些行业多是劳动密集型行业。②从紧的货币政策。实施"从紧的货币政策",意味着企业资金的获取难度加大,投资受到约束。作为吸纳就业的主体,民营企业特别是中小企业经营困难会在很大程度上对就业产生冲击。③企业的成本上升。原材料价格及劳动力价格均呈上升趋势,人民币升值、出口退税政策调整、两税合一等政策,也会提高出口型企业的生产成本。《中华人民共和国劳动合同法》的实施也在一定程度上提高了企业的人工成本。受成本上升影响较大的是劳动密集型企业和中小企业,对就业产生的消极影响不容忽视。

(4)学校原因:调查发现一半以上的学生对就业指导工作感到不满意。高校大规模扩招,造成市场"供大于求",许多人认为因为我国高等教育培养的人太多过剩了。其实,我国受过高等教育的人口仅占总人数的 5%左右,而发达国家的这个数字已经达到 1/3。因此,我国的人才过剩是相对过剩,而且社会对毕业生的需求跟不上高等教育扩招的步伐,为高校毕业生"供大于求"制造了假象。我国的大学毕业生在大城市、大企业、大公司是过剩了,而在一些中小企业、事业单位、偏远地区、经济不发达的地区则是人才稀疏、人才缺乏。

3. 大学生就业难问题对策和建议 经过一段时间的实地和网上调查分析,针对当前大学生就业存在的问题,课题组从以下方面提出几点建议:

(1)政府方面(略)

(2)高校方面(略)

(3)大学生自身方面

1)了解自己,了解职业,了解社会需求,准确定位:大学生要认真地分析自己,了解自己的知识、技能、性格、爱好以及身体状况等。了解职业岗位的工作内容、工作性质和对从业者素质的要求。同时又需要多了解社会需求,明白自己能做哪方面的工作、不适合做哪方面的工作。准确定位,找到适合自己的工作。

2)加强学习,提高自身的技能:大学生要加强学习,提高专业技能、就业技能等,自身技能的提高对解决就业起到质的作用,在提高技能的同时也要注意积累经验,多向他人学习。

总之,大学生只要提高自身就业意识、明白专业发展方向,就能发挥自身的价值。希望这次调查能给大学生一些参考,也能给有关部门提供一些最新的信息以便采取更好的措施。

参考文献:(略)

××××医学专科学校

×××　×××　×××

2017 年 7 月

分析:

1. 题目由"发文主题"+"文种"的形式构成。

2. 前言将调查背景、目的与意义、时间、地点、方式等说明清楚。

3. 主体部分包括三部分:大学生就业问题现状、大学生就业问题出现原因分析、大学生就业难问题对策和建议。数据材料收集与调查研究深入;内容涵盖了调查报告的基本要求,思考、分析问题的症结所在,明确解决问题的方法,结论具有普遍的指导意义。逻辑结构合理,条理层次分明。但语言表述方面不够精练,有些表述欠妥当,需要修改完善。

点滴积累 V

　　调查报告的写作必须搜集典型材料,经过归纳总结、科学分析,才能得出合乎真相的结论。

第四节　简报

一、简报的概念及适用范围

简报是国家党政机关、社会群众团体、企事业单位内部之间沟通情况、交流经验、传递信息,或向上级汇报工作、反映情况,带有新闻性和指导意义的一种事务性应用文。简报又称"××动态""××简讯""××要情""××摘报""××工作通讯""××情况反映""××情况交流""内部参考"等。

二、简报的种类

简报常见的有以下几种类型:

（一）工作简报

工作简报是机关、团体、单位内部就工作和日常业务工作的进展情况、工作动态、经验、问题或重大问题的处理情况等的简报。

（二）会议简报

会议简报是主要为了报道会议进程、反映会议交流和意见建议、大会工作报告和会议总结及摘要等的简报。

（三）动态简报

动态简报反映的是本单位的新问题、新情况、新事物、新趋势,突发事件,人们关注的问题,供领导机关参考。

（四）综合简报

综合简报是工作的综合反映、报道，或概述工作情况、汇总工作信息、介绍发展动态、预测未来趋势，或反映会议交流和调查研究等内容。

（五）专题简报

专题简报是对某项具体工作或开展某项具体重要活动而专门编印的简报。

三、简报的特点和作用

（一）简报的特点

1. 新颖、简要　简报的内容和形式要简明扼要。内容力求新颖简明，篇幅短小，中心鲜明，重点突出，语言明快。一般一事一报。

2. 真实、精准　问题、观点要抓得准，材料要准确真实，情况与经验可靠，具有启发指导意义。

3. 时效、快速　简报如同消息、简讯，讲究时效性，要求及时快速。

4. 清新、灵活　简报形式不拘一格，可以单篇一报，也可以多篇合编，编发方式机动灵活，表达方式多样。

简报是用来汇报、交流信息的，它要求信息简短，可连续刊发；同时强调快速交流信息。简报具有汇报性、交流性、简短性、连续性和快速性等特点。

（二）简报的作用

1. 反映情况　简报可以由下级将工作进展情况以及工作中出现的新情况、新问题、新经验及时反映给上级领导决策机关，使决策者了解情况，为制定政策、指导工作提供参考依据。简报也可以传达上级的有关指示和精神，使下级及时领会上级的意见。

2. 交流经验　简报可以在内部平行组织交流，相互提供情况、借鉴经验、吸取教训，这样对工作有指导和推动促进作用。

3. 宣传信息　简报可以为宣传部门提供材料和线索。其本身即是一种信息，可以使各级机关互相了解情况、吸取经验、学习先进、改进工作。

四、简报的格式和写作方法

简报一般由报头、报体和报尾三部分组成。

（一）报头

简报一般有固定的报头。报头设在第一页的上方，约占全页 1/3 的篇幅，下边用红色反线与正文部分隔开。通常报头有以下几个方面的内容：

1. 简报名称　用大号字写在报头正中部位，如"教育会议简报""学习动态简报"。可用套红印刷以显庄重，也可以不加套红。

2. 期号　在简报名称下面居中写明期号，并用括号括起来。一般按年度依次排列期号，有的还可以标出累计的总期号。属于"增刊"的期号要单独编排，不能与"正刊"期号混编。

3. 编发单位　位置在期号的左下方,间隔横线之上的左侧,顶格写主编单位的全称。

4. 发行日期　位置在期号的右下方,间隔横线之上的右侧。按领导签发日期为准,要标明具体的年、月、日。

报头部分与正文之间一般都用一条粗线隔开。

5. 密级与缓急程度　有些简报根据需要,还应标明密级,如"内部参阅""内部资料,注意保存""秘密""机密""绝密"等,位置在简报名称的左上方。缓急等级应在简报名称的左上方标明。

（二）报体

1. 按语　如有按语,则先写按语,再写标题,后写正文。按语概括全文的主旨或主要内容,给读者一个总的印象。按语一般要交代清楚谁(某人或某单位)、什么时间、干什么(事件)、结果怎样等内容。也可以说明材料的来源、指出材料的中心或要点、对下发的单位作出指示、提出具体要求或对编发的材料提出评论等。常加上"编者的话""按语"等字样;有些简报没有按语。按语的写法多种多样,有提问式、描写式、叙述式、结论式等。

一份(期)简报可以刊登一篇或多篇文章。

2. 标题　简报中的标题类似于新闻的标题,要揭示主题、简要醒目。简报的标题可以采用主题式标题;也可以采用正、副标题,正标题揭示文章的思想意义,副标题写出事件与范围。

3. 正文　正文分为导语、主体、结语三部分。

(1)导语是简报正文的开头部分:导语必须开篇入题、交代清楚、概括简练。一般用极简洁明确的话总领全文的中心内容或主要事实,交代清楚谁(某人或某单位)、什么时间、干什么(事件)、结果怎样等内容。一份简报如果只有一段,则第一句话就是导语;如果由几部分或几段组成,那么第一段就是导语。

(2)主体是简报正文的中间部分,也是主干部分:它用典型而有说服力的材料将前面的导语内容或观点具体化。具体内容可以反映当前情况,可以肯定已有的成绩,也可以介绍具体做法,提出存在的问题。

简报的主体主要有以下几种写法:①并列式:将选取的材料逐条排列,各条之间是并列关系;②逻辑式:按材料性质归纳分类,即根据事物的内在关系来叙述材料;③时间式:即按事物的发生、发展和结果的自然顺序来叙述材料;④空间式:即按事物的发生、发展和结果的空间变化顺序来叙述材料。

(3)结语:一些简报在结语部分用一句话或一段话概括主题,对正文的内容做一小结,以加深印象,或提出希望及今后的打算,或指明事情发展的趋势。简报导语已概述了事实的结果,文末不必再重复,主体写完,自然结束。

简报一般不具名,必要时可以在正文右下方加括号注明撰稿人姓名或供稿单位,日期已印在简报报头上的也不另写。

（三）报尾

报尾部分印在简报末页的下端,用一横线与报身隔开,横线下左边写明简报的报、送、发单位和本期简报的印刷份数。印发的份数写在报尾的右下方,以便于管理、查对。

知识链接

简报的结构

报头 ┃ 简报名称（红色）　××简报、××动态
　　　 ┃ 期号（写在简报名称下方正中）
　　　 ┃ 编发机关、日期
　　　 ┃ （目录）

报体 ┃ 标题 ┃ 单标题：如《教育工作今年抓好六件事》
　　　 ┃ 　　 ┃ 双标题：如《立德树人——×××职专教育成果喜人》
　　　 ┃ 导语：简要说明报道的内容和宗旨
　　　 ┃ 正文：主体用充足、典型的材料将导语的内容具体化
　　　 ┃ 结语：指明事情发展的趋势，或提出希望及今后的打算

报尾：报送范围　　　　　　　　　　　　　　　　　　　　印数：

五、简报的写作要求

（一）问题要准

反映的问题、情况要准。简报的基本要求是准确性、真实性，也是它的全部意义和价值所在。

（二）速度要快

简报尤其是信息类简报，编写和传递速度要快，才能发挥简报应有的时效作用。

（三）篇幅要简

简报顾名思义要"简"而不"繁"，做到简明扼要、篇幅短小精简。

▶ **课堂活动**

课堂讨论：如何编一期班级活动简报？

［提示］班级简报的做法不一定要求统一，但主要应体现班级情况，主要包括编者按（前言）、新闻部分（班级情况）和互动部分（如班级沙龙优秀话题展示、学生优秀文章等）。简报在生动、写实的同时，也体现出对班级活动工作的总结和对今后学习的指导。

六、简报与报刊的区别和联系

简报从形式上看，它与报刊接近，是由报头、报体、报尾三部分组成的。简报的报头与报刊的刊头相近，包括简报名称、期数、编报单位、编报日期、秘密等级。报体登载各类文章，如果登载的内容很多，还可以像报刊一样分几个栏目。报尾包括抄送等内容。

简报与报刊又有本质的区别，简报不公开出版发行，只在本单位、本系统内部运行，所载的内容和本单位、本系统的中心工作情况有关，读者对象限制在一定范围，可定期也可不定期出版。而报刊

一般公开发表,内容涉及的面更广,读者范围也较简报广。

七、例文和分析

例文:

×××医学高等专科学校

教务工作简报

(第4期)

教务处　　　　　　　　　　　　　　　　　　　　　2017年4月

4月16日上午8:30,在一号办公楼三楼会议室召开了本学期第四次教学例会。各系部主任、教务处副科以上干部参加了会议。会议由教务处王××处长主持,副校长董××同志出席会议并做了重要讲话。

董校长对前段工作给予了充分肯定,对"以评促建、评建结合、重在建设"的工作成效很满意。当前,评估日期越来越临近,各部门工作千头万绪,难度都很大,鼓励大家再接再厉,在已有工作的基础上往更高层次迈进,实现学校发展的新跨越。

工 作 安 排

一、开展教师普通话大赛

响应上级教育部门号召,拟在我校举行"经典照亮人生、知识成梦想"为主题的阅读月教师普通话大赛。活动计划自4月15日起至5月20日结束。

二、教改论文征集及优秀论文评奖活动

为促进广大教师教育教学经验交流、提高教育教学能力,决定在全校范围内开展教改论文征集及优秀论文评奖活动,鼓励全校教师、特别是中青年教师积极撰稿。入选论文以论文集格式装订全校发行,获奖者给予一定精神和物质奖励,并与评优评选及职称晋升挂钩。

三、实习前综合实训工作安排

根据教学计划安排,2017届毕业生实习前仍进行为期2周的综合实训强化训练。教务处已经安排各专业制(修)订了"综合实验(训)教程",在此基础上,要求各涉学系(院)于4月23日前完成本部门综合实训计划(含课表)的安排。各涉学部门在实训考核过程中要严格把关,有条件的部门尽可能实行一对一考核,力求使每位学生能够熟练掌握各项实训操作技术。综合实训成绩将作为一门课程计入学生总成绩中。

四、中期结束课程考核安排

按照教学计划安排,部分课程将提前结束,考试课将在期末与其他课程共同组织考核,考查课由涉学系(院)统一组织安排,在课程结束时进行考核。成绩于课程结束后的第2周周三前交教务处,同时完成成绩录入。

教 务 动 态

一、日常教学管理工作

各教学部门都能"以教学工作为重点、评估工作为中心",统筹安排各项工作。在完成繁重的评估任务的同时,保证正常教学秩序有条不紊地进行。各部门都加强了内部教学管理,真正达到了"以评促建"的目的。

二、第三轮说课抽查

4月11日下午,进行了第三轮说课抽查活动,本次抽查重点为教研室主任和高级职称的专兼职人员。抽查结束及主要存在的问题公布在"第十期评估信息"上。要求进一步加强对全体教师说课的培训与检查,务必达到人人过关的目的。

三、专业建设与职业发展平台数据填报完成

经过相关部门加班加点、通力合作,在要求的期限内顺利完成了中央财支持的中医和护理2个专业平台数据的填报工作。

四、学生技能竞赛丰富多彩

体育教学部开展的"春季体育竞赛活动"仍在进行;公共教学部成功组织了"全校英语大赛""英语写作大赛活动",并着手组织全国河南赛区预选大赛活动;卫生管理系的"全国计算机大赛校园选拔赛"已经结束,并计划对选拔出的选手进行专业培训,届时参加全国大赛。

学 习 交 流

在评估工作中,中医系积极整改,选派评估骨干利用双休日到开封大学等兄弟院校学习,借鉴评估材料准备等方面的经验,收效显著。希望其他系部能分享中医系的学习成果,推动全校评估工作再上一个新台阶。

药学系开展了教务动态通报,每周编发教学相关信息,规范了内部管理。

报送范围:校领导、全校各系(部)　　　　　　　　　　　　印数:150份

分析:

1. 报头　用红色线与正文部分隔开,报头有几个方面的内容:简报名称,"×××医学高等专科学校教务工作简报";期号,"(第4期)";编发单位,"教务处";发行日期,"2017年4月"。格式规范。

2. 简报报体　按语概括全文的主旨或主要内容和成效,给读者一个总的印象。一份(期)简报可以刊登一篇或多篇文章如"工作安排""教务动态""学习交流"等标题。主体是简报正文的中间主干部分,它用典型而有说服力的材料将前面的导语内容或观点具体化。具体内容可以反映当前情况,可以肯定已有的成绩,也可以介绍具体做法。选取的材料逐条排列,各条之间是并列关系,条理清楚。

3. 报尾　写明简报的报、送、发单位和本期简报的印刷份数。

点滴积累 ∨ ··

　　简报要突出简、快、新、实。

第五节　会议记录

一、会议记录的概念及适用范围

会议记录是会议有关情况的记录。会议记录是由会议组织者指定专人如实准确地记录会议的组织情况,会议中的报告、讲话、发言、决议、决定、议程和各方面的意见等内容和精神的一种应用性文书。除"笔录"外,有时还需要"录音""录像",这些只是手段,还需要整理为文字。

会议记录一般用于比较重要和正式的会议。会议记录要求真实、全面正确地反映会议情况,以作为整理会议文件、总结工作、经验教训、研究问题等存查备考运用的一种历史资料。

二、会议记录的种类

按照会议的性质、内容和作用,会议记录可分为办公会议记录、座谈会议记录、专题会议记录等。

（一）办公会议记录

办公会议记录是记录各级机关、企事业单位、社会团体等组织召开的定期或不定期的工作会议的记录,是对重要的、综合性工作进行讨论、研究、议决事项等的一种会议记录。

（二）座谈会议记录

座谈会议记录是专门记述座谈会、讨论、研究情况、问题的一种会议记录。

（三）专题会议记录

专题会议记录是围绕一个专题展开的会议情况的记录,如经验交流会议记录、学术讨论会议记录、学习会议记录等。

三、会议记录的特点和作用

（一）会议记录的特点

1. **真实性和准确性**　会议记录的执笔者只能真实准确地记录会议情况和会议内容。记录时不能进行加工、提炼,不能增添、删减,不能移花接木,不能张冠李戴。

2. **原始性和凭据性**　会议记录是会议情况和内容的原始化的记录,是不能加工整理、综合分析的记录。

3. **全面性和完整性**　会议记录对会议的时间、地点、出席人员、主持人、会议内容、议程等基本情况,对领导的讲话及与会者的发言、讨论和争议、形成的决议和决定等都要完整全面地记录下来。

（二）会议记录的作用

会议记录既是编写会议纪要和会议简报的重要参考,又是今后分析研究、处理有关问题时的参照依据和档案凭证。

1. **凭据作用**　会议记录忠实地记录了会议的全貌、会议精神、会议形成的决定和决议、会议对重大问题作出的安排。如果在会议后期需要形成文件,要以会议记录为依据;如果不形成文件,与会者在会后传达贯彻会议精神和决定要以会议记录为依据。

2. 素材作用　会议进行中编发的会议简报、会议后期制作的会议纪要都要以会议记录为重要素材。

3. 备忘作用　会议记录可作会议情况和会议内容的原始凭证。由于今后对有关会议的内容和情况等记忆不清,会议记录就可以成为备忘的工具。会议记录还可以成为一个部门和单位的历史资料。若干年后,通过大量会议记录可以了解这个单位的历史进程和发展状况。

四、会议记录的格式和写作方法

（一）会议记录的栏目格式

会议专用记录本一般都印制有如下栏目:

××会议记录

1. 会议名称

2. 会议时间

3. 会议地点

4. 出席与列席会议人员

5. 缺席人员

6. 会议主持人

7. 记录人

8. 审阅人

9. 签字人

10. 主要议题

11. 发言记录

（二）会议记录的写作方法

结合上面会议记录本的栏目内容,一般会议记录的写作方法和格式应包括标题、会议的组织情况、会议内容、会议记录结束语等。

1. 会议标题　会议记录的标题一般由"单位名称+会议名称+记录"组成,写为"××××会议记录"即可。会议标题方便今后快速查找所需的材料。

2. 会议的组织情况　会议的组织情况包括会议名称、时间、地点、出席人数、缺席人数、列席人数、主持人、记录人、审阅和签字人等。

3. 会议内容　会议内容是会议记录的核心部分,主要写会议议程、议题、讨论过程、发言内容和会议决议等。会议内容的记录方法有两种,一是详细具体地记录,即尽量记录原话,这种记录方法主要用于比较重要的会议和重要的发言;二是一般性会议简略记录,即只记录会议的要点和中心内容。

4. 会议结束　记录完毕,要另起一行写"散会"二字;如中途休会,要写明"休会"字样。

▶ **课堂活动**

讨论：做会议记录前要做哪些准备工作？

[提示] 做会议记录前要做的准备工作有：

1. 备好记录的文具 包括纸张笔墨，会议记录日后可用作档案，应用利于档案留存的笔墨纸张，如签字笔等。

2. 备好必要的录音设备 为保证记录的质量，可使用录音设备作为记录的辅助工具。

3. 了解会议的大致内容和与会议相关的议题等相关知识 为便于会议记录时理解会议内容，记录起来更顺畅，会议记录者应了解会议的大致内容和与会议相关的议题等知识。

五、会议记录的写作要求

（一）要素齐全，留据待查

会议记录要素齐全，如会议名称要写全称，会议时间、地点、会议性质、会议主持人、出席会议应到和实到人数，记录缺席、迟到或早退的人数及其姓名、职务，会议记录者的姓名都要齐全。如果是群众性大会，记录参加的对象和总人数及出席会议的较重要的领导成员即可。如果某些重要的会议出席对象来自于不同的单位，应设置签名簿，请出席者签署姓名、单位、职务等，以备查。

（二）真实记录，忠于事实

会议发言的内容是记录的重点。忠实记录会议上的发言和有关动态，如发言中的插话、笑声、掌声、临时中断等重要的会场情况也应予以记录。记录会议的结果，如会议的决定、决议或表决等情况。记录发言可分摘要与全文两种。多数会议只要记录发言要点，特别重要的会议或特别重要人物的发言需要记下全部内容。会议记录要求忠于事实，不能夹杂记录者的任何个人情感，不允许有意增删发言内容；尤其是会议决定、决议性的内容，更不能有改动。

（三）重点突出，条理清楚

重点突出主要是指记录发言内容需要重点突出，有些可以有详有略。会议记录应该突出的重点有：

1. 会议的中心议题以及围绕中心议题展开的有关活动。

2. 会议讨论、争论的焦点及其各方的主要见解。

3. 权威人士或代表人物的言论。

4. 会议开始时的定调性言论和结束前的总结性言论。

5. 会议已议决的或议而未决的事项。

6. 对会议产生较大影响的其他言论或活动。会议记录要条理清楚、整洁清晰，应避免在记录过程中随意涂改字迹，造成今后辨认不清的情况。如确需要删改，应在删改处签字，以示负责。

（四）会议记录的四要点

一快：即记得快；二要，即择要而记；三省，即在记录中正确使用省略法；四代，即用较为简便的写法代替复杂的写法。

如何高效做笔记

5R笔记法又叫做康乃笔记法,是用产生这种笔记法的大学校名命名的。 尤其是对于医学考研的学生们,这些更加显得非常重要。 这一方法几乎适用于一切讲授或阅读课,特别是对于听课笔记,5R笔记法应是最佳首选。 这种方法是记与学、思考与运用相结合的有效方法,具体包括以下几个步骤:

1. 记录(record) 在听讲或阅读过程中,在主栏(将笔记本的一页分为左大右小两部分,左侧为主栏,右侧为副栏)内尽量多记有意义的论据、概念等讲课内容。

2. 简化(reduce) 下课以后,尽可能及早地将这些论据、概念简明扼要地概括(简化)在回忆栏,即副栏。

3. 背诵(recite) 将主栏遮住,只用回忆栏中的摘记提示,尽量完满地叙述课堂上讲过的内容。

4. 思考(reflect) 将自己的听课随感、意见、经验体会之类的内容与讲课内容区分开,写在卡片或笔记本的某一单独部分,加上标题和索引,编制成提纲、摘要,分成类目,并随时归档。

5. 复习(review) 每周花10分钟左右的时间快速复习笔记,主要是先看回忆栏,适当看主栏。这种做笔记的方法初用时,可以以一科为例进行训练。 在这一科不断熟练的基础上,然后再用于其他科目。

六、例文和分析

例文:

×××培训中心关于行政经费开支的会议记录

时间:20××年3月4日14:30-17:00

地点:培训大楼第×会议室

出席人:王××(副校长)、吴××(总务、基建处长)、杨××(教务处长)、张××(办公室主任)、李××(办公室秘书)及各培训部主要负责人

缺席人:刘××、张××(外出开会)

主持人:王××(副校长)

记录:李××(办公室秘书)

主要议题:关于行政经费开支的会议

一、报告

(一)吴××报告校基本建设进展情况(略)

(二)王××传达市人民政府《关于压缩行政经费的通知》(以下简称《通知》)(略)

二、王××(副校长)发言(摘要)

我校基本建设,既要按照开展正常的培训教学、科研等活动的需要,又要符合区人民政府《通知》的精神,抓好行政经费的合理开支,切实做到勤俭节约。

三、讨论决议

（一）利用两个半天的时间（具体时间由各培训部自己安排，但必须安排在本周内）组织有关人员集中传达学习《通知》精神，提高认识，统一思想。

（二）各培训部负责人在认真学习的基础上，利用下周政治学习的时间向群众传达、宣讲。

（三）各培训部责成有关人员根据《通知》的压缩指标，重新审查和修改本年度行政经费开支预算，并于两周内报主任办公室。

（四）各培训部必须严格控制派出参加外地会议及外出学习人员的人数，财务科更要严格把关。

（五）利用学习和贯彻《通知》精神的机会，对全中心员工普遍开展一次勤俭节约、艰苦朴素的传统教育。

散会。

主持人（签名）

记录人（签名）

分析：

1. 标题由"单位名称+会议名称+记录"组成。

2. 会议记录的内容构成分两部分，一是会议的组织情况，包括会议名称、时间、地点、出席人数、缺席人数、列席人数、主持人、记录人、主要议题审阅和签字等；二是会议的内容，包括会议发言、建议、决议等记录，这是会议记录的核心部分。

3. 会议记录要真实、准确，层次清楚。如实地记录会议的发言，不得添加记录者的观点、主张，不能漏记内容。

点滴积累 ∨ ⋯⋯⋯⋯⋯⋯⋯⋯⋯⋯⋯⋯⋯⋯⋯⋯⋯⋯⋯⋯⋯⋯⋯⋯⋯⋯⋯

> 优秀的会议记录要注意如下要求：标题由"单位名称+会议名称+记录"组成；内容要有参会人员情况和发言内容两部分；原则要把握住真实、准确、层次清楚，原话记录，切忌改动发言者原意。

第六节　规章制度

一、规章制度的概念及适用范围

规章制度是国家行政机关、业务主管部门、社会团体、企事业单位或其他组织按照实施管理的需要，依据本部门实际和有关政策与法律法规的规定制定的关于管理方面的规则与制度等的总和。它是由单位、部门制定的，在一定范围内使用，要求有关人员共同遵守并具有约束力的行为规范和准则。

规章制度是章程、条例、规定、办法、细则、规则、规程、制度、守则、通则、要则、准则、公约、标准、须知等的总称。

规章制度的内容非常广泛,包括有关行政机关、单位和社会团体经营、管理等各个方面,适用范围广泛;尤其在用人单位、部门组织劳动过程和进行劳动管理等方面的工作中广泛使用。

二、规章制度的种类

规章制度包括行政法规、章程、制度、公约四大类。

（一）行政法规类

1. 条例　条例是具有法律性质的文书,是对有关法律、法令进行阐释性的补充、说明和规定。例如《中药品种保护条例》(国务院令第 106 号)。

2. 规定　规定是具体实施贯彻有关法律、法令和条例,根据其规定和授权,对有关工作或事项作出的具体规则,是法律、政策、方针的具体化,是处理问题的法则。例如《药品说明书和标签管理规定》。

3. 办法　办法是对有关法令、条例、规章提出具体可行的实施措施,是对国家或某一地区、部门的有关工作、事项的具体办理提出切实可行的措施。办法的制发者是国务院各部委、各级人民政府及所属机构。例如《中药材生产质量管理规范认证管理办法(试行)》。

4. 细则　细则是对顺利实施"条例""规定""办法"等进行详细、具体和补充的规定,对具体贯彻方针、政策等起到说明和指导的作用。它的制发者是国务院各部委、各级人民政府及所属机关。例如《2017 年中医药法施行细则》。

（二）章程类

章程是党政、社会团体组织用以说明该组织的宗旨、性质、组织原则、机构设置、职责范围等的纲领性文件,具有准则性与约束性的作用。它的制发者是政党或社会团体。例如《中国共产党章程》《×××医专学生会章程》《×××医药协会章程》。

（三）制度类

1. 制度　制度是有关单位和部门制定的要求所属人员共同遵守的准则,是机关单位、企事业单位制定的针对管理人员就具体工作、具体事项必须遵守的行为规范。它的制发者是机关团体、企事业单位及其部门。例如《×××制药厂安全生产制度》《×××专科学校实验实习制度》。

2. 规则　规则是机关单位制定的要求大家共同遵守的为维护工作纪律、公共利益的工作原则、方法和手续等的条规。它的制发者是机关团体、企事业单位及其部门。例如《×××安全生产委员会工作规则》。

3. 规程　规程是生产单位或科研机构为使工作、试验、生产按程序顺利进行制定的具体规定。它的制发者是机关团体、企事业单位及其部门。例如《×××车间操作规程》《×××学院实验室操作规程》。

4. 守则　守则是机关团体、企事业单位制定的要求其成员遵守的行为准则。它倡导有关人员遵守一定的行为、品德规范。它的制发者是机关团体、企事业单位及其部门。例如《××××高等职业专科学校学生守则》。

5. 须知　须知是单位、部门为了维护正常秩序,搞好某项具体的工作、活动而制定的具有指导性、规定性的守则。它的制发者是有关单位、部门。例如《×××实验工作须知》。

6. SOP 标准 在企业单位通常制定 SOP。SOP 是英文 standard operating procedure 三个单词中首字母的大写,意思是标准操作规程。SOP 就是将某一事件的标准操作步骤和要求以统一的格式、数据要求,用来指导和规范日常的工作,方便企业进行规范管理。SOP 的内容实际上大部分应属于制度类,有些 SOP 的内容同时兼有制度类和章程类文种的特点。SOP 的内容涵盖广泛:一类是管理工作规范,另一类是操作流程规范。SOP 在企业由一系列规程、制度和章程组成。

(四)公约类

公约是人民群众或社会团体组织经协商决议制定出的共同遵守的准则。它是人们为了维护公共秩序,经集体讨论,将约定要做到的事情或不应做的事情、应该宣传提倡的事情或反对的事情明确写成条文,作为共同遵守的凭据。它的制发者是人民群众、社会团体。例如《×××村民文明公约》《×××街道委员会文明公约》。

▶▶ **课堂活动**

请同学们阅读下列小故事,谈谈读后感。

从小有责任感

小李在瑞士工作期间,有一次他上厕所的时候,发现里面有一个七八岁的男孩叮铃咚隆不知在搞什么。 他出来后发现男孩的妈妈在外面等着,妈妈对小李说:"我的小孩进去后很久没有出来,能否麻烦你去看看吗?"小李再进去一看,原来那个厕所的抽水马桶坏了,冲不出来,小孩非常着急,一定要把水冲出来。 因为男孩认为,上了厕所,必须用水冲洗,否则对后面的人无法交代。 这种具有高度的社会责任感的人往往是很自觉地履行规则的,这种人很容易与人建立起相互的信任感。 规则意识来自于责任感,实际上也是一个人道德水平的表现。

[提示]遵守社会道德和承担起社会责任,在一些公共场合,越是思想、品德高层次的人,越是注意在扔垃圾、上厕所一类的小问题、小细节上考虑别人,严于律己。 遵守纪律,也要自觉、自律,从现在、从平时、从细节上做起。 纪律和规则无小事。

三、规章制度的特点和作用

(一)规章制度的特点

1. 广泛性 国家机关、企事业单位、社会团体和个人都要使用规章制度。规章制度可以用于重要的政策规定,也可以用于具体的管理方法,还可以作为国家的行政法规和部门的规章,也可以作为一般性的工作规则。

2. 严密性 规章制度在内容上要有严谨周密的逻辑性。规章制度按照所涉及对象的具体情况规范人们的行为,内容必须具体、严密、细致、周全,对规章制度实施过程中可能会出现的情况要有充分的评估。

3. 可行性 规章制度实施的可行性指规章制度必须以法律和政策为依据,符合实施的实际需要和操作。

4. 约束性 规章制度是出于规范人们行为的目的而制定的,对有关单位或个人的言行举止具有约束性,甚至强制性的约束,如果违背就要受到相应的处罚。

（二）规章制度的作用

1. 加强管理、工作保障的作用　规章制度是领导机关针对管理范围和对象有效实施管理工作的有效方法和保障。

2. 规范责任、约束行为的作用　规章制度明确个人职责,增强各自的责任感,"没有规矩,不成方圆"。规章制度在内容上对某一方面的工作或某一事项作出规定和要求,对有关人员的行为具有规范和约束的作用。

▶ **课堂活动**

1. 你在学校中接触到的学生守则有哪些具体要求?　结合自身感受,谈谈大学生为什么一定要遵守学生守则和规章制度。

2. 请同学们阅读下面《检查制度的力量》小故事,结合自身实际,谈谈生活、学习、工作中制定和运用制度的作用。

检查制度的力量

二战期间,美国空军降落伞的合格率为 99.9%,这就意味着从概率上来说,每 1000 个跳伞的士兵中会有 1 个因为降落伞不合格而丧命。军方要求厂家必须让合格率达到 100% 才行。厂家负责人说他们竭尽全力了,99.9% 已是极限,除非出现奇迹。军方（也有人说是巴顿将军）就改变了检查制度,每次交货前从降落伞中随机挑出几个,让厂家负责人亲自跳伞检测。从此,奇迹出现了,降落伞的合格率达到了 100%。

四、规章制度的格式和写作方法

（一）标题

规章制度的标题应标明规范的对象、内容和文种等。规章制度的种类不同,标题可有 5 种不同的写法。

1. 事由+文种　如《服务公约》,事由是"服务",文种是"公约"。

2. 单位+文种　如《××医药协会章程》,单位是"××医药协会",文种是"章程"。

3. 人员+文种　如《学生守则》,人员是"学生",文种是"守则"。

4. 单位（地域）+内容+文种　如《中华人民共和国国治安条例》,单位是"中华人民共和国",内容"治安",文种是"条例"。

5. 公文式　如《××市关于城市街道的管理规定》。

如果规章制度在内容上还有待于完善,则可以在标题上注明"（草案）""（暂行）"或"（暂行规定）""试行"等,如《关于××××的规定（暂行）》;如果是对以前的规章制度做补充,则应在文种前加"补充"字样。

（二）正文

正文写规章制度的内容。根据文种不同,可以灵活运用多种写法。一般采用文章式、条文式和章条式写法。

1. 文章式写法　开头以序言的形式写,主要写形势、目的、依据等;中间部分列出若干标题(小标题起到章节的作用),是规章制度的具体内容,可不用序码排列条目;结尾处写实施的有关事项。

2. 条文式写法　条目贯通式,即从头到尾按条目顺序排列。内容简单的规章制度可以采用条文式写法,只需分条写出规章制度的内容即可。第一条写规章制度制定的依据、指导思想、目的、意义等;最后一条写规章制度生效的日期、解释权限等;中间部分写应遵守的事项。

3. 章条式写法　内容较复杂或内容较多的规章制度用章条式写法,即需分章、分条目来写。第一章叫总则,以下各章叫分则。第一章写规章制度制定的依据、指导思想、目的、意义等;中间部分写应遵守的事项;最后一章写规章制度生效的日期、解释权限等。分章、分则要写小标题,写明该章的主旨;每章下分若干条,有时条下再分款。

(三) 落款

落款写署名和日期,一般写在正文结束后的右下方。署名是制定者的名称和颁布的日期。如果已在题目中有制定者的名称,则落款处可以不署名称,只写日期。

五、规章制度的写作要求

(一) 符合政策、法律

规章制度的写作要符合党和国家政策、法律法规的规定。

(二) 内容完整、具体

规章制度内容上应具有完整性,以利于全面落实执行。

(三) 用词准确、质朴

用词准确、质朴,有助于理解,准确执行。

(四) 因时而化,修订完善

随着主、客观条件发生变化时,为适应实际情况的变化,应及时修订、完善规章制度。

知识链接

尊重制度·尊重流程

1998 年,某集团上海分公司的一个销售主任大年三十飞到深圳总部,投诉上海分公司违反人事制度把他解雇了。 原来,这个销售主任同总部刚派过去的销售经理发生了严重的工作冲突,销售经理征得一同派来的正、副总经理的同意后,解雇了这名销售主任。 某集团的人事制度规定:基层管理者如果在工作上犯了错误,首先应该是降职,如果降职后仍然表现不好,才能将其辞退。

公司经过调查表明,上海分公司的高层确实违反了解聘流程。 然而销售经理却要挟:如果总部撤销炒人决定,他就辞职。 换到其他公司,很可能会作出保留销售经理的决定,毕竟销售经理能比销售主任为公司作出了更大的贡献。

但该集团是一家制度高于一切、流程高于一切的公司。该集团的企业文化和价值观也是"忠实于制度""忠实于流程",而不是忠实于某个人。所以,该集团老总最终作出了出人意料而又在意料之中的决定:上海分公司的领导层收回成命,销售主任改为降职降薪,接受销售经理辞职。

故事启示:故事中销售主任的目的虽然是"讨说法",拿流程说事也不过是他的手段,但他维护了集团制度流程的严肃性。而老总的决定也恰恰表明他对公司制度和流程的重视:如果一旦使用这种例外1次,制度的约束力便减掉3分,严格的"制度"变成了"惯例";例外2次,"惯例"成了"指导性意见";等到第3次例外,制度就会变得一文不值,成为一纸空文。

六、例文和分析

例文一:管理制度

×××实验室仪器设备管理制度

一、本制度的目的在于规范公共实验室仪器设备的使用和维护的方式及措施,以确保发挥仪器设备的效益以及实验室的正常运转。

二、本制度的适用范围为实验室拥有的所有仪器和设备的使用、管理、维护的管理行为。

三、为保证大型仪器设备的完好率和充分发挥效能,实行统一管理集中使用。

四、实验室仪器、设备对校内各科研实验室开放,并向社会开放。

五、认真贯彻执行国家计量法的有关规定,对使用的仪器设备应定期检定。

六、操作人员必须经过专门培训方能上机实际操作,使用中严格遵守操作规程。

七、属于固定资产的仪器设备需填写使用记录,使用仪器后,必须在仪器专用登记簿上认真填写所列内容,由使用者签名,并清理、保养,盖好防尘罩。

八、各种仪器设备必须建立专人负责制,实行档案管理制度,建立档案,做到技术档案资料齐全、使用记录完整。

九、仪器设备实行事故报告制度,发生事故,仪器负责人立即报告管理部门,并写出事故报告。各仪器的故障、维修及解决过程均须记录备案。未经批准不得擅自进行修理。仪器设备损坏、丢失的赔偿方法按学院有关规定执行。

×××实验室
××××年××月××日

分析:

1. 题目由单位+主题内容+文种组成,如《×××实验室仪器设备管理制度》,单位是"×××实验室",主题内容是"仪器设备管理",文种是"制度"。

2. 主要制度内容为制度的目的、适用范围、使用注意事项等,分条目写,重点要求明确,条理清楚。

例文二:操作规程

××药业公司操作规程(SOP)

编号:××××

题目:批生产记录管理规定　共1页

制定人:××

制定日期:×年×月×日

审核人:×××

审核日期:×年×月×日

批准人:×××

批准日期:×年×月×日

颁发部门:×××

生效日期:××××年×月×日

分发部门:×××

这份SOP是药业企业有关批生产的管理规定,属于《××药业公司操作规程》中的一个子项目,由于公司操作规程项目较多,有关文件也较多,本操作规程的内容只是有关批生产记录的管理规定。

1. 目的　建立生产记录的管理规定,保证批生产记录的管理按规范进行。

2. 范围　批生产记录。

3. 责任者　制造部技术员、质管部QA对本管理规定的实施负责。

4. 程序

4.1　批生产记录是记录某一批产品生产、质量检查控制全过程的文字记录,要求填写及时、字迹清晰、内容真实、数据完整,并由操作人及复核人签名。

4.2　每一批产品均需有批生产记录,一个批生产记录不得同时记录两个批号产品的生产过程。批生产记录应保持整洁,不得撕毁和任意涂改。当填写错误时,应按规定更改。

4.3　批生产记录的内容(略)。

4.4　批记录中,各工序"生产指令""物料平衡表"由车间管理员填写。

4.5　"生产操作原始记录""清场记录"由制造部工段长填写。半成品、成品及有关检验报告、生产过程的检查记录、清场合格证、成品放行审批表由质量保证部根据实际情况填写。

4.6　上述文件的编写按企业各类文件起草审核、批准、发放和废除管理制度的规定执行。

4.7　每班开始生产前,制造部管理员生产指令及生产操作记录发至各岗位。在操作中,操作人员如实记录操作情况,生产结束后交管理员,管理员核对生产记录,确认无误后,与各种指令、清场合格证、清场记录、半成品、成品及有关检验报告一起整理成册。

4.8　制造部管理员应将该批成品包装完以后一个工作日内,将批生产记录和生产过程检查记录交QA及质管部经理审核。

4.9　审核完毕后由QA人员将批生产记录及批检验记录装订成册,按批号归档,保存至药品有效期后一年;未规定有效期的药品批生产记录保存三年。

分析：

1. 在该规定的开头列明该规程的题目、制定人、制定日期、审核人和审核日期等有关该规程的基本情况。

2. 正文主体部分采用条文式先列出制定这则操作规程的目的、范围、责任者，再分条详细列明"程序"规定等相关内容。条理清晰，重点突出。

点滴积累 ∨

> 俗话说"没有规矩，不成方圆"。 规矩也就是规章制度，是我们应该遵守的，用来规范我们行为的规则、条文。 规章制度保证良好的秩序，是各项事业成功的重要保证。

第七节 述职报告

一、述职报告的概念及适用范围

述职报告是党政机关、团体、企事业单位的工作人员向上级主管领导机关、人事部门，或选民向选举或任命机构陈述本人或单位在一定时间内履行岗位职责的工作实绩、问题情况的评述性报告文书。

述职报告往往是在各级机关、团体和企事业单位的工作人员在一定阶段履行某职务需要向选举或任命机构、上级领导机关、业务主管部门陈述本人或单位的履职情况，进行述职考核时经常运用。

二、述职报告的种类

述职报告根据不同的分类方法，可以分为不同的种类。

1. 从时间上分 有任期述职报告、年度述职报告、临时述职报告。

2. 从范围上分 有个人述职报告、×××单位述职报告。

3. 从内容上分 有综合性述职报告、专题（单项）性述职报告。

三、述职报告的特点和作用

（一）述职报告的特点

1. 个人性 述职报告是个人对所负责的组织、部门在某一阶段的工作进行全面的回顾。述职报告特别强调个人性，即个人对工作负有的职责。常用第一人称报告情况，能体现自己的个性和特点。

2. 总结性 述职报告的内容是回顾评述个人任职期间的工作情况，因而带有总结性。述职报告所写的内容和选材，无论是汇报政绩、说明不足，还是简述阶段工作目标完成情况、今后的工作打算，都被限定在述职者的职责范围内。

3. 评定和鉴定性　述职报告要向上级委派的考核人、本单位的干部和群众宣读,经本单位的干部和群众分组讨论,辨别是否正确、客观后,进行民主评议,再上交主管部门鉴定。上级了解述职人的情况后,作为升迁、留任、降职、调整等的重要依据之一,所以具有考核鉴定性。

4. 真实性　述职报告场合庄重、各级领导的重视、单位群众的监督,都要求述职者必须实事求是地严肃对待述职报告。述职态度要实事求是,不夸大,不缩小;分析问题要辩证客观;报告中涉及的时间、地点、数字、事例等必须真实。

（二）述职报告的作用

1. 总结作用　述职报告具有总结作用。述职报告的写作目的之一是向组织或上级领导全面总结回顾本单位或个人在一定时间内履行岗位职责的情况。

2. 提高作用　述职报告既要个人陈述履行岗位职责的情况,又要总结成功的经验、缺点和教训,反思工作中的不足之处,这样就有利于自我检查、提高。

3. 监督作用　群众通过述职报告,对有关领导进行监督、评议,监督述职报告者是否履行职责、履行职责的能力、履行职责的成绩等。

4. 考核作用　述职报告具有考核作用。它是人事部门考核的材料之一,是领导干部和其他任职人员向选举或任命机构、上级主管部门及本单位的人员总结回顾任职期内履行岗位职责情况的考核鉴定的重要书面材料。

5. 档案作用　述职报告具有档案作用。述职报告作为人事考核材料之一,要存入个人人事档案。

四、述职报告的格式和写作方法

述职报告一般由标题、称谓、正文和落款几部分组成。

（一）标题

述职报告的标题有公文式和一般文章式标题。

1. 标题有多种写法

（1）以文种为题:如"述职报告"。

（2）以聘期+文种为题:如"试聘期述职报告"。

（3）以任期时限+所任职务+文种为题:如"2016—2017年任校长职务的述职报告"。

（4）以名称+文种为题:如"我的述职报告""中层干部述职报告"。

2. 一般文章式标题　正、副标题(也称新闻式标题),正标题写主题或者写述职报告类型,副标题写述职情况。如《政府工作报告——20××年××月××日在第八届市人民代表大会上的报告》《提高质量效益,创新工作局面——××制药厂厂长张××的述职报告》。

（二）称谓

标题之下的第一行顶格写主送机关或称谓。向上级机关呈送的述职报告,应写明收文机关,如"校党委组织部";向领导和本单位干部职工做述职报告,应写明称谓,如"尊敬的各位领导、各位同志"。

（三）正文

由导言、主体和结尾三部分组成。

1. 导言 导言包括以下两个方面的内容：

（1）任职介绍：说明自己的任职时间、担任的职务和主要职责，简要交代述职的内容和范围。

（2）任职评价：力求简洁明了地介绍任职以来的工作情况，有概括总提的作用。

2. 主体 这是述职报告的核心，主要陈述履行职责的情况。包括以下 3 个方面的内容：

（1）完成任职期间任务情况，取得的主要工作成绩。

（2）存在的问题及经验教训。

（3）今后工作的目标、努力方向或打算。

3. 结尾 有总结归纳式结尾或表决心式结尾等形式。一般要求用格式化的习惯语来结束全文，采用谦逊式结尾。如"以上述职当否，请予审查""以上是我的述职报告，请指正""特此报告，请审查"。

（四）落款

落款包括署名、日期。署名是述职人的单位或个人姓名，可以放在全文结束后的右下方，也可以将署名放在标题之下；日期可以是成文的时间或述职的时间两种，放在右下方。

知识链接

述职报告的结构

标题 ⎰ 1. 公文式标题 姓名+时间+事由+文种，如《王××2016～2017 年任校长的述职报告》。

       2. 文种式标题 《述职报告》。

       3. 双标题 正、副标题式，如《提高教学质量 开创教育局面——××医学专科学校校长王××的述职报告》。

称谓 ××考评专家组（书面报告写主送机关名称）。

正文 ⎰ 1. 导语 报告任职的基本情况。

       2. 主体 以材料说明工作实绩、做法、经验、不足。要以事实为依据，少议论。

       3. 结尾 以"以上是本人的书面报告，请审查"等语结束。

述职人：×××

××××年×月×日

五、述职报告的写作要求

（一）明确职责要求，突出单位或个人的作用

要围绕岗位职责和工作目标与任务述职，要体现出个人的作用，不能写成一般的工作总结。

（二）要实事求是,内容全面、客观

要用事实说话,与事实相符。"德、能、勤、绩"既要突出成绩、优点,又要讲失误、不足。只有客观陈述履行职务的情况,才能有助于上级机关和所属单位的群众对自身工作作出全面、准确、客观的评价。

（三）重点突出,有详有略

抓住带有影响性、全局性的主要工作,对有创造性、开拓性的特色工作重点着笔,力求详尽具体,对日常性、一般性、事务性工作表述要尽量简洁,略做介绍即可。能力和业绩是称职与否的主要依据,述职的重点要放在证明履行职责的能力的强弱、业绩的大小上。

六、述职报告与工作总结的区别

不少人在写述职报告时,容易将它写成个人工作总结。了解两者的区别,对于写好述职报告有一定的助益。述职报告与工作总结的区别如下:

（一）写作的目的、作用、范围不同

述职报告是向上级或单位汇报用于考核是否称职的文字依据,以接受上级的考核和批评指导,接受群众的批评和监督。述职报告只写个人的。述职报告是公职人员报告职责范围内的工作,而不涉及与本职无关的事。总结的目的即对个人所做的工作加以回顾,从中总结经验、教训和具有规律性的理论认识。工作总结用于总结出带有规律性的理性认识,服务和促进今后的工作,更好地做好下一阶段的工作。总结不只是写个人的,相当部分是写单位（群体）的。写个人总结不受职责的限制,不论职责内或职责外的事,凡取得成绩的均可写。

（二）写作的基本内容和重点不同

述职报告的主体部分应以述职者的职责为中心,以任职时限为范围,写述职者履行职责和完成任务的情况。写述职报告是为了说明述职者履行职责的成绩和能力,以报告职责情况、德才能绩为主,职责以外的东西则不应写;述职报告重在回答的是什么职责、如何履行职责、称职与否等问题。工作总结以归纳工作事实、汇总工作为主,重点是要回答做了什么工作、有什么成绩和经验、要吸取什么教训、找出规律性的东西、今后的打算等问题。

（三）写作的表达方式、格式不同

述职报告用夹叙夹议,有时还辅以说明的表达方式。总结一般多用叙述,概括归纳。

述职报告有明确的受文对象是上级机关、上级领导、人民群众,所以述职报告的开头是要有称谓的,如"各位领导,同志们";而总结没有明确的受文对象,所以开头没有称谓。述职报告要有结语,一般写一句例行性结束语,如"以上报告请领导和同志们批评指正"或"以上报告请审查""述职至此,谢谢大家";总结的结束语要写明下一步的打算、努力的方向等。

七、例文和分析

例文：

2016—2017 年度任×××医院院长的述职报告

各位领导，各位评议员：

现在，我把20××年的思想工作情况向各位做一个简要汇报。请予审查与评议。

我是20××年3月份从××医院调到市人民医院担任院长职务的。一年多来，在市政府及主管局的正确领导下，以十九大精神为指导，带领全院干部职工，开拓创新，与时俱进，创造性地开展工作，较好地完成了各项工作任务。回顾总结一年来的工作，主要有以下几个方面：

一、以创建"群众满意医院"为契机，着力加强全院职工的服务意识，品牌意识

今年4月份，省卫生计委倡导在全省医疗卫生单位，开展创建"群众满意医院"活动，该项活动对于提高服务质量，树立医院形象，促进医院发展是一个非常好的举措。为了扎实有效地开展这项活动，推动医院各项工作上台阶，我们主要在以下4个方面下功夫：

一是在提高医疗质量上下功夫。努力提高医疗质量意识，形成"质量兴院"的良好风气。建立健全了"层次分明、职责清晰、功能到位"的必备医疗质量管理组织，完善了各项医疗制度并形成了严格的督查奖惩机制，实施了一系列保证医疗质量的措施和方法。业务院长每周至少到一个临床科室进行业务查房，有关职能科室每周下病房，查医疗质量制度落实情况。活动开展以来，医疗质量明显提高，全年未发生一起医疗事故。医院业务量也有较快的增长，今年门诊、住院人次分别比去年同期增长10%和21%。

二是在改进医疗服务上下功夫。为使创建活动认识到位、措施到位和效果到位，医院把创建活动作为一项"民心工程"和"实事工程"来抓，为患者提供最温馨的"人性化服务"，展开了换位思考，把自己置身于患者的角度，从患者的思维出发，提倡医患零距离接触，推出了40多项便民利民措施，将人性化服务贯穿于医疗服务的全过程。同时每月进行一次服务质量调查、召开一次患者亲属座谈会，广泛了解病友及家属的要求和意见，自觉接受社会监督，医院聘请了10名义务监督员，并在醒目位置设立投诉箱、意见箱，公布投诉电话，本着"闻过则喜"的态度，虚心接受，只要要求可行，意见合情，医院就全力解决，认真整改，直至患者和家属满意。

三是在控制医疗费用上下功夫。使患者以最低的费用享受到最优质的服务。今年我们将一百多个价格高，有普通药品可以替代的新药品种清理出医院药架，同时对所有药品实行了竞价采购，有效地降低了药品成本，降低了药品价格，平均降价幅度达到40%，据不完全统计，医院让利群众达160多万元。同时要求各科室坚持合理检查、合理用药、合理治疗，提倡成本低、效果好的"朴素治疗"，纠正滥开检查、开大处方的行为，为此制定了以常用药物为主的《基本用药目录》，在用药结构和用药范围上，对临床用药进行指导和控制，建立临床用药三线三级管理制度，严格控制进口、贵重药品的使用，使药品在医院总收入比例由××年的62%降到50%以下，有效控制了药品费用的不合理增长。

为了规范医院的收费行为，成立了医院内部审计科，对医院各科室收费进行不定期的专项审计，

对超标准收费、分解项目收费的,除费用退回患者外,给当事人予以经济处罚,并实行了医院收费电脑管理及住院患者费用一日清单制,通过一年来的努力,医院每门诊人次费用和每住院床日费分别比去年同期下降7.6%和11%。

四是在加强卫生行业作风建设上下功夫。按照卫生计生委的"八项行业纪律"和"六个不准"的要求,完善医德医风考评制度,考评结果与医务人员的工资、职称晋升和评先评优挂钩,加大了对违规违纪行为的查处力度,对群众反映医德医风不好的实行"一次投诉待岗"制度。今年医院处理了5起违规违纪的人和事,其中有2人次受到待岗处理。

自活动开展以来,群众的投诉逐渐减少,满意度逐渐提高,省、市、县群众满意医院创建活动督查组分别来我院进行了全面的督查。通过采取听汇报、看资料、现场考评、走访科室、调查患者、召开座谈会等形式的检查,对我院的创建工作给予了充分肯定,综合测评中门诊患者的满意度为90%,住院患者的满意度为95%。10月底我院已顺利通过县卫生局评审,荣获县级"群众满意医院",已申报市级"群众满意医院"。

二、突出重点,加强学科建设,着力打造医院的人才结构(略)

三、存在的不足

本年度,虽然取得了一定的成绩,但个人的胆子不大、改革创新不够,领带艺术有待提高;院基础建设、科研发展水平还很薄弱,人才队伍不够合理,与同类院校相比还存在很大差距。今后要精诚团结全院上下,齐心协力,真抓实干,开拓创新,为再创佳绩而努力奋斗。

以上述职当否,请予审查!

×××

20××年1月18日

分析:

1. 这是向上级主管领导机关、人事部门述职的述职报告。

2. 标题 以任期时限+所任职务+文种构成,称谓明确。

3. 导言概括 以十九大精神为指导,带领全院干部职工开拓创新,与时俱进,创造性地开展好工作,较好地完成了各项工作任务。

4. 正文 主要陈述履行职责的情况。包括的主要内容:一是完成任职期间任务情况,取得的主要工作成绩,用大量事实和数据说服有力,重点突出,条理清楚;二是存在的问题和今后工作的方向。条理清楚。

5. 落款 包括署名和日期。

点滴积累 V

述职报告是述职的文本,主要内容包括现任职务、任现职的时间、岗位职责、工作目标以及自己的工作情况。写作述职报告时要求实事求是,如实反映履职人在履行自己的职务职责过程中的真实情况,要突出用事实说明工作实绩、做法、经验、不足等。

目标检测

一、简答题

1. 谈谈计划在学习、生活和工作中的作用和意义是什么？

2. 在现代社会活动中，调查报告常常针对突出、重大的问题，用事实表现观点。简要说明调查报告与总结的异同点。

二、写作练习

就一年来的思想、学习、生活等方面的情况，联系自身实际，写一篇个人总结。

ER-02章习题

（王建林）

第三章

医药工作公务文书写作

导学情景

情景描述：

王伟大学毕业后应聘到一家医院的药剂科工作。他为人热情，思想进步，工作业绩突出，科主任多次表扬他很有发展前途。有一次，科主任对他说："小王，最近医院要新进一批医药人才，鉴于我们科人员少、工作量大，我决定申请医院再给咱配 2 名药学方面的毕业生。因为我马上要到外地出差，你以药剂科的名义写个简要的请示打印后直接报到医院人事部。就几句话的事，能完成吗？"王伟说："主任放心，没有任何问题！"主任走后王伟很快写了个材料并报到了医院人事部。王伟写的材料如下：

关于药剂科为何要 2 名毕业生的请示报告

尊敬的院领导：

由于我科工作需要，主任决定新进 2 名药学毕业生，不知院领导意下如何？请审批，我科坚决贯彻执行。

药剂科

科主任出差回来后严厉批评王伟没工作能力，并告知王伟医院人事部退回了药剂科的材料。王伟感到委屈：为什么呢？

学前导语：

公文是传达信息的重要工具，准确规范的公文格式，可以减少沟通的障碍，提高沟通的有效性，本章就从公文的书写格式方面进行讲解。

第一节　公文的一般格式

一、公文的概念及适用范围

公文是党政机关公务文书的简称，公文有广义和狭义之别。广义的公文指党政机关、企事业单位及社会团体在公务活动中所使用的各类文字材料，既包括 2012 年《党政机关公文处理工作条例》中所规定的 15 种法定性公文文种，也包括日常、经济、法律、科技等常用的事务性应用文。狭义的公文仅指 2012 年《党政机关公文处理工作条例》中所规定的法定性公文文种。本章所指的公文是狭义范畴的公文，它是党政机关、社会团体、企事业单位在进行公务活动时所使用的体式完整、内容系统的各种正式的公务文书，也包括医药工作公务文书范畴。

▶ **课堂活动**

在日常生活中你见到过公文吗？ 你能列举出哪些公文种类？ 你所见到的公文都是用来做什么的？

二、公文的种类

公文的种类通常称为文种,不同的文种有不同的名称。党政机关行文必须从实际出发,根据本机关的职权范围、所处的地位与发文的目的,正确使用公文的种类,不能乱用。办什么事,用什么文种,一定要选用准确,做到对号入座。否则就会妨碍收文机关对文件意图的准确理解,失时误事,造成不应有的损失。《党政机关公文处理工作条例》规定,公文种类有以下 15 种:决议、决定、命令(令)、公报、公告、通告、意见、通知、通报、报告、请示、批复、议案、函、纪要。

根据公文行文的往来方向,可分为上行文、平行文、下行文。上行文是下级机关向上级机关的行文,如报告、请示;平行文是平级机关或不相隶属机关之间的行文,如函;下行文是上级机关对所属下级机关的行文,如命令、决定、公告、通告、通知、通报、批复、纪要。在实际运用过程中,上行文、平行文、下行文会出现交叉使用的现象,如通知主要用于上级机关对下级机关的联系,但有时也用于平行机关或不相隶属机关之间。

三、公文的特点

1. 法定性　公文是由法定机关或组织制发的,代表着法定机关或组织的意图,在法定机关或组织的权限范围内具有法定的权威性和约束力。所谓法定的机关或组织,即依法成立并能以自己的名义行使权力和承担义务的各级机关、团体和企事业单位。公文的起草者只是组织的代笔人,因此制定公文必须与党的方针政策相符合,保证各项政策的贯彻落实。

2. 权威性　国家行政机关的公文代行国家职能,是国家的管理工具,代表国家的权力和意志,传达制发机关的决策和意图,对受文单位产生强制性作用。公文一经发文机关制发,有关组织和个人必须不折不扣地执行,认真地、及时地按照文件的规定与部署去做,否则就要受到国家的制裁或行政处罚,因此公文代表着制发机关的法定权威。

3. 规范性　国家以法规的形式对公文的名称、种类、使用范围、行文格式、制作程序等作出了严格的规定。每种公文都有一定的使用范围和规定格式,这就要求在撰写过程中要遵守这些规定和格式。公文不规范,不仅会影响公文的正常运转和效用的发挥,也会给文书工作带来许多麻烦。

四、公文的格式

公文的格式是公文撰制、处理的规范。国家对公文的制定有统一的标准格式,其目的在于准确、有效地撰制、收集、传递和存储公文信息,提高公文处理效率,以适应现代化管理的需要。目前使用的是自 2012 年 7 月 1 日起实施的《党政机关公文格式》所规定的格式。

公文的格式一般由份号、秘密等级和保密期限、紧急程度、发文机关标志、发文字号、签发人、标题、主送机关、正文、附件说明、发文机关署名、成文日期、印章、附注、附件、抄送机关、印发机关和印发日期、页码等组成,可分为文头、主体和文尾三部分。

（一）文头部分

文头部分在公文首页上端,约占 1/3 的版面,用横线与正文部分隔开。这一部分的要素有发文机关标识、发文字号、秘密等级和保密期限、紧急程度、份号、签发人等。

1. **发文机关标识**　发文机关标识即文件名称,指发文的名义。它由"发文机关名称+文件"组成,如"国务院文件""××市人民政府文件"。发文机关必须写全称或规范化简称。如联合行文,主办机关应排列在前。发文机关标识位于文头上部正中央,用醒目庄重的大号字体套红印刷。行政机关或较大的单位一般使用固定的文件头,常常不写落款,而以印章为标志。

2. **发文字号**　发文字号也称文号,是发文机关当年行文总数的顺序编号。它由发文机关代字、发文年度和顺序号组成,缺一不可,如"国办发〔2007〕第 9 号"。联合行文的发文字号只标主办机关的发文字号。

3. **秘密等级和保密期限**　秘密等级简称密级,指公文秘密程度的等级。凡属秘密文件,都要标注密级。按国家有关规定,可分为 3 个等级:绝密、机密、秘密。秘密等级一般写在公文的左上角,标明密级和保密期限。

4. **紧急程度**　紧急程度是指公文送达和办理的时间限度,分"特急"和"急件"两个等级。一般写在公文的右上角,秘密等级之下。

5. **份号**　份号又称份数序号,是将同一文稿印制若干份时每份公文的顺序编号。一般公文不印份号,绝密、机密公文要印份号,按号登记分发给收件人。如需标识公文份号,用阿拉伯数字顶格标识在左上角。

6. **签发人**　上行文应当在首页注明签发人姓名,以表示对上报公文的尊重和负责。签发人是代表机关最后审核并批准公文生效的领导人。在通常情况下,重要文件由机关主要负责人签发,一般文件由分管该项工作的领导人签发。一般下行文不标签发人。签发人姓名的位置在发文字号右侧空两格位置处,写"签发人×××"。

（二）主体部分

主体部分是公文的最主要的部分,其要素包括公文标题、主送机关、正文、附件说明、发文机关落款、成文日期、印章、附注等。

1. **公文标题**　公文标题是对公文内容和性质的高度概括。公文标题应当准确地概括公文的主要内容并标明公文种类。公文标题由"发文机关+事由+文种"3 个要素构成,其中"事由"是对公文主要内容准确而简要的概括。标题中除法规、规章名称加书名号外,一般不用标点符号。比如《××卫生厅关于加强医院药品采购与管理的意见》一文的标题即包含了上述 3 个构成要素。

2. **主送机关**　主送机关也叫收文机关、受文机关,是指发文机关要求对公文予以办理或执行的对方机关。一般放在标题下面、正文上面,顶格书写。主送机关应写全称或规范化简称、统称,主送机关较多的则一般使用泛称,如"各直属单位"。

主送给上级机关的公文,主送机关一般只有一个;主送给下级机关的公文,可以根据需要确定一个或若干个。主送给下级机关的公文有两种情况:一是普发性公文,即上级机关对所属的各个下级机关普遍发送的通知、通报等,是需要下属机关执行或了解的公文,同时主送多个机关;二是专发性公文,是一般来往联系工作的公文,或内容只针对某个机关的公文,只需主送一个机关。

主送机关是发文机关行文的主要对象,是要靠它来解决实际问题的,因此拟文前要正确认定主送机关。把主送机关搞错了,就会造成责任不明,公文需要解决的问题就会无人解决。但不论是上行文或下行文,都只能主送给某一机关而不是某一机关的领导者个人。

3. 正文 正文用来表达公文的具体内容,是公文的最重要的组成部分。文种不同,内容不同,正文的写法也不同。公文内容要符合国家的方针政策,实事求是,切合工作实际,符合法律规范,符合发文机关的职权。

4. 附件说明 附件是对主件而言,指附属于主件的文字材料。它是某些公文的重要组成部分,但不是每份公文都有附件。带有附件的公文,应在正文后发文机关名称前注明附件的标题和件数,即在正文的下一行空两格书写。例如"附件:1. ××××"。

常见的附件一般有两类:一类附件是正文的补充或说明,如请示、报告后面所附的材料、图表、统计数字等;另一类附件实际上是主要文件,正文只起批准、发布、通知或按语的作用。

5. 发文机关落款 发文机关是公文的作者或发出单位。发文机关要写全称或规范化简称,联合行文时主办机关排列在前。

6. 成文日期 所有的公文都有日期,日期表明公文发出或生效的时间。公文一般以领导人签发的日期为准;联合行文以最后签发机关领导人签发的日期为准,或以专门规定的具体生效、开始执行的日期为准。日期用阿拉伯数字书写,必须写全年、月、日。日期写在发文机关落款之下。

7. 印章 印章就是机关公章,是公文开始生效的标志,公文除会议纪要和以电报的形式发出的以外,都应加盖公章。印章要端正、清晰,应盖在文件末尾发文日期处,上不压正文,下要压年、月、日,即所谓的"骑年盖月"。联合行文时,联合行文的机关都应加盖印章,主办机关的印章在前。

8. 附注 附注就是需要说明的其他事项。公文如有附注,应当加圆括号标注,放在日期下面。一般公文没有附注。

(三) 文尾部分

文尾部分是公文的附加部分,主要对公文的印发情况加以说明,其要素包括抄送机关、印发机关、印发时间等。

1. 抄送机关 抄送机关是除主送机关外需了解该份公文内容或协助执行任务的有关机关。抄送机关的名称在印发机关之上一行,左、右各空一字编排。

发文机关送达被抄送机关的公文大体有两种情况:一是发文机关只要求被抄送机关了解发文内

容,属"报告、告诉、备案"性质;二是发文机关要求被抄送机关协助主办机关执行任务的,被抄送机关应主动配合,协助做好有关工作。

2. 印发机关 是指发文机关中负责印发公文的部门,一般为发文机关的办公厅(室)或秘书处(科)。印发机关位于抄送机关之下,一般要写全称。

3. 印发时间 印发时间实际上是指印发该份公文的时间。印发时间和印发机关在同一行,居右空一格。

五、例文

常用的公文格式如下:

×××××文件	
××发〔2017〕××号	
···	
×××××	标题
关于印发×××××的通知	
××××:	主送机关
×××××××××××××××××××××××××××××××××××××××	正文
××	
×××××××××××××××××××××××××××××××××××××××	
×××××××××××××××××××××××××××××××××××××××	
××××××××××。	
附件:1.×××××	
2.×××××	附件说明
××××××	
2017 年×月×日	
(印章)	
抄送:××××,××××××,××××	
×××办公室印发	××××年×月×日

点滴积累 ∨

《党政机关公文格式》是由原国家质量监督检验检疫总局、国家标准化管理委员会发布的关于党政机关公文通用纸张、排版和印制装订要求、公文格式各要素编排规则等的国家标准,是党政机关公文规范化的重要依据,适用于各级党政机关制发的公文。其他机关和单位的公文可以参照执行。

第二节 通知与通报

一、通知

（一）通知的概念及适用范围

在机关公文中，通知是应用范围最广、使用效率最高的一个文种，适用于批转下级机关的公文，转发上级机关和不相隶属机关的公文，传达要求下级机关办理和需要有关单位周知或者执行的事项、任免人员等。

▶ **课堂活动**

试写一份会议通知（有关材料：会议；召开部门：药学院；会议内容：学生管理；参会人员：辅导员；时间：2017年10月8日下午2点；地点：学院会议室；要求：参会人员准备书面发言稿）。

（二）通知的种类

从通知的使用范围来看，大致可分为以下3类：

1. 指示性通知 指导下级机关开展工作，要求下级机关办理或者共同执行的事项，按其内容不适宜用命令或决定发布的，往往借用通知的形式，这一类即属于指示性通知。其特点是指示性和规定性相结合，如《关于大学毕业生在城市就业落户问题的通知》等。

2. 批示性通知 适用于批转下级机关的公文、转发上级机关和不相隶属机关的公文。

3. 一般性通知 适用于向下级机关知照一般事项的通知，如请下级机关报送有关材料、告知设立或撤销某一机构、有关人员职务任免、召开会议的通知等。这类通知的明显特点是知照性。制发会议通知要写明时间、地点和有关事项。力求言简意明，防止遗漏。

（三）通知的特点

1. 适用范围广 此文种适用性强，形式灵活，在公文中广泛应用。

2. 使用频率高 通知是所有公文中使用频率最高的文种。

3. 专项性强 通知多为专项，内容必须具体明确，表述要求简练准确。

（四）通知的写作格式和要求

1. 标题 作为文件的通知，要注重标题的完整性，应同时表明发文机关、内容和文种。比如《药学系关于召开教学工作会议的通知》就包含了标题的3项内容。行文时不能只写"通知"二字。如果随便简写，不仅不能使阅者迅速了解通知的内容，而且存档之后也不便于查阅。假如是紧急通知，还可以在标题上体现出来，如《关于××的紧急通知》。通知标题还要注意准确，在准确的基础上求简练。

2. 正文 一般包括三部分：

（1）通知缘由：即指发这个通知的理由。既然是指导下级机关开展某项工作的通知，首先要说明为什么要这样做，以提高认识，以便于自觉行为。例如《国务院关于进一步清理和整顿违规药品公司的通知》(国发〔20××〕××号),首先讲"不少药品公司是办得好的""正发挥积极的作用",然后着重指出不少公司存在问题和危害,这些问题如不解决,不仅严重地影响公司本身的健康发展,而且干扰了医药改革的顺利进行。这些问题及其危害就是"清理和整顿公司"的理由和根据,但为什么要"进一步"清理、整顿呢,通知回顾了一年来的情况,发现虽然"已取得一定的成绩,但是有一些地区和部门对这项工作抓得不力,进展迟缓"。正是这两个方面的根据,使国务院决定要"进一步清理和整顿公司",这也就是构成制发这个通知的基本缘由。文字不多,但抓住了事物的侧重点。

(2)通知事项:即要求下级机关贯彻执行的事项。写好这一部分要注意原则性和具体性相结合。例如上述有关清理、整顿公司的通知中,对如何"清理和整顿"的具体做法即属于通知事项的内容。

(3)执行要求:指发文机关对执行"通知事项"提出的要求。可以集中一段写,也可以分散到通知事项中。

(五)例文分析

例文一:指示性通知

×市人民政府关于对×和×两区税收工作的通知

各区人民政府、市府直属各单位:

为了贯彻统一税法、公平税负、平等纳税的原则,以利于建立市场经济体制,促进经济的发展,现就有关税收政策问题通知如下:

一、设在×和×两区的所有企事业单位(含个体工商业户,下同),对其生产、经营的收入,统一征收产品税、增值税和营业税,具体政策按我市现行有关规定执行。

二、设在×、×两区的所有企事业单位,按照市经济特区的规定,一律按15%的税率征收企业所得税,免征地方所得税和地方附加税;统一执行《×经济特区企业所得税计税标准的暂行规定》。设在×、×两区的所有内资企业,一律实行税利分流、税后还贷、税后承包、税后分成。

三、设在×、×两区的所有企事业单位和个人,按照市经济特区的规定,统一征收房产税、车船使用税、城市维护建设税、印花税、特别消费税。

四、×、×两区按照市经济特区的有关规定,征收个人所得税和个人收入调节税。

五、×、×两区的各项税收优惠政策,除对地产地销产品减免税的规定不能执行外,其余均按照市经济特区的有关优惠政策执行。

六、市经济特区没有开征的税种,×、×两区同样不予开征。

七、上述通知,从×年×月×日起执行,过去的规定与本通知有抵触的,以本通知为准。

(日期 印章)

这是一篇指示性通知,正文的第一段写通知原由,其后七段写通知事项,写得具体明确、语气肯定、条理清晰。

需要指出的是,成文时间应用阿拉伯数字书写;发文字号应放在标题上方。

例文二：会议通知

关于召开我省精神文明建设工作会议的通知

各市、县（区）党委：

省委决定召开的我省社会主义精神文明建设工作会议，现定于×月×至×日在×市召开。现将有关事项通知如下：

一、会议的议题

总结交流在深化改革、扩大开放，发展社会主义市场经济条件下，加强精神文明建设，促进两个文明建设协调发展的新经验；表彰一批在精神文明建设中取得显著成绩的文明单位和文明标兵；研究在发展社会主义市场经济的新形势下，进一步加强社会主义精神文明建设的任务、对策和措施。

二、参加会议的人员

（一）各地级市4人，其中：市委或市政府主管精神文明建设工作的负责同志1人，市文明办负责同志1人，文明单位和文明户标兵代表各1人。

（二）各县（市、区）党委或政府主管精神文明建设工作的负责同志1人。

（三）省精神文明建设委员会成员。

（四）省直有关单位负责同志，省直文明单位代表和新闻记者（名单附后）。

三、请各市以地级市为单位，省直机关以省委机关工委、省府机关工委、省委高校工委、省军区为单位，将参加会议同志的姓名、职务、性别于×月×日前用书面或电传送省委办公厅第二秘书处。参加会议的同志请于×月×日到××宾馆××号楼报到。

四、各市可来一辆工作用车。其余自带车辆司机食宿自理，大会不予安排。

五、需接车接机和需要购买回程车、机票的同志，请于×月×日在报名单时一并告知，亦可电话告知省委办公厅。

中共×省委员会

×年×月×日

这是一篇会议通知。正文先写依据及开会的时间、地点。

文中的核心部分，具体、周到地写了会议的议题、与会人员及有关问题。为与会人员赴会考虑得比较周到是本会议通知的一大特点，值得借鉴。

二、通报

（一）通报的概念及适用范围

通报适用于表彰先进、批评错误、传达重要精神或者情况。

通报和通知有相似的一面，两者都具有知照性的特点，可以用来沟通情况、传达领导机关的意图。但两者的功用又明显不同：通知提出工作意见和办法，要求遵照执行或限期执行；而制发通报着眼于思想政治方面的教育或熏陶，让下级机关的人员明白应该怎么做、不该怎么做，从而有所仿效、有所警惕，或根据全局工作的进程来调整、安排本地区、本部门的工作。通报的作用主要在于思想和政治路线方面的教育。

▶ **课堂活动**

在学校组织的关于城乡卫生医疗状况社会调查的实践活动中，有100名学生积极参与活动并写出了较高水平的调查报告。你能否以学校的名义试写一篇简要的表扬性通报。

（二）通报的种类

从通报的作用来看，大致可以分为以下3类：

1. 表扬性通报 通过会议或发简报表扬一般性的好人好事；如事例比较突出，具有典型意义，则用通报。在整顿社会治安秩序中，各地表彰秉公执法的干警的通报就属这一类；推广先进单位典型经验的通报也属这一类。

2. 批评性通报 包括揭露某种错误行为和责任事故的通报，如国务院办公厅《关于×重大伤亡事故的通报》。制发这类通报，目的是引起普遍注意，进一步采取措施，堵塞漏洞。

3. 情况通报 知照下级机关某种信息或需要办理的事项用通知，而传达某种重要情况或事关全局的情况用情况通报，如《关于×情况的通报》。

（三）通报的特点和作用

1. 告知性 通报的内容常常是将现实生活当中的一些正、反面的典型或某些带倾向性的重要问题告诉人们，让人们知晓、了解。

2. 教育性 通报的目的不仅仅是让人们知晓内容，它的主要任务是让人们知晓内容之后，从中接受先进思想的教育，或警戒错误、引起注意、接受教训。这就是通报的教育性。这一目的不是靠指示和命令的方式来达到，而靠的是正、反面典型的带动，真切的希望和感人的号召力量，使人真正从思想上确立正确的认识，知道应该这样做而不应该那样做。

3. 政策性 通报中的内容直接涉及单位、个人或事情的处理情况，内容正确与否，影响巨大。因此，必须讲究政策依据，体现相关政策。

（四）通报的写作格式

通报是正式文件，要编发文字号，标题应采用公文标题的通用格式。

正文一般分为三部分：

1. 提出通报根据 这一部分首先介绍被通报的人、事、经验的概貌。事件的梗概要清楚，但文字要简明。

2. 提示性质、意义 事件或经验的概貌要明了，要使它的性质、意义能被阅读者所理解、所接受，很重要的一步是进行分析，指明作出成绩、发生错误或取得经验的主、客观原因。

3. 写明决定，提出要求 这是制发通报的落脚点。制发通报还要讲究时效，拖延时日就会影响通报应有的作用。

（五）通报的写作要求

1. 要善于抓典型 无论是表彰先进、批评错误，还是传达重要情况，都要善于抓典型。只有这样，通报内容才能动人心魄，才能具有一定的指导意义。

2. 要注重分析 通报要传达重要情况,介绍正、反面的典型,无疑以叙事为主,要求讲清事情的来龙去脉;但是,叙事一定要观点鲜明,防止就事论事。这就要以正确的立场、观点进行分析,力图提示人和事的性质、意义。

(六)例文分析

例文:表彰性通报

关于表彰××省优秀教师和优秀教育工作者的通报

各市人事局、教育局,省直有关部门,各高等学校:

近年来,在省委、省政府的领导下,全省广大教师和教育工作者坚持以邓小平理论和"三个代表"重要思想为指导,牢固树立和全面落实科学发展观,全面贯彻党和国家的教育方针,深化教育改革,大力推进素质教育,全省教育事业持续、健康、协调发展,工作中涌现出一大批成绩突出的先进个人。为表彰先进,大力弘扬尊师重教的良好风尚,进一步激发广大教师和教育工作者爱岗敬业、教书育人的积极性,省教育厅决定对李霞等600名省优秀教师和王丽等100名省优秀工作者予以通报表彰。

希望受到表彰的优秀教师、优秀教育工作者继续保持谦虚谨慎、求真务实的工作作风,发扬无私奉献、开拓进取的精神,珍惜荣誉、再接再厉,不辜负党和人民的殷切期望。全省广大教师和教育工作者要以他们为榜样,强化职业意识,增强事业心和责任心,更新教育观念,努力钻研业务,不断提高师德修养和教育教学水平,推动我省教育事业更好更快发展。

附件:×省优秀教师和优秀教育工作者名单

××省教育厅(盖章)

×年×月×日

> 这是一篇表扬性通报。用简练的语言叙述了通报的缘由、内容和被通报人的基本情况,同时也提出了基本要求。

点滴积累 ∨

通知提出工作意见和办法,要求遵照执行或限期执行;而制发通报着眼于思想政治方面的教育或熏陶,让下级机关的人员明白应该怎么做、不该怎么做,从而有所仿效、有所警惕,或根据全局工作的进程来调整、安排本地区、本部门的工作。通报的作用主要在于思想和政治路线方面的教育。

第三节 请示、报告与批复

一、请示

(一)请示的概念及适用范围

1. 请示的含义 请示是行政机关都广泛应用的一种上行公文。请示适用于向上级机关请求指示、批准。

2. 请示的作用 请示作为报请性的上行文,应用范围十分广泛。大致可归纳为以下几个方面:

(1)下级机关遇到新情况、新问题,因无章可循而没有对策或没有把握,需要上级机关给以指示时,要用请示。

(2)下级机关在处理较为重要的事件和问题时,因涉及有关的方针、政策必须慎重对待,需要报请上级机关批准时,要用请示。

(3)下级机关在工作中遇到问题,虽然有解决的办法,但由于职权、条件的限制,没有权力或没有能力实施这些办法,需要上级帮助解决时,要用请示。

(4)下级机关对有关方针、政策和上级机关发布的规定、指示有疑问,需要上级机关给予解答时,要用请示。

(5)下级机关之间在较重要的问题上出现意见分歧,需要上级机关裁决时,要用请示。

(二) 请示的种类

1. 请求指示的请示 请求指示的请示运用于以下 3 种情况:

(1)遇到新情况、新问题,在有关的方针、政策、规章以及上级的指示中都找不到相应的处理依据,无章可循,因而没有对策,需要上级机关给以指示。

(2)对有关方针、政策和上级机关发布的规定、指示有疑问,需要上级机关给予解释和说明。

(3)与友邻机关或协作单位在较重要的问题上出现意见分歧,需要上级机关裁决。

2. 请求批准的请示 请求批准的请示又可分为以下 3 种:

(1)请求批准有关规定、方案、规划:依据有关规章和管理权限,下级机关制定的某些规定、方案、规划等需要经过上级部门的批准才能发布实行。如本部门长期实行的法规,在制定出来后须经上级批准;由于本单位的特殊情况,难以执行上级的统一规定,需要进行变通处理,须提出变通方案报上级批准;设立新的机构,也要将设想或方案报上级批准;重要的工作计划、规划也要报请上级部门批准。

(2)请求审批某些项目、指标:在工作中遇到人、财、物方面的困难,自己无法解决,可提出解决的方案请上级机关审核批准,在人、财、物方面给予相应的调配。如请求审批基建项目、请求审批购进设备物资、请求增加人员编制等。

(3)请求批转有关办法、措施:某职能部门在自己的职权范围内制定了相关的办法和措施,却不能直接要求平级机关和不相隶属机关照办,可用请示的方式要求上级机关批转给有关部门执行。如绿化部门制定的保护花草和绿地的办法,由于职权的限制不可能自己直接出面要求有关部门都执行这一办法,就可以将这些办法和措施通过请示提交给上级,要求上级机关批转给所有相关部门施行。

(三) 请示的特点

1. 期复性 在公文体系中,请示是为数不多的双向对应文体之一,与它相对应的文体是批复。下级有一份请示报上去,上级就会有一份批复发下来。不管上级是否同意下级的请示事项,都必须给请示单位一个回复。因此可以说,写请示的最直接的目的就是得到批复。而且,下级机关都是在遇到比较重要的情况和问题需要解决时,才会及时向上级机关请示,急切地期待回复是请示者的必然心态。我们将这一特点称为"期复性"。

尽管请示者都有急于得到答复的心理,但是也必须遵循行文规则,一般不得越级请示。特殊情况确实需要越级请示的,如经多次请示上级机关而长期未能解决问题,可以越级请示,但必须同时抄报给被越过的直接上级机关。

2. 单一性　与其他上行文相比,请示更要强调遵循"一文一事"的原则。在一份请示中,只能就一项工作或一种情况、一个问题作出请示,不得在一份公文中就若干事项请求指示和批准。如果确有若干事项都需要同时向同一上级机关请示,可以同时写出若干份请示,它们各自都是一份独立的文件,有不同的发文字号和标题;而上级机关则会分别对不同的请示作出不同的批复。

3. 针对性　请示的行文有很强的针对性,必须针对本机关没有对策、没有把握或没有能力解决的重要事件和问题才能运用请示。不得动辄就向上级请示,那样看起来像是尊重上级,实际上却是将矛盾交给上级,而自己躲避责任的表现。

4. 时效性　请示所涉及的情况和问题都有一定的迫切性,应该及时写作、及时发出,如有延误,就有可能耽误解决的时机。相应地,上级机关在处理下级的请示时,也应注意到时效性问题,对请示作出及时的批复。

(四) 请示的写作格式

1. 标题　请示的标题可以由发文机关、事由、文种构成,如《××省人民政府关于增拨防汛抢险救灾用油的请示》;也可以由事由和文种构成,如《关于成立老干部办公室的请示》。

2. 主送机关　请示的主送机关就是负责受理和答复请示的机关。请示在确定主送机关时,要注意以下3点:

(1)主送机关只能有一个。请示一般只写一个主送机关,如需同时送其他机关,应当用抄送的形式。向上级机关行文,应当主送一个上级机关;受双重领导的机关向上级机关行文,应当写明主送机关和抄送机关,由主送机关负责答复其请示事项。请示如果多头行文,很可能得不到任何机关的批复。

(2)只能主送上级机关,不能送领导者个人,不得以机关的名义向上级机关负责人报送请示。

(3)不得越级请示。

3. 正文　请示的正文由开头、主体、结语三部分构成。

(1)开头:开头主要表述请示的缘由,这是上级机关批复的主要依据。一般而言,这部分要写明所遇到的新情况、新问题,或自身没有能力解决的困难,要写得充分、恰当、具体。如《××市××局关于成立老干部办公室的请示》的开头:随着干部制度的改革和时间的推移,我局离退休干部日益增多,截至目前已达×人。由于没有专门的管理服务机构和工作人员,致使这些老同志的政治学习和生活福利得不到应有的组织和照顾,一些实际困难得不到妥善解决。为了使离退休老同志老有所为、老有所养、老有所依,充分发挥余热,根据上级有关部门的规定和离退休老同志的迫切要求,我们拟成立老干部办公室。现将成立老干部办公室的几个问题,请示如下。

如果请示仅仅是为了履行一下规定的程序,开头可以写得简略一些。如《中共××局纪律检查委员会关于给×××同志警告处分的请示》的开头:为保证党的队伍纯洁,我委于5月份在机关党员中开展了党纪自查与互查活动。在互查活动中,发现行政科×××同志贪污公款×元。现就给×××同志警告处分事宜请示如下。

内容简略、篇段合一的请示,开头也可以是表达行文目的和意义的一两句话,不独立成段。

(2)主体:主体是表明请示事项的部分,也是请示的最核心、最重要的部分。请求指示的请示,主体要写明想在哪些具体问题、哪些方面得到指示;请求批准的请示,要将要求批准的事项分条列款——写明。如果在请求批准的同时还需要人、财、物等方面的支持和帮助,更需要将编制、数量、途径等表达清楚、准确,以便于上级及时批准。如《××市××局关于成立老干部办公室的请示》一文的主体部分是这样写的:老干部办公室的主要职责是做好离退休干部的管理服务工作。具体任务是组织离退休干部学习党的方针政策,使他们了解党和政府的大事,了解新形势,跟上新形势。定期召开离退休干部座谈会,交流思想。开展身体力行、丰富多彩的文体活动,增进离退休干部的身心健康。

当然,上述请示还涉及人员编制、归属领导、经费等问题,可以采取分列条款、设置小标题的办法加以说明。

(3)结语:请示的结语比较简单,在主体之后另起一段,按程式化语言写明期复请求即可。期复请求用语常见的有"当否,请批示""妥否,请批复""以上请示,请予审批""以上请示如无不妥,请批转有关部门执行"等。

(五)例文分析

关于在全国范围内
开展国有资产产权登记工作的请示

国务院:

　　根据《国务院关于加强国有资产管理工作的通知》(国发〔1990〕38号)中有关对国有资产进行产权登记(以下简称产权登记)的精神,我们于×年×月发布了《国有资产产权登记管理办法(试行)》,要求各地、各部门结合实际情况组织试点。目前已有18个省、自治区、直辖市和部分国家机关开展了产权登记工作。从试点情况看,开展产权登记,对加强国有资产管理,防止国有资产流失,推动企业所有权和经营权适当分离的改革,都起到了积极作用。鉴于以上情况,我们建议,×年可在全国范围内开展产权登记工作。为此,提出以下意见:

　　一、提高认识,加强领导。进行产权登记,是保卫国有资产的重要措施,是实施国有资产所有权管理的一项基础工作。国有资产管理部门代表国家依法对全民所有的资产进行登记,是依法确认企业和单位占有、使用国有资产的法律行为。开展产权登记工作,对加强企业和单位的产权管理,深化经济体制改革将起到积极的重要作用。

　　二、产权登记的目的。这次产权登记,重点是解决企业、单位普遍存在的产权归属不清、定性不准、账实不符、国有资产流失等问题。同时,为全国开展清产核资工作进行前期准备。

这是一篇请求批转的请示。

该文先摆出依据,继而提出问题,然后摆出建议,最后请求批准。

三、产权登记的范围。凡占用国有资产的企业和实行企业化管理的事业单位,都必须办理产权登记。产权登记分为开办产权登记、变动产权登记、注销产权登记。今后,产权登记将纳入经常性的产权管理工作,由各级国有资产管理部门按企业、单位的财务隶属关系组织实施。

四、目前,国有资产局正会同有关部门制定《国有资产产权登记管理试行办法》。进行产权登记时,要严格按照国家统一规定执行,执行中的有关问题,由国有资产局负责制定具体办法。

以上请示如无不妥,请批转各地区、各部门执行。

国家国有资产管理局

×年×月×日

知识链接

报告与请示的异同

共同点:报告与请示都是上行公文,撰写中注意陈词恳切、语气谦恭。

不同点:

1. 用途不同　报告主要用于"汇报工作,反映情况",以便上级领导机关了解情况,掌握工作进程,为新的决策作参考;而请示适用于"向上级机关请求指示、批准"。请示要求批复、需要批复,而报告一般不作批复。

2. 制发这两种公文的时机不同　请示要事前行文,一般情况下不得"先斩后奏";报告通常在事后或工作进行中行文。

3. 内容繁简不同　请示应当一文一事,而报告中的综合性报告其内容往往涉及许多方面。

有的人不注意上述区别,将请示写成报告,或在报告中夹带请示事项,有的标题写"请示报告"。类似于这些不规范的现象,必须予以纠正。

二、报告

(一)报告的概念及适用范围

报告是向上级机关汇报工作、反映情况,答复上级机关的询问所用的文种。报告属于上行文,一般用于事后或事情的过程中向上级行文。

▶ **课堂活动**

报告和请示在用途和行文时间上分别有什么不同(事先预习并参考第三节的相关内容)?

(二)报告的种类

常用的报告大体有4种:综合报告、专题报告、答复性报告、报送文件或物件的报告。答复性报告要求有针对性地回答来文中提出来的问题,文字简要;报送文件或物件的报告只需将所报送的文件或物件的名称、数量写清楚就行了,结尾写"请查收"或"请核查"。本节重点介绍综合报告与专题报告。

（三）报告的特点

1. **内容的汇报性** 报告是下级向上级机关或业务主管部门汇报工作,让上级机关掌握基本情况并及时对自己的工作进行指导。汇报性是报告的一大特点。

2. **语言的陈述性** 报告是向上级讲述工作情况、经验、体会,行文上一般使用叙述方式,即陈述其事。

3. **行文的单向性** 报告是下级机关向上级机关行文,是为上级机关进行宏观领导提供依据,一般不需要受文机关的批复,属于单向行文。

4. **成文的事后性** 多数报告都是在事情做完或发生后向上级机关作出汇报,是事后或事中行文。

5. **双向的沟通性** 报告虽不需批复,但却是下级机关取得上级机关的支持、指导的"桥梁";也是上级机关获得信息、了解下情、形成决策的依据。

（四）报告的写作格式

1. **综合报告** 综合报告涉及的内容较多,写作难度较大。写好综合报告一方面要依靠集体的力量,同年终总结或某一阶段的全面总结结合起来;另一方面要有一定的章法。

综合报告的开头以朴素、平实为好,例如"现将××单位的××综合情况报告如下",随之托出主体。结尾写"以上报告如有不当,请指示",或写"以上报告,请审阅"。

2. **专题报告** 从内容上看,专题报告主要有两种:情况报告和工作报告。

(1)情况报告:以反映社会动态、倾向以及工作中正、反两个方面的情况为主。防非典时期单位呈报的与非典流行有关的报告均属专题报告。目的是有助于领导机关了解情况,判断和处理控制疫情的问题。

(2)工作报告:也要汇报工作情况和问题,但以提出改进工作的意见、措施为主。其写法是开头集中写情况和问题。问题突出,能使阅者感到解决问题的迫切性。例如×市政府给省政府的《关于治理学校乱收费问题的报告》,开头先说明该市某些学校据学生及其家长反映存在乱收费问题,"造成对社会的不良影响"。然后以主要篇幅陈述治理乱收费问题的做法和措施:一是抓好学校班子建设;二是加强对相关人员的教育,强化制度建设;三是对收取的费用原数退还;四是对发现的责任人员严肃处罚,严重者追究法律责任。报告中解决问题的做法、措施要注意从实际情况出发,使之用得上、行得通。

（五）报告的写作要求

1. **严格使用文种,尤其应当注意不要与请示混用** 报告事项不得夹带请示事项,否则会因"报告"不需批复而影响请示事项的处理和解决。

2. **材料要真实** 向上级机关汇报工作应该本着实事求是的态度,如实汇报。无论是成绩还是失误,都应该全面、真实地反映,不能只报喜不报忧,也不能夸大和虚构。上报的公文应该在调查研究、全面掌握本单位情况的基础上撰写。

3. **主旨鲜明** 报告的内容一般涉及的面宽而且复杂,很容易写得篇幅较长而又重点不够突出,形成泛泛而谈。这就要求在撰写时,力求写得观点鲜明,条理清楚、简洁、深刻。

（六）例文分析

关于加强工商行政管理工作的报告

国务院：

　　为深化改革,促进社会主义市场经济持续、稳定发展创造良好的条件,根据国务院赋予工商行政管理机关的职能,进一步拓宽监督管理的广度,增加监督管理的深度,强化监督管理的力度,为此,今年全国工商行政管理局长会议进行了专门研究,对下一步工作提出以下意见：

　　1. 进一步依法加强对生产资料市场的监督管理,不断提高集贸市场的管理水平。

　　2. 加强对国有和集体企业的监督管理,积极支持企业集团的建立和发展。

　　3. 切实加强对个体、私营经济的监督管理,引导它们健康发展。

　　4. 严肃查处制造、经营伪劣商品和刊播虚假广告的行为,切实维护国家和人民群众的利益。

　　5. 依法保护注册商标专用权,加强商标领域中的国际合作。

　　6. 加强廉政建设,提高工商行政管理队伍的素质。

　　以上报告如无不妥,请批转各地区、各部门执行。

国家工商行政管理局(盖章)
×年×月×日

> 这是一篇带有批转建议的报告。
>
> 以行业的名义向国务院提出了批转的建议和批转的内容。
>
> 简洁明了,精练得当。

三、批复

（一）批复的概念及适用范围

批复是上级机关答复下级机关询问和请示的公文,与请示对应,属于下行文。

▶ **课堂活动**

　　1. 请示有何特点? 你对请示"一文一事"的原则如何理解?

　　2. 批复的依据是什么? 批复应该包括哪些内容?

（二）批复的特点

从行文方向看,批复是下行文,但它又不同于一般的下行文。命令、决定等下行公文是上级领导机关主动下发的,而批复是为答复下级机关的请示事项而发的。因此,写作时应特别注意针对性,这是批复这一文种的鲜明特点。

（三）批复的写作格式

1. 标题　批复的标题有两点需要特别强调:一是关于发文单位。批复的发文单位即行文主体,既不能不写,也不能随意略写或简化。二是关于事由。批复的事由大致有两种写法,一种是用表示关联范围的介词"关于"加上请示或批复的事项来表述,如《国务院关于×年全国治沙工程规划要点的批复》;另一种是在"关于"和请示或批复事项中间再插入一个表态动词"同意"来表述,如《国务院关于同意开放×××航空口岸的批复》。

2. **正文**　批复的正文一般由三部分组成。

(1)引语:批复的开头通常要引述来文作为批复的依据。引述的方法有4种:第一种是结合请示的日期引述,如"×年×月×日来文收悉";第二种是结合来文的日期和文号引述,如"×年×月×日×号文收悉";第三种是引述来文日期和来文名称,如"×年×月×日《关于××的请示》收悉";第四种是引述来文日期和请示事项,如"×年×月×日关于××问题的请示收悉"。

(2)主文:主文是批复的主体,这部分应针对下级机关请示的事项,表示同意与否的态度,有时还要阐述同意或不同意的理由。答复请示事项的针对性要强,答复要明确具体、简明扼要,表达要准确无误。

(3)结尾:结尾是批复正文的最后部分,它的写法有3种。第一种是提行写"此复"或"特此批复";第二种是写希望和要求,给执行请求事项的答复指明方向;第三种是秃尾,就是请示事项答复完毕就告结束,此种结尾方法使用的频率越来越高。

（四）批复的写作要求

批复的依据就是下级的来文。要写好批复应注意以下几点:第一,要核实请示缘由的真实性,研究请示所提意见或建议的可行性,有些情况应先进行调查研究;第二,凡请示事项涉及其他部门或地区的问题,批复前都要与其协商,取得一致意见;第三,及时批复,以免贻误工作。对不按行文的正常渠道办理或一文多头的请示,应予以纠正,以免误事。

（五）例文分析

关于认定城镇居民基本医疗保险扩大、试点城市名单的批复

×××:

根据各地上报的城镇居民基本医疗保险试点城市名单,经×××城镇居民基本医疗保险部际联席会议(以下简称联席会议)研究,并经×××同意,按照符合条件、地方自愿的原则,认定××省××市等××个城市和地区列入城镇居民基本医疗保险扩大试点范围。

开展城镇居民基本医疗保险试点,是党中央、国务院着眼于构建社会主义和谐社会,建立覆盖城乡居民的社会保障体系,完善基本医疗卫生制度,解决广大城镇居民最关心、最直接、最现实的利益问题的一项重大决策。各地要按照×××的部署,充分认识试点工作的重要意义,加强领导,建立健全试点工作的领导机构和工作机构,统筹规划,周密安排,制订和完善试点方案,精心组织好试点工作;相关部门要加强合作,共同做好试点工作的各项准备工作,确保在第二季度出台试点城市方案并启动实施;要加强宣传、教育和培训工作,使社会各方理解、支持并积极参与这项工作;要及时足额安排财政补助资金,加强管理能力建设,完善管理

这是一篇审批性批复。

机制,保证城镇居民基本医疗保险制度稳健运行,务求取得实效。相关部门要切实负起责任,加强对试点城市工作的指导,做好实施方案特别是筹资水平、财政补助标准和待遇水平的审核工作,对少数筹资标准比较高的城市,督促地方认真测算,适当调整。试点城市要坚持国务院确定的试点原则和基本政策,结合本地实际,深入调研,反复论证,周密测算,严格按照低水平起步原则制定好试点实施方案和各项配套政策。已纳入试点的城市要根据试点情况,不断总结经验,完善相关办法。试点过程中出现的新情况、新问题要及时向联席会议办公室报告。

行文言简意赅。做到了言简意赅,庄重周密,充分体现批复的权威性。

附件:城镇居民基本医疗保险扩大试点城市(地区)名单

×××

×年×月×日

点滴积累 ∨ ···

请示是行政机关都广泛应用的一种上行公文,请示适用于向上级机关请求指示、批准。 报告是向上级机关汇报工作、反映情况,答复上级机关的询问所用的文种。 批复是上级机关答复下级机关询问和请示的公文,与请示对应,属于下行文。

第四节 函

一、函的概念及适用范围

函适用于不相隶属机关之间的商洽工作、询问和答复问题、请求批准和答复审批事项。

有的机关单位对函的性质、功用把握不准,认为请求人家批准解决某个问题,用函不能表达自己谦恭的态度,怕影响问题的解决。这种看法和做法不符合《国家行政机关公文处理办法》的规定,要纠正认识上的误区。

▶ **课堂活动**

根据学过的应用文知识,简要说明公函和便函有何异同。

二、函的种类

(一)按性质分

可以分为公函和便函两种。公函用于机关单位正式的公务活动往来;便函则用于日常事务性工作的处理。便函不属于正式公文,没有公文格式要求,甚至可以不要标题,不用发文字号,只需要在尾部署上机关单位名称、成文时间并加盖公章即可。

（二）按发文目的分

可以分为发函和复函两种。发函即主动提出了公事事项所发出的函;复函则是为回复对方所发出的函。

（三）从内容和用途上分

可以分为商洽事宜函、通知事宜函、催办事宜函、邀请函、请示答复事宜函、转办函、催办函、报送材料函等。

三、函的特点

函在一般情况下是平行文,在不相隶属的单位与部门之间使用,但有时可以上翘或下翘,对不相隶属的上、下级单位或部门都可以使用。函可以用于告知事项,也可以用于请求批准,还可以用于答复、批复事项。

四、函的写作格式

函的基本格式与一般公文的格式相同,下面重点介绍正文部分的结构形式和写作内容。

（一）开头——发函缘由

宜直陈其事,不必客套寒暄。要求用极简约的文字说明发函的目的、理由或根据,使人读到来函一眼便知道对方发函的因由、根据,没有转弯抹角或朦胧不清之嫌。如果是复函,则宜首先援引来函标题与发文字号,让对方知道是针对什么事项复函的。

（二）中间——发函事项

这是公函的重点,说明商洽、联系、请求批准或答复审批的事项。这部分的文字不宜多,但又要将有关事项交代清楚,使人家明白怎样去办。试看一封《关于商请护理教师的函》:

××医院护理部:

为了迎接全市护理技能大赛,我校开办了护理技能大赛培训班,目前急需一名具有丰富临床护理经验的教师指导临床技能。为此,特商请贵部委派一名护士前来授课指导一次。恳请速复函为盼。

这份公函寥寥几语,就明确了发函的目的和要求。

（三）结尾

要求答复用"请予函复";不需答复用"特此函达"。复函一般用"专此函复"等。

五、函的写作要求

1. 函的写作首先要注意行文简洁明确,用语把握分寸。无论是平行机关或者是不相隶属的行文,都要注意语气平和。至于复函,则要注意行文的针对性、答复的明确性。但值得注意的是,在很多情况下,该用函时没有用函,而是用了其他形式的公文。比如行政单位写给不相隶属上级部门的文件,为了表示尊重对方,就用"请示"代替了函。

2. 复函应该迅速、及时。为保证公文的时效性,应及时处理函件,保证公务等活动的正常进行。

六、例文和分析

<table>
<tr>
<td>

国务院办公厅关于征求《国家行政机关公

文处理办法(草案)》意见的函

国办函〔××〕××号

各省、市、区人民政府、国务院各部门办公厅(室):

　　现将我们草拟的《国家行政机关公文处理办法(草案)》印发给你们,请组织有关同志讨论修改,并将修改意见于十一月底前报送国务院办公厅。

国务院办公厅(盖章)

××××年×月×日

</td>
<td>

　　这是一篇征求意见的函。

　　几句话将征求意见的内容、要求、时间等要素表达得十分清楚。

</td>
</tr>
</table>

点滴积累 ∨

　　函适用于不相隶属机关之间的商洽工作、询问和答复问题、请求批准和答复审批事项。

第五节　意见

一、意见的概念及适用范围

　　2012 年施行的新的《党政机关公文处理工作条例》中,对其功能的表述为适用于对重要问题提出见解和处理办法。

▶▶ **课堂活动**

　　请你试着为《关于新时期加强高等学校教师队伍建设的意见》撰写几条具体内容。

二、意见的种类

(一) 规划性意见

　　规划性意见是对某一时期的某一方面的工作提出的大体构想。它的特点是适用时期长,内容宏观化、整体化,类似于规划、纲要等计划性文体。它指示了一个时期内某项工作的要点、原则和努力的方向,但一般没有具体的方法和措施。教育部发布的《关于新时期加强高等学校教师队伍建设的意见》,就是一个面向 21 世纪的宏观化、纲要化的意见。

(二) 实施意见

　　实施意见一般是为贯彻落实某一重要决定或中心工作所制定的实施方案,它重在阐发上级的有关精神,使下级单位对上级的文件精神有更深入的理解,同时提出较为具体的行动方案和工作安排。例如《中共×省委×省人民政府关于贯彻〈中共中央、国务院关于深化教育改革全面推进素质教育的决定〉的实施意见》。

（三）具体工作意见

对如何做好某项工作提出意见,所涉及的内容比较具体,有时还会有一些可操作性的办法、措施等。中央组织部发布的《关于提高县以上党和国家机关党员领导干部民主生活会质量的意见》,就是比较具体化的组织工作意见。行政机关的一些意见可以更具体地指向某项工作,如国务院办公厅转发的《关于继续做好公路养路费等交通规费征收工作的意见》。

三、意见的特点

（一）指导性

意见虽然在文种的字面含义上没有指示、批复那样明显的指导色彩,似乎只是对某一工作提出些意见供参考,可实际上它也是指导性很强的一种文体。之所以不采用指示等指导色彩强的文种行文,主要有下列一些原因:一是为体现党政分开的原则,党的机关在涉及政务时不宜采用指示等文种;二是有关部门虽然对下级同类部门有业务指导权,但并没有行政领导权,采用指示显然没有采用意见更合适;三是意见的内容业务性强、规划性强、组织性强,而这些内容采用较生硬的文种不如采用意见这样较委婉的文种更合适。尽管如此,意见对受文机关来说仍然有较强的约束性,下级机关要遵照执行。

（二）针对性

意见有着较强的针对性。它总是根据现实的需要,针对某一重要的问题提出见解或处理意见,例如我国在提倡开展素质教育以来,许多中、小学的现有教育技术装备不能适应素质教育的需要,教育部就及时对加强这一工作提出了意见。党内的民主生活质量有待于提高,中组部就及时下发了《关于提高县以上党和国家机关党员领导干部民主生活会质量的意见》。这些意见对于解决目前存在的问题都起了积极的作用。

（三）原则性

意见通常不是具体的工作安排,而是从宏观上提出见解和意见,要求受文单位结合具体情况,参照文件中提出的精神来办理。下级机关在落实意见精神时,比起执行指示有更大的灵活处理的余地。值得注意的是,意见可以是上行文,也可以是下行文。

四、意见的写作格式

（一）意见的标题和主送机关

1. 意见的标题　意见的标题有两种常见写法。一种是由发文机关+主要内容+文种组成,如《中共×省委×省人民政府关于〈中国教育改革和发展纲要〉的实施意见》;另一种由主要内容+文种组成,如《关于提高×校党员领导干部民主生活会质量的意见》。

2. 意见的主送机关　分为两种情况:需要转发的意见,没有主送机关这一项,但转发该意见的通知要将主送机关写清楚;直接发布的意见,要有主送机关,主送机关的排列方法和一般公文相同。

（二）意见的正文

1. 发文缘由　这是意见的开头部分,主要写出发布意见的背景、根据、目的、意义等。文字根据具体情况可长可短,最后以"现提出以下意见""特制定本实施意见"等过渡性语句转入下文。如交通部、财政部、公安部、国家计委联合制定的《关于继续做好公路养路费等交通规费征收工作的意见》一文的开头:近几个月来,一些单位和个人错误地认为《中华人民共和国公路法》修改后即可不缴纳公路养路费等交通规费,因而出现了拖欠、拒缴、抗缴公路养路费等交通规费事件,造成了国家交通规费大量流失。为保障公路养路费、车辆购置附加费等交通规费征收工作的正常进行,现提出如下意见。

这个开头前面叙述了发文的背景和根据,后面指出了发文的目的和意义。

2. 意见条文 这是意见的主体,要将对重要问题的见解或处理办法一一写明。如果是规划性意见,内容繁多,可列出小标题作为各大层次的标志,小标题下再分条表述。如《中共×省委×省人民政府关于〈中国教育改革和发展纲要〉的实施意见》一文,主体就分为五大部分,各自冠以小标题,分别是:"一、教育发展的目标和任务;二、深化教育改革的政策措施;三、切实增加教育投入;四、加强教师队伍建设;五、切实加强对教育工作的领导"。每一小标题下列出若干条文。如果是内容较单纯集中的工作意见,主体部分直接列条即可,不必再设小标题。如《关于继续做好公路养路费等交通规费征收工作的意见》,主体部分就直接分为5条。

3. 执行要求 有些意见需要对贯彻执行提出一些要求,可以列入条款,也可单独在正文最后写一段简练的文字予以说明。如无必要,此项免除。

五、例文和分析

<table>
<tr><td>

对×××同志的考察意见

市政府:

根据市政府安排,我局人事部门按照干部考察程序,对×同志进行了考察,考察组意见如下:

××同志于×年×月经公开招考到×工作,历任副科长、科长、副处长,现任处长职务。

一、思想政治素质高。该同志思想上与市委、市政府保持高度一致,坚决拥护党的各项方针政策,坚持四项基本原则,坚持改革开放,坚持以邓小平理论、"三个代表"和党的"十七大"精神武装自己。做到讲学习、讲政治、讲正气。

二、工作扎实努力,勇于创新。自担任×长以来,认真履行岗位职责,深入基层调查研究,大胆改革创新,使本部门工作取得了优异成绩。其分管的工作也得到了市委、市政府的高度肯定。

该同志对待本职工作勤勤恳恳、一丝不苟,从不敷衍了事,不摆花架子,不搞形式主义,总是从实际出发,尽己所能,不断创新。

三、作风严谨,从各方面严格要求自己。生活上作风严谨,工作中遵章守纪,廉洁自律,为人谦虚谨慎,善于听取他人意见,尊重领导,团结同志。

四、认真学习,提高修养。一方面注重加强政治理论学习,全面系统掌握马列主义毛泽东思想,正确学习领会邓小平理论和"三个代表"重要

</td><td>

这是一篇考察意见。

分别从德、能、勤、绩等方面给予了客观评价。

为决策部门对该干部的任免和评价提供了依据。

</td></tr>
</table>

思想精髓,做到理论联系实际,理论指导实践。另一方面注重加强管理理论和文化知识学习,关心时事,加强修养,使自己成为业务的行家,岗位的能手。

该同志近几年年度考核分别为优秀、称职。

××局

×年×月×日

点滴积累 ∨

> 意见通常不是具体的工作安排,而是从宏观上提出见解和意见,要求受文单位结合具体情况,参照文件中提出的精神来办理。意见可以是上行文,也可以是下行文。

第六节　纪要

一、纪要的概念及适用范围

纪要用于记载、传达会议情况和议定事项。纪要是根据会议记录和会议文件以及其他有关材料加工整理而成的,它是反映会议基本情况和精神的纪实性公文。有些会议纪要中的会议议定事项和重要精神需要下发执行的,可以"通知"的形式印发。

▶▶ **课堂活动**

根据纪要的概念,你认为纪要和记录有何区别?

二、纪要的种类

常见的纪要有如下 3 种:

1. 记述平行机关或不相隶属机关有关会议的纪要,如《我校关于加强与社会临床实习医院合作办学座谈会纪要》。

2. 领导机关或业务主管部门召集其下属机关有关人员参加的办公会议纪要,如《我省药监局关于在全省开展药品监督检查工作会议纪要》。

3. 学术研讨会议纪要,如《我校关于进一步加强大学生政治思想工作座谈会纪要》。

三、纪要的特点

(一)纪实性

会议纪要必须是会议宗旨、基本精神和所议定事项的概要纪实,不能随意增减和更改内容,任何不真实的材料都不得写进会议纪要。

（二）概括性

会议纪要必须精其髓、概其要，以极为简洁精练的文字高度概括会议的内容和结论。既要反映与会者的一致意见，又可兼顾个别同志有价值的看法。有的会议纪要还要有一定的分析说理。

（三）条理性

会议纪要要对会议精神和议定事项分类别、分层次地予以归纳、概括，使之眉目清晰、条理清楚。

四、纪要的写作格式

（一）标题

标题要按照公文标题的结构形式规范写作，比如用会议全称加上"纪要"二字的《全省医疗系统工作会议纪要》。

（二）开头

办公会议属于例会，这一类纪要的开头写得比较简单，类似于会议记录的开头即可。但其他会议纪要介绍会议概况，包括召开会议的根据或目的、时间、地点、人员、主要活动和收获等。

（三）主体

集中表述会议的主要情况和议定事项，写法有：

1. 按问题写 先主后次，铺排开来；或按照事物内部的逻辑顺序，主次说明。

2. 按议定事项写 事项的排列可以按议程的先后顺序，也可以按事项的成熟程度，分条列项，逐一写来。

3. 摘引与会者的发言、讲话要点，通过具体言论反映会议精神 例如《省政府关于转变行政部门工作作风座谈会纪要》。

4. 结尾 有的提出贯彻执行的意见和要求；有的提出希望；有的意尽则止，不另写结尾。

五、纪要的写作要求

（一）要根据会议的主要精神进行归纳

起草会议纪要不同于做会议记录，不能兼收并蓄，将各种意见都写进纪要中去。所谓会议纪要，顾名思义就是"纪实其要"。具体来说，要根据会议的情况进行整理、归纳。凡是符合会议主要精神的意见都要反映，反之则予以舍去。例如《商谈纪要》，"双方一致认为……""对……的意见，双方均感满意"等就是会议纪要的高度概括。会议纪要必须突出重点，避免主次不分。

（二）要使内容条理化

一次会议，特别是比较大型的会议往往有多项议题，能够体现会议精神的材料也是纵横交错、头绪纷繁。起草纪要要在综合分析的基础上，按照事物内部的联系分门别类，使问题集中、观点鲜明、条理清晰，有的还要给予理论的说明。如某省高校一份《办公室主任会议纪要》，讲到办公室工作必须实现"四个转变"："从偏重于简单办公办事转变为既办文办事，又出谋献策；从单纯地收发传递信息转变为既收发传递又综合处理信息；从单凭老经验办事转变为实行科学管理；从被动服务转变为力争主动服务。"如此井然有序、合乎逻辑，就不是由某个人出口成章，而是经过反复提炼、综合概括的结果。

(三)要准确、具体

会议纪要中的议定事项是有关单位执行的依据,具有很强的政策性,表述中必须注意准确、具体。比如说办公会议审查某项工程设计方案,是"同意"还是"原则同意",表述一定要准确。因为前者可以尽快动工,后者还需要进行局部修改。又比如说确定召开某个会议,时间、地点、内容、参加人员、由谁负责筹备和组织会议、经费来源等都要写具体,特别是研究的财力、物力、指标分配、人员编制等议项的数字更要写得准确无误。为了避免差错,一方面执笔者要重视核对;另一方面如属于比较大型的会议纪要,最好在会议期间写出初稿,提供与会者讨论、修改。

知识链接

会议记录和会议纪要的区别与联系

在内容上会议记录和会议纪要没有太大的差别,两者都要具有真实性。

一、不同之处

1. 存在形态不同　会议记录和会议纪要的存在形态差异甚大。会议记录是原始的,会议纪要则不是原始的而是经过了整理。

2. 从公文处理的角度来探析,两者截然不同　会议纪要是一种记载和传达会议的基本情况或主要精神、议定事项等内容的规定性公文。会议纪要的撰写属于应用写作和公文处理的范畴,必须遵循应用写作的一般规律,严格按照公文制发处理程序办事。而会议记录则只是办公部门的一项业务工作,属于管理服务的范畴,它只需忠实地记载会议实况,保证记录的原始性、完整性和准确性,其记录活动同严格意义上的公文写作完全是两码事。

二、相联系之处

会议记录是撰写会议纪要的素材来源和依据,会议纪要可以对会议记录进行一定的综合、提要,但不得对会议记录所确认的内容进行歪曲和篡改,可以说,会议记录是形成会议纪要的基础。会议纪要要如实反映会议记录的内容和会议精神。

六、例文和分析

例文一:

××市××区人民政府办公会会议纪要

区政府办公室编　　　　　　　　×年×月×日

时间: ×年×月×日下午

地点: ×会议室

主持人: ×××同志　　出席者: (略)

列席者: (略)

会议研究决定事项如下:

一、×××同志传达了市加快发展"新农合"会议精神并对我区农业合作医疗工作进行了安排。具体如下:(略)。

这是一篇会议纪要。办公会和例会是研究处理日常行政事务的会议。它有固定的时间,如每周1、2次或每半个月1次、每月1次等;有固定的出席人。这种形式的会议有时只研究解决一个议题,多数情况下则是连续讨论几项议题。一项议题的会议纪要因问题集中,写出

二、×××同志汇报了我区城市社区医疗服务情况。主要内容如下：（略）。

三、×××同志传达了市人防工作会议的精神，汇报了我区人防工作的情况和工作安排。会议同意人防办公室的工作安排，决定召开业务会议进行部署。会议强调，我区人防工作要本着加强维护、平战结合的原则，在保证人防工事安全的前提下，充分加以利用，发挥作用。

结论性决定即可；有好几个互不相关的议题的会议纪要，则要将作出的决定和主要观点按议题的重要程度或讨论顺序逐项编写出来。办公会、例会的会议纪要一般都需要贯彻执行，因此具有一定的权威性。

例文二：

××部关于改进优抚对象定期定量补助工作座谈会纪要

为了做好优抚对象定期定量补助工作，××部于×年×月×日至×日召开了有山东、江苏、河南、四川、陕西、河北、辽宁、北京八个省、市××厅（局）优抚处长参加的座谈会。××副部长到会讲了话。××局×××同志作了总结发言。

据与会同志的汇报，当前各地贯彻××部、××部《关于改进优抚对象定期定量补助工作的规定》的情况，大致分为三种类型：第一类，真正把这项工作当做一件大事来抓，层层试点，逐级贯彻，全面调整，全部工作业已结束。第二类，虽然也转发了文件，召开了会议，但缺乏具体指导，有些县工作粗糙，补助对象不准，对烈属偏严，对复员退伍军人偏宽。第三类，行动迟缓，至今还没有开展工作。在这三种类型中，第一、第三类是少数，第二类是多数。由此看来，改进定期定量补助，任务艰巨，必须认真细致地抓好。

为了保质保量地完成改进定期定量补助的工作，会议认为，必须解决好以下几个问题：

一、要提高对改进定期定量补助工作的认识（略）

二、对补助对象要有一个控制面（略）

三、要有一个检查验收的标准

为了保质保量地搞好改进定期定量的补助工作，各地对于落实定期定量补助的情况，要全面检查验收。达到标准的，才算完成了任务；不符合标准的，要切实进行补课。检查验收的标准是：（略）

四、加强领导

各级××部门要把改进定期定量补助工作，作为优抚工作的重点任务，切实加强领导，组织力量，层层试点，集中时间，抓紧进行，保证在上半年完成此项工作。

这是一篇座谈会纪要。

座谈会常常是为专门研究解决某一个重要问题而召开的。因此，这类纪要也可以叫专题性座谈会纪要。它不仅记载会议的结论，而且要阐述之所以得出这种结论的道理。它不仅有一定的权威性，而且有一定的说理性。

知识链接

电 子 公 文

　　电子公文就是依靠网络信息技术对公文进行高效有序的电子化处理，是公文处理的重要组成部分。

　　目前，党政机关使用电脑进行文字处理已非常普遍，一些单位还不同程度地实现了公文运转电子化管理，对收文办理、发文办理的登记、审核、拟办、运转等环节进行管理，实现了公文查询、统计、存储、流转的电子化及内部网络互联；部分单位对公文数据库中的公文由标题、来文单位等基本要素和运转过程管理，扩展为部分公文的全文入库管理；一些部门已经实现特定网络，如政府专网、专业部门网上的部分公文上报、下发的无纸化传输；少数单位实现全部公文的网络传输和电子化管理。

　　电子公文处理系统就是利用电脑网络功能，实现从公文的起草、审核、批示、分发及来文登记、归档、承办、传阅等一系列综合性的公文流转全程管理。在办公自动化系统中，公文处理是较为复杂的一个子系统，其复杂度体现在两个方面：首先公文系统是一个纵向、横向交错的综合结构的系统，从纵向看，公文系统被多级组织共同使用，从横向看，公文系统被同级的多个职能部门共同使用，不同组织级别的公文系统具有不同的特点；其次公文处理流程具有多样化的特性，一般来说，不同组织级别的公文处理流程不同，由于受到多个方面的因素的影响而变得复杂多样。

　　实施公文处理电子化，需要既熟悉公文处理业务，又掌握现代信息技术的复合型人才。电子公文处理系统将公文的制发、审签、运转、传输等各个环节电子化、网络化，这就要求各环节、各部位的人员，包括审核、签发文稿的领导同志都能够掌握电脑操作技能。

点滴积累 ∨

　　　　纪要用于记载、传达会议情况和议定事项，是根据会议记录和会议文件以及其他有关材料加工整理而成的，它是反映会议基本情况和精神的纪实性公文。

目标检测

一、单项选择题

1. 下列内容,在规定性文件中均包括的是(　　　)

　　A. 标题、主送机关、正文、领导签署

　　B. 标题、主送机关、发布或通过或批准的日期、正文

　　C. 标题、发布或通过或批准的日期、章题

　　D. 标题、正文、领导签署、章题

2. 撰写决定、讲话稿等,选择表达方式侧重(　　　)

　　A. 议论　　　　　　B. 说明　　　　　　C. 论证　　　　　　D. 叙述

3. 以上请示事项(　　　),请即批复

　　A. 如有不妥　　　　B. 如无不妥　　　　C. 可否妥当　　　　D. 当否

二、判断题

1. 机关实用文体开头的方法主要有平实的与艺术的两大类。（　　）

2. 联合下发的公文,联合发文机关都应加盖印章。盖印要正、清晰,做到上不压正文,下不压成文日期。（　　）

3. "函"属于公文中的证明性文件。（　　）

4. 调查报告属于公文中的规范性文件。（　　）

（张月亮）

第四章

医药经济类文书写作

导学情景 ∨

情景描述:

目前,我国医药卫生事业改革取得了重要的阶段性成效,产品种类、数量、生产工艺水平有了很大提高。 国内及国际医药领域经济活动日益增多,已有多个国家与我国签订了包含中医药内容的政府协议或专门的中医药合作协议,中医药对外医疗、教育、科技合作不断扩大,已传播到全世界160多个国家和地区。 这些经济活动都将有利于中国医学界与世界接轨,进一步扩大国内外市场,繁荣我国的医药文化。

随着改革的进展,医疗卫生和食品药品纠纷案件也时有发生,《最高人民法院关于审理食品药品纠纷案件适用法律若干问题的规定》已于2014年3月15日起施行。

学前导语:

可见在经济活动日益频繁的情况下,合同等经济类文书的使用势必增多,如果撰写不够合理、规范,就会引起诸多纠纷。 因此医药工作者在发展医药事业的同时还应注意规范运用相关经济类文书,如条据、合同、协议书、意向书、招标书、说明书、广告文案等,从而有效避免日后的种种经济纠纷。

第一节 条据

一、条据的概念

条据是便条、字据的统称,即人们在日常生活及工作中,为说明清楚某件事情的目的、原因而写下的简明的解释文字;或者是在办理涉及钱财、物品等重要事情时立下的证明、凭据。它是处理日常临时事务时使用的一种简单的应用文。

条据的适用范围较广,既可用于日常生活之中,又可用于医药经济活动之中;既可用于单位与单位之间,又可用于个人与个人之间、个人与单位之间,使用率较高。

二、条据的种类

根据条据的内容,可分为两大类:凭证性条据、说明性条据。

（一）凭证性条据

此类条据在经济活动中具有法律效力,可以作为凭证,分为收条、借条、欠条、领条、发条等,是本节介绍的重点。

1. 收条 收条是单位或个人在收到钱款财物时写给对方的条子,也叫收据。单位出具的收据往往是二联或三联单(第一联是存根,第二联或第三联加盖公章后交给付款人作为已交款的凭证)。

2. 借条 又称借据,是向个人、单位借用现金或财物时写给对方的条据,是一种凭证性文书。还款、还物时要索回条据,或者让对方写一张收据留存。

3. 欠条 欠条就是指单位或个人因欠别人的钱物而开给对方的条据。

欠条和借条有所不同,借条往往用于直接借钱物,而欠条常常是对所借钱物不能还清时所立的字据。概括来讲,借条就是达成的借款或借物的合同,欠条就是书写人出具的证明其已经借到款项或物品而无法当场归还的凭证。

4. 领条 领条是指由个人向机关团体、单位或是由下级向上级领取钱物时所出具的条据。

5. 发条 发条是卖方在遇到财务手续问题或打折让利时写给顾客的作为提货和报销的凭据,作用与发票相同。但发条一般是在财务不规范的情况下所使用的一种凭据,目前已逐渐被正规的发票所取代,使用率极低。

(二)说明性条据

此类条据在经济活动中主要是为了告知信息、说明事件,可分为请假条、留言条、托事条、催索条等。说明性条据不具有法律效力,因而不具有所说的法律上较强的凭证作用,但有时也会对生活及工作产生一些证明的作用,如请假条能够证明对纪律的遵守,留言条、托事条、催索条能证明对受事人的重视或信任等。

1. 请假条 请假条是当有原因不能参加某项工作、学习、活动时,向领导或师长等负责人请求准假的条据。

2. 留言条 留言条是有事情要告知某人,可却无法亲见时所使用的说明情况的条据。

3. 托事条 托事条是委托他人帮忙办理某事并且往往由他人代为转交时所写的条据。由于托事条的目的是有求于人,因此在撰写时务必要详细说明所托之人、所托之事、具体要求及本人身份等,用语委婉、礼貌。

4. 催索条 催索条是单位或个人向对方借出钱物,约定归还日期已过但对方没有归还而写给对方以作提醒的条据。

此外,根据条据的书写形式还可分为文字式条据和表格式条据。文字式条据的优点是语言简洁、形式较灵活;表格式条据的优点是条目清楚,往往不容易有内容上的遗漏。

三、条据的特点和作用

(一)条据的特点

1. 简明性 条据往往开门见山,写清事实即可,言简意赅。对所涉及钱物的数量、时限等信息要写得清楚、明确,不可虚假浮夸,不可有含混不清或歧义的语句,不用分析说理。

2. 规范性 条据尤其是凭证性条据是具有法律效应的,因而虽然结构简单,但为保障其凭证性,文面必须整洁,格式应该规范、准确,以避免引起日后不必要的经济纠纷。当然说明性条据也应格式规范、书写认真,应表现出对受事者的尊重。

(二)条据的作用

凭证性条据是财物变动的凭证。如借条、欠条、领条、收条、发条等,都对财物的出入变动、数量变化做了详细记载,是解决经济问题的重要依据。说明性条据能够帮助人们简便、快捷地传递信息、沟通交流。

四、条据的写作格式

文字式条据的结构一般由文首、正文、落款三部分组成。

(一)文首

1. 标题　条据首行居中写明具体种类,如借条、欠条等。标题有时可以省略,与书信类应用文十分相似。

2. 称谓　条据第二行开头写对方(个人或单位)的名字或名称,最好写全名或全称,如果称谓放在正文中进行表述,此项可省略。

(二)正文

正文可由"今收(借、领)到""已收(领)到""现收(借、领)到""兹借到""暂欠"等领起,然后引出文中涉及钱、物的具体信息,如名称、数量、规格、质地、归还期限等。钱、物的金额后面要写上"整"字,数字前不留空白,数字后面要写量词,如"元""个""双""斤"等,以防添加或涂改。如果是代收或代领等,则在"收到"或"领到"等的前面加上一个"代"字。

正文之后,另起一行,可空两格写"此据"二字,也可省略不写。

(三)落款

在正文右下方署明写条据者的姓名,隔一行写日期。涉及经济事务的条据,落款中的年、月、日等信息通常不可省略,有时还要加盖公章或私章。

表格式条据的写作比较方便,只要根据表格所示的内容填写即可。单位间或单位与个人间经济事务的往来通常都使用统一印制销售的表格式条据,如收据、借据等。

五、条据的写作要求

(一)措词准确,表意严密

措词准确,语气得体,符合事务语体的要求,避免文字失误或歧义。涉及财物的凭证性条据要写明名称、规格、数量;涉及金钱的要写明金额,使用汉字大写,或者同时用阿拉伯数字标注,数字前不留空白,数字后要加量词,如"元""吨""米"等。"元"后面要写上"整"字,以防被他人恶意添加、篡改。

(二)格式标准,写作规范

凭证性条据一旦签字,对签字的各方就有了约束力。因此,条据事项的表述是否准确、严密、完备,关系到当事人的切身利益,影响经济纠纷时对问题的公正裁决。所以,撰写条据时必须正确掌握规范的格式与写法,态度认真谨慎,避免留给他人篡改的机会。

1. 尽量用电脑排版打印。如若手写,字迹一定要清楚规范,要使用黑色钢笔或签字笔书写,不可用圆珠笔、可擦笔或易褪色的墨水书写。还要避免形近字的误写、误用,如"买"与"卖"、"货"与

"贷"等。如若请别人或由对方撰写字据,应仔细核对,不能草率签字盖章。

2. 如果当事人发现遗漏或错误,不可随意涂改,应该在签字前另立一据或在文中的涂改处加盖印章,以示负责。正文与落款之间的空白不宜过大,以防被持有者增添补写其他内容。

3. 落款中的当事者姓名书写要准确无误,不可有姓无名或有名无姓,也不可用同音字、同义字代替,要以户籍名字为准,签名不能代签,否则会失去法定效力。

4. 需要留印章的条据,印章使用要规范,不能由手印代替,否则发生纠纷时很难认定责任。

▶ 课堂活动

1. 写条据应该用什么笔书写? 可以用铅笔、圆珠笔和红墨水笔写吗?

2. 条据写成后一般不可涂改,但如果确实需要修改,应该怎么办?

3. 假设你所在的班级排演某个舞蹈节目,需向某文艺团体借某种演出服装若干套,演出后归还。请根据以上内容,拟写一个借条。

4. 自拟内容,写一张请假条。

六、例文和分析

例文一:收条

收　条

今收到王××归还的借款伍佰元整(小写:500 元整)。

××××职业学院

经办人:王××(签字)

2017 年 1 月 5 日

分析:

1. 标题在第一行正中,为条据的类别。如标题为两字时,两字间要空一字符。

2. 正文开头可由"今收到"或"兹收到"等引导,钱物要清点准确,数额通常应分别标注大、小写。

3. 落款要写明接收方单位或个人的名称,日期要详细,最后加盖公章及私章。经办人姓名前可标注"经办人""经手人"等字样。

例文二:借条

借　条

今借到××医药股份有限公司现金 120300 元整(大写:壹拾贰万零叁佰圆整),年利率 5.00%,借期壹年,2018 年 3 月 4 日前本息一并归还。

此据

××医药公司(公章)

经办人:刘×(私章)

2017 年 3 月 4 日

分析：

1. 正文要依次写清被借方的姓名、所借物品的名称、数量、材质、规格、借期、归还时限等情况。涉及钱款的要写清有无利息、利率多少，文后加"此据"二字。

2. 日期要详细。

例文三：欠条

欠 条

欠××医药公司货款共计贰万元整，今已付伍仟元整，尚欠壹万伍仟元整，于 2016 年 12 月 30 日前结清。

××药店（公章）

经办人：赵×（私章）

2016 年 8 月 10 日

分析：为防篡改，条据的正文与落款之间往往间隔不宜过大，有时可空 1~2 行或不空行。

例文四：领条

领 条

今领到办公室发放的三八妇女节礼物：××牌颈椎保健枕共计二十个。

此据

经手人：采购部张×

2016 年 3 月 7 日

分析：这是单位内部使用的条据，经手人签字比较重要，日期用阿拉伯数字书写也可。

例文五：发条

发 条

今卖给××医药科技有限公司三七粉贰斤，每斤价伍佰元，共计人民币壹仟圆整。

××中药饮片厂

经手人：李××（盖章）

2016 年 7 月 4 日

分析：

1. 标题也可用"今卖给""今售给"来代替。

2. 文字要简洁，篇幅短小精悍，条面整洁。

知识链接

法 条 解 释

1. "借条""欠条"和"收条"3 种字据一般多用于个人间的经济往来，签订时双方当事人最好请没有利益关系的第三人作为证人，并在落款处署名。同时最好在字据中体现双方当事人的身份证号码，这样可以避免不必要的纠纷。 债务人签名时，债权人应亲临现场。

2. 如果借款人在条据所约定的还款期限内没有还清借款，按照《中华人民共和国民法通则》第一百三十五条规定："向人民法院请求保护民事权利的诉讼时效期限为两年，法律另有规定的除外。"所以诉讼时效期均从其注明的还款期限之次日起开始计算，为两年。 出借人可以自约定的还款期限届满之日起两年内向法院提出起诉，超过两年，就超过了诉讼时效，对方提出了时效抗辩，法院就不予以支持诉讼请求（根据 2017 年 10 月 1 日起施行的《中华人民共和国民法总则》第一百八十八条规定："向人民法院请求保护民事权利的诉讼时效期间为三年。 法律另有规定的，依照其规定。"2017 年 10 月 1 日之后的诉讼时效将改为三年）。

点滴积累 ╲╱

条据撰写时要注意避免他人篡改、文字失误或歧义，使用时要注意程序的规范性。

第二节　意向书与协议书

一、意向书与协议书的概念

意向书是指当事人双方或多方在处理经济、政治、军事、文化思想、民事纠纷等事务时，经过初步协商而达成一致意向的文书。意向书表达了当事人各方的初步观点或想法，为进一步正式签订协议、签署合同奠定了基础，是"协议书"或"合同"的先导。意向书多用于经济技术的合作领域，虽然不具备合同的法律约束力，但能够表明签署人对此项活动的严肃态度。

协议书有广义和狭义之分。广义的协议书是指社会团体或个人处理各种社会关系、重要事务时常用的"契约"类文书，包括合同、条约、联合声明等。狭义的协议书是指经济活动中当事人通过充分协商后，一致同意订立的有关权利与义务的规定，这种协议的内容表达、法律效力、社会效果等方面与合同是相同的，两者同属经济类文书，都维护了当事人的合法权益，都具有法律效力，联系十分密切。协议可以成为当事人订立某项合同愿望的草签意见，合同则是落实这意见的具体表现。与意向书相比，协议书体现的协商观点更深入、合作款项更趋于成熟（本节介绍的协议书是指狭义的协议书）。

二、意向书与协议书的种类

意向书与协议书按合作关系的不同可分为多种类型：加工承揽意向书（或协议书）、建设工程承包意向书（或协议书）、货物运输意向书（或协议书）、财产保险意向书（或协议书）、科技协作意向书（或协议书）等。

按两者的订立形式还可分为口头意向书（协议书）与书面意向书（协议书）两类。口头协议书虽具有法律效力,但因其举证困难、发生纠纷的概率高,一般不予推荐。

三、意向书与协议书的特点和作用

（一）意向书的特点

1. 简略性　意向书表述的内容只是当事人各方协商的大致思路,在正式签订合同时还要进行不断地补充、完善。

2. 灵活性　意向书不像协议、合同那样一经签署便不能随意更改,意向书比较灵活,协商过程中当事人各方均可按照各自的想法和目的提出意见,在正式签订协议、合同前亦可随时进行商讨,对条款进行变更或补充,最终达成协议。

3. 临时性　意向书是一种临时性的协商文书,是当事人之间意向性洽谈后的产物,法律效力低,对任何一方都没有约束力,不具备协议书、合同那样的法律效力。

（二）意向书的作用

1. 可以向政府主管部门上报备案,作为立项的有力根据。

2. 可以作为合作各方进行深层谈判的原始基础和依据。

3. 有利于合作各方开展后续工作。

（三）协议书的特点

1. 法律性　协议书一旦签订便不可随意更改,具备了一定的法律效力。

2. 简略性　条款的内容表述应简洁,只需将必备的主要内容清楚地传达出来即可。

（四）协议书的作用

订立协议书的目的是为了更好地从制度乃至法律上将双方协议所承担的责任固定下来。作为一种能够明确彼此权利与义务、具有约束力的凭证性文书,协议书对当事人各方都具有制约性,能够监督当事人信守诺言、不轻率反悔,它的作用与合同基本相同。

四、意向书与协议书的写作格式

意向书与协议书的结构都由文首、正文、落款构成。

（一）文首

1. 标题

(1)由合作单位、项目名称加文种构成,如《中国××公司、美国××公司合作经营药厂意向书》或《中国××公司、美国××公司合作经营药厂协议书》。

(2)由项目名称加文种构成,如《收购××医药连锁有限公司意向书》或《收购××医药连锁有限公司协议书》。

(3)省略合作单位、项目名称,直接由文种构成,如《意向书》或《协议书》。

(4)由"关于"二字加项目名称,再加文种构成公文式标题,如《关于合作经营华氏药厂的意向书》或《关于合作经营华氏药厂的协议书》。

2. 编号　意向书(或协议书)一般要依据公司内部习惯和相关文书编号管理方法来进行编号,

如先按文书内容分类,然后再按照日期先后顺序编号的方法较常用。有时此项也可省略。

3. 当事人各方名称 标题下另起一行并缩进两格注明合作单位或个人的全称和姓名,前面可由"甲方""乙方"或者"供方""卖方"和"需方""买方"等引导。有时此处省略各方名称,将其放在正文引言部分与具体内容一起说明也可。

（二）正文

正文通常由引言、主体、结尾三部分构成。

1. 引言 写明合作各方的单位名称、商洽时间、地点、合作原则、相关事项等,然后用"现达成如下合作意向""双方达成意向如下"或"双方经过充分协商,特订立本协议"等承接,引出主体内容。有时合作各方的名称也可与合同一样,在标题之下、正文的左上方或正上方标注。

2. 主体 分条款写明达成的意向性意见或协议观点,一般包括如下内容:合作企业或项目的名称和拟定地址;合作企业或项目的规模和经营范围;各方的投资金额比例;利润分配和亏损分担;原料、设备、技术、企业用地等各由何方提供;合作事项的实施步骤;合作企业的领导体制;合作期限等。

3. 结尾 意向书在结尾往往要说明意向书的份数、生效日期等有关事项,也可写明"未尽事宜,在签订协议书或正式合同时再予以补充"等语句,以便于留有商讨的余地。而协议书的结尾往往要强调说明"经公证机关公证"或"某些条款实现后方具有法律效力"等事项。

（三）落款

签署意向书或协议书各方单位的法定名称、法定代表人姓名、日期等,最后加盖公章、私章。

五、意向书与协议书的写作要求

（一）语言准确,项目清楚

意向书与协议书的语言表述要具有逻辑性,还应注意保持原则性。不可违反国家的政策法规,也不能承诺属于上级部门和其他部门才能解决的问题。意向书的各项条目要考虑周全,写作时内容应忠实于洽谈结果,这样才能为签署较成熟的协议书奠定基础。

（二）平等互利,态度端正

意向书与协议书都是为了让当事双方的利益最大化,因此各项条款都应本着公平公正的原则,互利共赢。双方态度要端正,不可因意向书没有约束力就可随意签订,对关键问题也不宜作出轻易承诺,以免被动。

▶ **课堂活动**

1. 根据本节所学的知识,起草一份股东合作协议书。

2. 某公司就一招商引资项目与当地政府达成合作意向,请根据所学的知识起草一份项目合作意向书。

六、例文和分析

例文一:意向书

××肿瘤相关检测产品分销代理商意向书

甲方:××生物科技有限公司

乙方:××医疗器械有限公司

甲、乙双方经互相了解,意向在基因测序技术的肿瘤相关检测服务领域达成合作,并就进一步推进合作达成以下共识:

1. 本意向书的签署意味着乙方有意成为甲方肿瘤相关检测服务产品的授权分销代理商;甲方经初步审核(初审)认为乙方符合甲方选择分销代理商的基本要求。

2. 双方同意在本协议框架基础上就合作的细节进一步磋商,双方的合作以达成基于本意向书形成的各方能够接受的《分销代理协议》为法律文本。

3. 本协议签署意味着双方同意互相接受对方就己方资质、业绩与背景情况所进行的考察,并同意互相给予充分的配合。双方均有责任和义务对双方互相考察及合作谈判过程中直接或间接获得的以任何媒介载体体现的他方信息,包括但不仅限于他方的财务信息、技术信息、产品信息及核心成员背景,承担保密责任。各方都有权根据本方商业机密保密级别拒绝向对方提供特定信息。

4. 在双方完成互相考核,并愿意就《分销代理协议》进行谈判时,意味着双方同意:甲方将基于《分销代理协议》授权乙方在特定城市行政区划范围内经营甲方的肿瘤个性化治疗检测服务产品和遗传性肿瘤检测服务产品的独家分销代理权;乙方将基于《分销代理协议》承诺在双方合作期内不得分销代理任何第三方的同类检测产品或检测服务产品。

5. 甲方同意,一旦基于本意向书的合作达成,在乙方授权分销代理区域内,甲方所有已授权乙方经营的项目都将通过分销代理商面向医疗单位和最终用户的直接销售。甲方不得在乙方授权分销代理区域内授权其他分销代理商分销代理已向乙方授权分销代理的产品,或直接与乙方以外的任何第三方达成直接交易。此款对甲方透过互联网销售的任何产品均不构成约束。

6. 乙方同意严格遵循甲方指定的程序和规范收集、保存和转运样本,登记用户信息和向用户提交检测报告。

7. 在双方签署《分销代理协议》后,乙方应委派专职销售人员接受甲方专业培训。乙方同意,只有经过甲方培训并考核合格的销售人员才能够承担甲方肿瘤相关检测产品的销售工作。甲方将会在为乙方组织的产品推广或销售活动中提供必要的专业支持。

8. 双方均有义务敦促和监督己方员工尽力维护对方的商业信誉、市场形象和公众声誉,避免任何有可能损害对方商业利益和市场形象的行为。

甲方:××生物科技有限公司	乙方:××医疗器械有限公司
授权签字人:	授权签字人:
联系电话:	联系电话:
×年×月×日	×年×月×日

分析：

1. 正文引言部分写明了合作双方当事人单位的全称,简洁地交代了达成该意向书的目的。

2. 正文主体部分的条款写明了达成的意向性意见。

3. 正文第二条充分体现了意向书临时性的特点。

例文二:协议书

××产品代理协议书

协议编号:

甲方:××药业有限公司

乙方:××医药有限公司

甲乙双方根据国家有关法律、法规的规定,本着平等互利、共同发展的原则,达成如下协议,双方同意严格遵守本协议的各项条款。

一、授权经营

1. 甲方授权乙方作为甲方××省以下医院的代理商。

2. 授权区域及医院

序号	区域名称	医院名称	医院等级	目标销量/月
1				
2				
3				
4				

3. 乙方代理的产品、价格

序号	品名	规格	单位	代理价(元)	中标价(元)	零售价(元)
1						
2						
3						
4						

二、合同指标

1. 任务量

(1)乙方合同期任务量为××元(××件)。

(2)月均任务量为××元(××件)。

2. 考核周期

本协议以六个月为一个考核周期,考核细则:

(1)如乙方正式启动市场后连续六个月未能达标,甲方有权终止协议,并另行招商。

（2）如乙方连续六个月完成总体任务但区域内仍有空白医院或有授权医院没有达到目标销量，甲方有权对该医院另行招商。

三、任务保证金

1. 任务保证金是指乙方在享受甲方有条件市场支持的前提下，为完成双方约定的销售任务而交纳的任务保证金，如乙方不交纳销售任务保证金，则不享受甲方有条件市场支持。

2. 乙方交付任务保证金××元，在本协议签订之日，乙方须一次性全额交纳任务保证金。所有的保证金必须汇往甲方指定的账户。收到后甲方将开具收据。

3. 协议效力终止后，乙方若完成协议任务销量，如市场无其他遗留问题，甲方在一个月内全额退还任务保证金；乙方如若未完成协议任务销量，乙方需将任务保证金全部作为违约金支付给甲方。

四、折让

1. 折让是指乙方不交纳任务保证金的情况下，甲方按照全国统一代理价格供货，在未完成任务前，不享受甲方任何市场支持。

2. 如乙方在协议期完成协议销量，协议期终止后，甲方在一个月内按照××元给予乙方折让。

3. 如乙方未完成协议销量，协议终止后，甲方不给予乙方折让。

五、货款支付方式

1. 进货方式均为先款后货，甲方收到乙方货款后三个工作日内（遇有洪水、地震等不可抗拒的自然灾害例外）向乙方发出货物。

2. 首批进货，甲乙双方在签订协议十日内，乙方须将首批货款全额汇入甲方账户。逾期未能交纳上述款项，则视为乙方自动解除协议。甲方有权终止本协议并在该地区重新招商。乙方须将市场保证金作为违约金支付给甲方。

六、发货及货物验收

1. 协议交货地点：××货运站（港）。

运输方式：航空、铁路或公路运输。

运费：到达"协议交货地点"的运费（航空、铁路或公路的运费），由甲方承担。到达"协议交货地点"以后的一切费用由乙方承担。

2. 甲方保证产品质量、数量，并按期发货。乙方在收到货物时，应在收货现场及时验收货物品种、数量、批号及包装情况，并在货单上签字确认。如果发现问题须得到承运方的确认并出具证明文件，当日向甲方提出异议，否则视为验收合格。

七、甲乙双方的权利和义务

1. 甲方

（1）甲方有权检查乙方医院开发和维护情况，发现问题及时向乙方通报并要求及时解决或改善，乙方须给予积极支持和配合。

（2）甲方须维护乙方合法权益，帮助乙方解决在经营中出现的相关问题。

2. 乙方

（1）乙方应当严格按照协议规定的产品价格进行销售，不得以任何名义变价倾销产品，杜绝不正当竞争。

（2）乙方应当严格遵守国家药品经营的有关法律、法规,不得违章经营。

八、协议的终止与续签

1. 双方解约时,乙方应退还所有甲方文件、资料等,并对甲方经营内容承担保密义务。

2. 续签协议:本协议自然终止后,甲乙双方本着自愿原则可另行签署新的协议,乙方在完成本协议经销计划的情况下有优先签约权。

九、其他条款

1. 本协议履行过程中发生争议可协商解决,协商未果的由申请方所在地法院管辖。

正文最后一则条款往往要对争议及未尽事宜等作一些必要说明。

2. 协议未尽事宜,由双方协商后签署补充协议,补充协议和协议附件与协议正本具有同等法律效力。协议附件与协议配套,具有同等法律效力。

3. 协议有效期:××年××月××日至××年××月××日。

4. 本协议自双方签字盖章后生效,甲方签章以甲方公司公章为准,合同章无效。

5. 本协议一式三份,甲方二份,乙方一份。

甲方:	乙方:
法定代表人:	法定代表人:
授权经办人:	授权经办人:
地址:	地址:
电话:	电话:
邮编:	邮编:
开户行:	开户行:
账号:	账号:
甲方签字(盖章):	乙方签字(盖章):
签约日期:	签约日期:

分析:

1. 协议书文首部分写明合作双方的单位或个人名称,故而正文只称甲方、乙方即可。

2. 正文主体部分的有些条款借助相关表格来表达,清晰明确。

3. 落款与正文之间一般不留过大的间距,以防他人添加篡改。

知识链接

意向书和协议书的区别

1. 性质作用不同 意向书没有法律效力,属草约性质;协议书具有法律约束力,属契约性文书。

2. 内容要求不同 意向书的内容较概括粗略,具体意见和细节尚需考虑斟酌;协议书的内容较具体,并且有违约责任一项。

点滴积累 ∨

　　意向书与协议书都应分条款写明达成的意向性意见或协商观点，条理清楚，避免重要项目的遗漏。

第三节　合同

一、合同的概念

　　我国于 1999 年 3 月 15 日第九届全国人民代表大会第二次会议上通过了《中华人民共和国合同法》（以下简称《合同法》），并于当年 10 月 1 日起实施。该法第一章第二条规定了合同的概念："合同是平等主体的自然人、法人、其他组织之间设立、变更、终止民事权利义务关系的协议。"

　　合同的签订方可以是单位与单位、单位与个人或个人与个人，合同关系是一种法律关系，具有强制性，一经签订，各方当事人都要严格遵守、认真执行，不能单方面修改或废止。

二、合同的种类

　　1. 有名合同与无名合同　根据合同法或者其他法律是否对合同规定有确定的名称与调整规则为标准，可将合同分为有名合同与无名合同。有名合同是立法上规定有确定名称与规则的合同，又称典型合同。如《合同法》在分则中规定的买卖合同、赠与合同、借款合同、租赁合同等 15 种合同。无名合同是立法上尚未规定有确定名称与规则的合同，又称非典型合同。区分两者的法律意义在于法律适用的不同。有名合同可直接适用《合同法》分则中关于该种合同的具体规定。对无名合同则只能在适用《合同法》总则中规定的一般规则的同时，参照该法分则或者其他法律中最相类似的规定执行。

　　2. 单务合同与双务合同　根据合同当事人是否相互负有对价义务为标准，可将合同分为单务合同与双务合同。此处的对价义务并不要求双方的给付价值相等，而只是要求双方的给付具有相互依存、相互牵连的关系即可。单务合同是指仅有一方当事人承担义务的合同，如赠与合同。双务合同是指双方当事人互负对价义务的合同，如买卖合同、承揽合同、租赁合同等。区分两者的法律意义在于，因为双务合同中当事人之间的给付义务具有依存和牵连关系，因此双务合同中存在同时履行抗辩权和风险负担的问题，而这些情形并不存在于单务合同中。

　　3. 有偿合同与无偿合同　根据合同当事人是否因给付取得对价为标准，可将合同分为有偿合同与无偿合同。有偿合同是指合同当事人为从合同中得到利益要支付相应对价给付（此给付并不局限于财产的给付，也包含劳务、事务等）的合同。买卖、租赁、雇佣、承揽、行纪等都是有偿合同。无偿合同是指只有一方当事人作出给付，或者虽然是双方作出给付但双方的给付间不具有对价意义的合同。赠与合同是典型的无偿合同。另外，委托、保管合同如果没有约定利息和报酬的，也属于无偿合同。

　　4. 诺成合同与实践合同　根据合同成立除当事人的意思表示以外，是否还要其他现实给付为标准，可以将合同分为诺成合同与实践合同。诺成合同是指当事人的意思表示一致即可认定合同成立的合同。实践合同是指在当事人的意思表示一致以外,尚须有实际交付标的物或者有其他现实给付行为才能成立的合同。确认某种合同属于实践合同必须法律有规定或者当事人之间有约定。常见的实践合同有保管合同、自然人之间的借贷合同、定金合同等,但赠与合同、质押合同不再是实践合同。区分两者的法律意义在于除了两种合同的成立要件不同以外,实践合同中作为合同成立要件的给付义务的违反不产生违约责任,而只是一种缔约过失责任。

5. 要式合同与不要式合同　根据合同的成立是否必须符合一定的形式为标准,可将合同分为要式合同与不要式合同。要式合同是按照法律规定或者当事人约定必须采用特定形式订立方能成立的合同。不要式合同是对合同成立的形式没有特别要求的合同。确认某种合同属于要式合同必须法律有规定或者当事人之间有约定。

6. 主合同与从合同　根据两个或者多个合同相互间的主从关系为标准,可将合同分为主合同与从合同。主合同是无须以其他合同存在为前提即可独立存在的合同,这种合同具有独立性。从合同又称附属合同,是以其他合同的存在为其存在前提的合同。保证合同、定金合同、质押合同等相对于提供担保的借款合同即为从合同。从合同的存在是以主合同的存在为前提的,故主合同的成立与效力直接影响从合同的成立与效力,但是从合同的成立与效力不影响主合同的成立与效力。

三、合同的特点和作用

(一) 合同的特点

1. 合同是双方或多方当事人共同的法律约定　首先,合同必须在双方或多方当事人意见协调一致的情况下订立,否则合同就不能成立;其次,签订合同的双方或多方当事人必须具有合法的资格,即具有签订合同的权利能力和行为能力。

2. 合同双方或多方当事人的法律地位平等　合同双方或多方当事人的法律地位是平等的,任何一方都不得将自己的意志强加给对方,任何组织和个人也不得非法干预。采取胁迫手段所签订的合同是无效合同。

3. 合同当事人的权利和义务是相互的　当事人双方签订合同是为了实现一定的经济效益等目的,实现互利互惠,因而双方的法律地位是平等的,权利和义务也是相互的。

4. 合同一旦订立,就具有法律效力　订立合同是一种法律行为,其内容必须符合国家法律、法规和政策的规定,而且有的合同要经相关公证机关公证后才能得到法律的认可和保护。同时合同的法律约束力还表现为任何第三者不得对依法设立的合同关系进行非法的干预和侵害。

(二) 合同的作用

1. 有利于保护合同当事人的合法权益不受侵犯。

2. 用于维护社会经济秩序稳定。

3. 有利于加强企业的经营管理。

4. 用于发展国内贸易、对外贸易,促进经济技术交流合作。

四、合同的写作格式

在人们长期的应用过程中,合同逐渐形成了相对固定的格式,主要分文首、正文、落款三部分。

(一) 文首

1. 标题 标题一般应表明合同涉及的项目内容,一般由"项目的主要属性"加"合同"两字组成,如《购销合同》《技术转让合同》等;有时还需要进一步写出具体内容,如《××感冒药购销合同》《××药品技术转让合同》等;有时也可省略合同的项目内容,只写《合同》二字。

2. 合同编号 编号应符合公司或单位要求,规范准确。

3. 当事人各方名称 当事人各方的单位名称或姓名应用全称,不可轻易省略,与正文表述一致。如若用简称,应在文中提前标注,如"以下简称××"。

(二) 正文

1. 引言 通常先说明签约的目的、原因或依据,一般用"为了……""根据……""经过双方充分协商,特签订本合同,以资共同信守"等引领下文。

2. 主体 正文主体部分应按经济合同的要素逐项进行具体说明,主要包括以下内容:合同的标的、数量、质量、价款或者报酬,履行期限、地点和方式,违约责任,解决争议的办法等。最后写清合同的份数和有效期。具体如下:

(1)标的:双方当事人的权利义务共同指向的对象。如保管合同的标的是财物,运输合同的标的是行为,技术转让合同的标的是智力成果。

(2)数量:指衡量合同当事人权利义务大小的尺度,通常用数字和计量单位来表示。

(3)质量:包括涉及物品的规格、性能、款式、标准、材质等。

(4)价款或者报酬:价款是取得标的物应当支付的代价,报酬是获得服务应当支付的代价。款项应具体明确。

(5)履行期限、地点和方式:指履行合同的时间限度、交付标的物的方式、支付价款的方式等。

(6)违约责任:承担违约责任的主要方式有支付违约金、赔偿损失。

(7)解决争议的办法:当事人关于解决争议的程序、方法等的约定。

(8)合同的有效期:一般要在正文各条款写完后另外注明"本合同自双方代表人签章日起生效"。

(9)条款未尽事宜的处理办法。

(10)合同的份数和保存:一般写为"本合同一式两份,甲、乙双方各执一份为据"。

3. 结尾

(1)双方信息:注明合同双方单位地址、电话号码、电报挂号、邮编、开户银行和账号等以便于联系之用。

(2)附件:合同如果有表格、图纸等附件,应在正文后另起一行写上"附件"两字,随后注明表格、图纸等附件的标题与件数。

(三) 落款

在正文右下方签署双方单位名称、代表人姓名,加盖印章,最后签署具体日期。

有的合同此处还有鉴(公)证意见、经办人签字、鉴(公)证机关署名印章。

五、合同的写作要求

(一)条款合理

合同订立前应熟悉有关法律法规和方针政策,精通业务,全面了解行业最新发展情况,在公平、公正、公开的原则下确定合同条款。

(二)态度明确

合同撰写时,双方表态应明确,内容表述具体周密,防止语意模糊或有歧义而造成不必要的纠纷。

另外,签订合同前还要关注对方是否具有签约主体资格、经营权、履约能力及受委托和委托代理的事项、权限。合同的履行要由当事人双方单位负责人负责,因此一般的合同必须经当事人双方单位负责人认可,重要的合同须由双方单位负责人直接签订。单位负责人不可随意选择和委托他人经办合同事务,也不代签相关合同,更不超越自己的经营范围。

▶ **课堂活动**

2014年2月12日,新疆和田地区于田县发生7.3级地震,不仅威胁了当地人们的生命安全,对当地及周边地区的经济也带来了很大的损失。李先生承包了该地附近一处旅游景点的宾馆,每年交费30万元。长年以来生意一直红火,但自地震发生后,旅游业受到很大影响,宾客减少,效益降低。李先生认为地震是不可抗拒的天灾,要求发包方修改合同,减免税费,却遭到拒绝。

请同学们分组讨论并分别代表承包方与发包方洽谈此事,然后根据所提供的资料续签一份合同。

六、例文和分析

例文一:正确例文

药品经销协议

甲方:××生物制药有限公司

地址:

乙方:××医药有限公司

地址:

甲乙双方本着平等自愿、协商一致、共同发展的原则,根据《中华人民共和国合同法》《药品流通监督管理办法》及其他有关法律法规的规定,为更好地促进双方的合作发展和市场开拓,双方就业务合作有关事宜达成协议如下:

一、协议双方当事人资格要求

甲乙双方必须是证照齐全、有合法资格的企业或其他组织,本协议签订时双方应互相提供本企业加盖公章、有效地证照复印件,如上述证件有变更,须及时向对方提供更新后的有效证明文件。

二、经销权限和经销期限

1. 甲方同意乙方作为本协议约定的××产品(以下简称协议产品)××区域(以下简称经销区域)

的经销商,保证向乙方提供符合国家标准的协议产品。乙方应严格按照甲方所制定的销售价格体系进行销售。

2. 甲方授权乙方为经销商的期限为:自2017年1月1日至2017年12月31日,期满后如双方未提出书面异议本协议顺延执行一年。

3. 乙方的销售对象为乙方经销区域内的所有客户。

三、协议产品的价格和销售额

1. 产品名称、价格、数量规定

产品名称	规格	供货价 (含税:元)	中标价 (含税:元)	全年计划 销售量(盒)	计划销售 总金额(万元)
××分散片					
××口服液					
××注射液					

2. 乙方未经甲方许可不得低于进价销售协议产品给其他商业公司。

3. 乙方销售给医疗机构的价格按照实际中标价执行。

4. 如遇国家对甲方产品实行统一降价,乙方销售到医疗机构的当时库存及乙方自己的当时库存的损失由甲方承担,其他损失由双方协商解决。

四、供货方式及货款支付

1. 在协议期间,乙方根据自身需要与甲方签订《药品销售合同》,分批次购进协议产品。

2. 甲方负担药品运输途中的保险费及运费,负责将药品送至××医药有限公司验收库,地址:××省××市××区××路××号。

3. 甲方给予乙方90天的账期,账期自乙方收到甲方《药品销售合同》约定的全部药品及发票的日期起算。

4. 乙方以支付银行承兑汇票方式向甲方支付货款。

五、药品的验收

1. 乙方收到药品时,应详细检查药品的包装和数量,应如实在运输单据上签收。乙方在运输单据上的签收作为退、换、补货的重要依据。如外包装严重挤压、变形等,乙方应拒收药品。

2. 乙方应仔细对药品进行验收,如发现商品与所购买的商品不符或与送货单不符、破损、污染、过期等情况,应在收到药品后五天内通过书面形式通知甲方,并提供详细资料。甲方应于收到书面通知的五天内进行退、换、补货处理。

六、售后服务

1. 由于商品内在质量问题以及法律法规规定和国家政策规定必须退货的商品,甲方无条件给予退货。并承担因此给乙方造成的所有损失。

2. 甲方保证提供给乙方的药品有效期不小于一年,不接受有效期小于三个月的药品的退换货。但乙方销售到医疗机构后,医疗机构退回乙方的药品的退换货不受有效期不得小于三个月的限制。

3. 甲方对乙方在账期内的回款每季度给予乙方回款总额××%的返利作为奖励。如果乙方未按照规定账期付款,甲方有权取消奖励。返利款项以票面折让的形式开出。

七、双方的承诺和保证

1. 甲方向乙方供货产品应符合国家质量标准和有关质量要求,并随附产品合格证和药品检验报告。

2. 甲方保证向乙方不定期提供关于药品的相关市场情报;乙方应及时准确地为甲方提供其上月销售甲方产品的流向及库存信息。

3. 乙方必须根据法律及国家有关规定开展销售业务,如因违法而引起的法律后果由乙方自负。

4. 如货物运输中发生破损或短缺,甲方应凭借运输方的回执单予以妥善解决,乙方应给予积极配合。

5. 为保证双方账目的统一性、准确性,避免发生纠纷,保护双方的利益,甲方每年度制作往来业务对账单,乙方应给予配合对账。

八、合同终止

1. 若有如下情况,甲方有权随时终止履行合同:乙方的业务状况急剧下降;乙方转移资产已逃避付款义务;存在其他导致或可能导致乙方丧失其履行其义务能力的情况;乙方已丧失其信誉;乙方违反质量条款约定。

2. 若甲方有如下情况,乙方有权随时终止履行合同,停止支付货款:甲方产品被披露不合格;甲方已丧失其信誉,甲乙双方的合作难以进行;甲方被吊销药品生产经营相关的证照。

3. 若因自然灾害、战争、国家政策性干预或出现法律禁止性的相关规定等一切不可抗拒的原因需要终止本协议时,双方同意无偿终止本协议。

九、违约责任

1. 如乙方未能按照账期约定及时付款,甲方有权根据乙方的付款能力减少或停止发货,由此产生的全部后果,乙方自行承担。

2. 如甲方收到乙方确认的《药品销售合同》后,无故拖延发货,或无故未能按双方约定将货物运至约定地点,乙方有权要求甲方提供适当补偿。

十、不可抗力

如发生不可抗力事件,受不可抗力事件影响的一方应在事件发生后15个工作日内,及时通知另一方。另一方在收到通知后,根据不可抗力情况的轻重程度,允许延期履行或部分履行或不履行合同。

不可抗力指不能预见、不能避免、不能克服的客观情况,包括但不限于:地震、台风、洪水、火灾、爆炸、自然灾害等。

十一、争议解决

与本协议有关或因本协议的订立、履行而发生的任何争议,双方应首先本着友好协商的原则加以解决,协商应自乙方向另一方发出书面通知后立即开始,如在发出通知后 30 日内无法解决,任何一方均可将争议提交被告所在地有管辖权的人民法院裁决。

十二、其他约定

1. 本协议未尽事宜,由双方另行协商并盖章签署补充协议,所签署的补充协议与本协议具有同等法律效力。

2. 本协议及补充协议如有涂改,需在涂改处由双方加盖公章或合同专用章,否则涂改无效。

3.《药品销售合同》作为本协议的附件与本协议具有同等法律效力。

4. 本协议自双方签字盖章后生效。

5. 本协议一式两份,甲、乙双方各执一份,具有同等法律效力。

甲方:××生物制药有限公司　　　　　　乙方:××医药有限公司

法定代表人或授权代表:　　　　　　　　法定代表人或授权代表:

签订日期:2017 年 1 月 1 日

例文二:失误的例文

租 赁 合 同

出租方:××公司(以下简称甲方)

承租方:××公司(以下简称乙方)

根据《中华人民共和国合同法》及有关规定,为明确出租方与承租方的权利义务关系,经双方协商一致,签订本合同。

一、甲方将公司所属的一套位于×市×区×路×号×楼的门市房出租给乙方作为经营场所。

二、租赁期限:2015 年 7 月 1 日—2017 年 7 月 1 日共两年整。

三、乙方应于每月 20 日前支付下个月房租,否则按日支付应付款的千分之三的违约金,直到付款日为止。

四、本合同一式二份,合同双方各执一份。

五、本合同自签订之日起生效,有效期两年。

出租方(章):　　　　　　　　　　　承租方(章):

单位地址:　　　　　　　　　　　　　单位地址:

电话:　　　　　　　　　　　　　　　电话:

分析:这份租赁合同在格式上是基本符合要求的,但在内容上有许多失误之处。

1. 合同中没有明确租金及违约金的数额。

2. 出租方和承租方的义务和责任不明确,例如租赁期间的租金、房屋维修义务以及违约责任等都没有注明。

3. 履行合同的方式没有明确。

4. 未注明签字日期。

知识链接

协议书与合同的异同

从相同点来看，协议书与合同都是双方或多方当事人之间设立、变更、终止民事关系的一种契约。

两者的不同点是：①协议书涉及的内容范围比合同更广泛；②协议书一般较简短、概括，合同表述较全面、周到。

一般情况下，依法成立的合同自成立时生效，合同签订后便具有法律效力。但当事人对合同的效力可以约定附条件，附生效条件的合同自条件成就时生效。

点滴积累 ∨

合同的撰写对经济活动的影响巨大，撰写者应熟悉有关的法律法规，精通业务，全面了解行业发展情况，恰当确定合同条款，防止语意含糊或有歧义的情况发生。

第四节 招标书与投标书

一、招标书与投标书的概念

招标、投标是当前国际广泛流行的一种经济活动方式。随着经济的发展,这种公开竞争的方式逐渐为企业经营者所认可,经常运用在生产经营、科学研究、工程建筑、物品采购、技术服务等领域。了解招标及投标程序,掌握招标、投标中各种文书的写作是企业发展的要求,也是现代企业工作人员必须具备的一种能力。

招标是指政府、企事业单位在兴建工程、企业租赁或进行大宗商品交易时,先将有关要求和条件等在国家或地方政府制定的媒体或平台上对外公布,招来承包者或承买者,以从中选择价格和条件最优者为中标人的经济活动。

广义的招标书是泛指招标方在招标过程中使用的一系列文书,包括诸如招标申请书、招标公告、招标邀请书、招标书(招标说明书)、标底书、招标章程、中标通知书、中标合同等多种文书。狭义的招标书是指招标说明书。

投标是指符合投标条件的单位自愿按照招标书的要求,向招标单位报出价格,拟就详细方案、投递函件参加竞标的经济活动。

广义的投标书也指一系列的投标文书。狭义的投标书专指投标函,是投标单位根据招标人的招标要求,在进行科学调研的基础上编制的一种经济类文书,并按规定时间报送给招标单位备选。

二、招标书与投标书的种类

招标书通常按照招标内容来进行分类,主要有工程建设项目招标书、企业租赁招标书、大宗商品交易招标书、经营项目招标书、劳务招标书、科技开发招标书等。

此外,按照招标范围的不同,可分为面向企业内部、企业外部和国际范围3类招标书。按照招标方式的不同,可分为公开招标书和邀请招标书。

投标书的种类与招标书的种类一一相对,此处不赘述。

三、招标书与投标书的特点和作用

(一)招标书的特点

1. **规范性**　招标书是招标的政策、规章和程序的体现,是竞争投标的基础,是招标项目的质量、技术、规范准则,因此在撰写时应注意语言、格式的规范性。

2. **明晰性**　招标书中对依据、标的、项目、条件、要求等的表述应清楚明白、具体准确,能够被投标者更好地领会。

3. **科学性**　招标书的撰写应建立在准确的市场调查的基础上,测算与评估的款项要科学合理,既要有效降低成本、提高经济效益,又要确保项目质量。

(二)投标书的特点

1. **针对性**　投标书的内容要针对招标书的各项要求进行分析、撰写,一一回应。

2. **竞争性**　为了能够在公开的竞标中获胜,投标者在项目的造价、工期、质量等方面一定应做好评估,并在此基础上认真撰写投标书,既要保障在竞争中处于优势,又要保障本企业的利益,在综合实力上取得招标单位的认可。

3. **保密性**　投标书中的内容在开标前要严格保密,如有泄密,对责任者必须严肃处理,严重者甚至法律制裁。

(三)招标书与投标书的作用

招标者和投标者借助标书能够充分传递信息,引进市场竞争机制,便于公平竞争,从而帮助企业找到最佳合作对象,有利于企业长远发展。

四、招标书的写作格式

广义的招标书即招标文书,包括申请书、公告等一系列文书。本节重点介绍招标申请书、招标公告、招标邀请书、招标书(招标说明书)的写作。

(一)招标申请书

招标申请书是招标单位在准备某一项目招标前,向招投标管理部门或上级有关部门报送请求批准招标的一种经济类文书。

招标申请书在方式上可分为文章式与表格式两种。文章式的招标申请书在结构上与普通申请书类似,以说明为主,主要包括标题、正文和结尾三部分。表格式的招标申请书的优点在于重点突出,撰写快捷简便。

1. **标题**　招标申请书的标题由事由加文种构成,无需再添加其他成分。如《××公司扩建工程招标申请书》。

2. **正文**　由称谓与主体、结尾三部分构成。

（1）称谓：即主送单位（或称受文单位），一般要写上招标主管单位或部门的全称。写作格式与一般申请书相同，在标题下一行顶格书写。

（2）主体：首先要简要说明需要招标的项目，其次要真实准确地阐述已具备的招标条件，最后表达申请招标的意愿与态度。

（3）结尾：有附件在结尾处标注，写明随申请书呈送的文件名称及份数；若附件不止 1 份，必须依次用序号写明。附件具体的写作方法同公文的要求基本一致。

3. 落款　由申请单位、负责人与日期组成。

表格式招标申请书有时由管理部门印制，招标部门自己印制时需要注意项目设计齐全、填写认真。

（二）招标公告

又称招标通告、招标启事或招标广告。招标公告是招标方在国家指定的网络、报纸等媒体上向不特定单位广泛发布的招标信息公告。

1. 标题　常见的标题写法有 3 种：

（1）由招标单位名称、招标事由和文种组成，如《××药品有限公司物流管理招标公告》。

（2）由招标单位名称和文种两部分组成，如《××公司招标通告》。

（3）只写文种名称，如《招标公告》或《招标通告》。

2. 正文　一般由引言和主体两部分组成。

（1）引言：应写明招标目的、依据及招标项目的名称。

（2）主体：主体是招标公告的核心，要详细写明招标内容、要求及有关事项。

3. 结尾　主要包括单位名称、地址、联系电话、传真、邮编、网址等。

4. 落款　写明招标单位全称、日期等。

（三）招标邀请书

招标邀请书和招标公告是两种不同招标模式下的邀请投标人的方式，前者是选择性的竞标，后者是整个市场内符合条件的即可参加。当招标单位采取邀请招标方式时，应向有关企事业单位发出招标邀请书，以邀请其参加投标。因为公开招标是在相关媒介上发布招标公告，效果上等同于投标邀请书，所以可省略此文书。

招标邀请书是书信体文书，由标题、称谓、正文、落款四部分组成。

1. 标题　只需写明文种名称，如《招标邀请书》《招标邀请函》。

2. 称谓　标题下一行顶格写邀请单位的名称。

3. 正文　写明招标目的、依据及招标事项。如另有招标公告，则不需就招标事项进行详细说明，只需说明随函邮寄即可。

4. 落款　写明招标单位全称、日期等。

（四）招标书

招标书即招标说明书，是对招标公告或招标邀请书内容的扩展，用来对有关招标事项作出具体说明。

1. 标题　标题的拟写方法主要有以下 4 种：

（1）由招标单位名称、招标项目名称和文种组成，如《××公司门市租赁招标书》。

（2）由招标项目名称和文种组成，如《门市租赁招标书》。

（3）由单位名称和文种组成，如《××公司招标书》。

（4）只用文种，如《招标书》。

2. 正文 分引言、主体、结尾三部分。

（1）引言：写明招标单位的基本情况、招标依据和目的等。

（2）主体：详细说明招标的方式、范围、项目内容、具体要求、招标程序及有关注意事项等。具体如下：①招标方式，说明是公开招标还是邀请招标。②招标范围，说明是国际范围还是国内、省内、市内或是其他范围。③招标内容及具体要求，主要包括如下内容：招标项目的性质、数量、技术规格或技术要求；投标价格的要求及其计算方式；交货、竣工或提供服务的时间；投标人应当提供的有关资格和证明文件；投标保证金的数额或其他形式的担保；投标文件的编制要求；提供投标文件的方式、地点和截止日期等。④招标程序，写明招标、议标、开标、定标的方法和步骤，注明时间、地点。⑤注意事项，双方签订合同的原则，明确双方的权利和义务。

（3）结尾：写清：①联系信息，写明招标单位名称、地址、电话、联系人等信息。此项有时也可在主体部分结合其他内容一起表述，放在结尾中的好处是清晰醒目。②附件，附件位于正文主体部分之下、落款之上，另起一行，空两格，写上"附件"二字。附件是为了使正文更简洁，所以只在文中附件的位置列出标题即可，而将繁复的专门内容作为附件附于文后或作为另发的文件。

3. 落款 写明招标单位全称、日期、加盖印章。

由于招标的项目不同、招标的条件不同，招标书的写法也不尽相同，但一般上述三部分内容是不可缺少的。

（五）标底书

标底是由业主组织专门人员为准备招标的那一部分工程或设备计算出的一个合理的基本价格。它不等于工程（或设备）的概（预）算，也不等于合同价格。标底是招标单位的绝密资料，不能向任何人泄露。我国国内大部分工程在招标评标时，均以标底上下的一个幅度为判断投标是否合格的条件。

编制好标底是控制工程造价的重要基础工作。现在编制的标底广泛采用以施工图预算为基础的单价法，它主要采用各地区、各部门统一的综合单价，对造价管理部门实行统一管理来说比较方便。

编制撰写标底的文书则为标底书。在建设工程招投标活动中，标底书的编制是工程招标中的重要环节之一，是评标、定标的重要依据，且工作时间紧、保密性强，是一项比较繁重的工作。

（六）招标章程

招标章程是招标单位在招标过程中制定的关于组织规程和办事规则的法规文书，是一种依据性的规章制度。

（七）中标通知书

中标通知书是指招标人在确定中标者后向中标者发出的通知其中标的书面凭证。中标通知书的内容应当简明扼要,只要告知对方招标项目已中标,并确定签订合同的时间、地点即可。

根据《中华人民共和国招标投标法》第四十五条规定:"中标人确定后,招标人应当向中标人发出中标通知书,并同时将中标结果通知所有未中标的投标人。"中标通知书对招标人和中标人具有法律效力。中标通知书发出后,招标人改变中标结果的,或者中标人放弃中标项目的,应当依法承担法律责任。

（八）中标合同

中标合同指针对标的所预先制订的合同,写法可参考本章第三节的内容。

五、投标书的写作格式

投标书（投标函）通常由标题、正文、落款三部分构成。

（一）标题

1. 由项目名称和文种构成,如《承包××药厂投标书》。

2. 由投标单位名称和文种构成,如《××公司投标书》。

3. 只写文种名称,如《投标书》。

（二）正文

1. 称谓　在标题下隔行顶格写明招标单位的名称。

2. 主体　这是投标书的核心,也是决定投标者能否中标的关键部分。

首先,可以简要介绍投标人的基本情况,并表明投标的意愿。

其次,正文要针对具体投标项目有重点地撰写。如果是承包、承租类项目投标,通常要写明投标项目的经营指标、完成任务的具体步骤与措施等。如果是承建类项目投标,则要分条写清标价、工期、质量、投标企业概况、企业简历、技术力量、施工机械装备情况、营业执照等;然后对招标单位提出希望配合与支持的请求,或表明本单位的承诺。

3. 结尾

（1）联系方式:最后在结尾处注明投标者的单位名称、地址、邮编、企业负责人、联系人、联系电话等,以方便联系。最好在单位名称、企业负责人、联系人签名后加盖印章,以示郑重。

（2）附件:常常作为附件附于文后的内容有项目投标分项报价表、法定代表人委托书、工程一览表、设计勘察资料、工程技术人员分配表、售后服务计划表及有关说明书等。

（三）落款

落款通常包括以下内容:投标者的单位名称和法定代表人或授权代表（加盖印章）、日期。

六、招标书与投标书的写作要求

（一）态度严肃、认真

招标书与投标书都是受法律保护和约束的,中标后,招、投标书的重要内容便成为订立合同的重要依据,因此招、投标书的内容必须经过认真权衡,要约全面具体,写作态度严肃,招投标活动既要保证招标方的投资不盲目,又要保证投标方的合理收益。因此投标书在拟写前都应进行科学合理的估算,才能得到对项目造价的准确估算,为以后顺利签订合同做好前期准备。

(二) 语言准确、简明

招、投标书的种类多,涉及的项目与内容也会各有不同,但招标书中的项目标准和条件、投标书中承诺的经营指标与质量要求都是重要内容,语言表述要准确、简明。文中涉及的项目建设的造价估算要科学、合理,数据要具体,避免引起混淆。

此外,投标书的打印装订应符合招标单位的规定,认真对待。如一般采用白色 A4 纸打印、装订,打印形式为单面打印,装订时不应出现正反及上下倒装页,也不得采用活页(穿孔式、文件夹式等)方式装订。对不符合格式要求的标书,招标单位往往可以酌情扣分,情节严重的作废标处理。

七、例文和分析

例文一:表格式招标申请书

××医药物流中心建设工程招标申请书

招标单位(章)	
法人代表(章)	
地址	
联系人	
电话	
邮政编码	
填报日期	
	××省建设工程招标投标管理办公室制

招标申请表

项目编号					
招标项目名称					
招标负责人					
项目管理单位或项目代建单位					
招标代理机构					
项目监督部门					
联系人及电话	招标人	姓名		电话	
	招标代理机构	姓名		电话	
工程类别		招标方式		招标项目地点	
立项文件号		规划文件号		建设用地文件号	

续表

招标规模		总投资(万元)/ 预计发包价		拟选取投标人 个数	
是否省财政性投资项目或市、区财政投资是否超过50%		评标办法		诚信得分类别	
资审方式		是否电子化审资项目		是否电子评标项目	
是否在信息录入时对企业进行资质筛查				筛查的企业资质等级	
招标内容					
招标人意见	(盖章)年　月　日		代理机构	(盖章)年　月　日	
部门意见	(盖章)年　月　日				

分析:

1. 正文利用表格的好处是填写快捷方便、一目了然,且不易遗漏信息。

2. 表格中各项信息的填写应工整规范。

例文二:文章式招标申请书

××市××医院建设工程招标申请书

市建设工程招标投标办公室:

　　我院建设工程项目,经市委建字 2017 年 12 号文件批准,现已具备施工条件,特申请通过招标选择施工企业。

　　附:《招标准备情况一览表》(略)

申请单位:××市××医院(公章)

负责人:××(签章)

2017 年 11 月 10 日

分析:

1. 本申请书简练地陈述了申请的根据与事项。

2. 称谓要顶格书写。

例文三:招标公告

××医院医疗设备采购项目公开招标公告

一、采购人:××医院

二、招标代理机构:××信息有限公司

地址:

联系方式:

三、项目名称及编号

项目名称:××医院医疗设备采购项目

项目编号:××-201701

四、采购内容及分包情况

采购内容(包括采购货物和服务的名称、用途、数量):本次采购为××医院医疗设备采购项目,共分三个包,分包情况如下:

包号	设备名称	数量(台/套)	使用科室
包01	负压动脉清洗机	1	消毒供应室
包02	射频等离子体手术系统	1	耳鼻喉科
包03	便携式彩色多普勒超声波诊断仪	1	PICC门诊

详细要求见招标文件第三章招标要求部分。

五、投标人资格

投标人应符合《中华人民共和国政府采购法》第二十二条、《政府采购货物和服务招标投标管理办法》(财政部令第18号)第八条规定的条件且具备相应经营资格(产品经营资格授权文件)。

六、获取招标文件地点

时间:2017年××月××日起至2017年××月××日,(北京时间、节假日除外)。

方式:现场报名,获取招标文件时请携带营业执照副本、税务登记证、法定代表人授权委托书(原件加盖公章,内含被授权人身份证复印件),产品生产许可证及医疗器械注册证(含附表)、医疗器械企业经营许可证、产品代理资格证书或授权证明等其他相关资质证明文件(以上所有文件均须准备原件及加盖公章的复印件各一套)。招标文件售出不退。

售价:300.00元/份。

七、投标起止日期:2017年××月××日下午13时00分至14时00分(北京时间)

八、开标日期:2017年××月××日下午14时00分(北京时间)

开标地点:

九、本项目联系人

联系电话:

传真电话:

电子邮箱:

十、开户信息:

开户单位:

开户银行:

银行账号：

十一、其他

届时请参与投标的供应商代表出席开标仪式,逾期递交或不符合规定的投标文件恕不接受。

分析:

1. 这份公告开门见山地写明了项目名称、招标方和招标代理机构的名称、招标方式、招标要求等有关事项。

2. 公告涉及的内容繁多,因而没有使用序号标明各条款,但各条款文字简明,逻辑性强,重点较明确、突出。

3. 最后提供了联系人及联系电话、传真等有关信息。

例文四:招标邀请书

××××医药物流配送中心项目投标邀请函

××建设集团有限公司(被邀请单位名称):

1　招标条件

本招标项目××××医药物流配送中心项目,招标方式为邀请招标,项目业主为××××医药有限公司。工程建设资金来源为自筹,本项目已具备招标条件,现邀请你单位参加××××医药物流配送中心项目的投标。

2　项目概况与招标范围

2.1　本次招标项目的建设地点:山东省××市××区。

2.2　工程规模:约××平方米。

2.3　招标范围:办公楼、车间(钢构制作安装除外,但需包括报建及竣工验收的相关手续)、科研楼、附属工程、室外管网、路面等(详见施工图纸及招标文件)。

2.4　质量要求:合格(主体优良)。

3　投标人竞标资格要求

3.1　本次招标要求投标人须具备二级以上(含二级)建筑安装资质、钢构安装资质及与施工图纸相符合的相应资质,并在人员、设备、资金等方面具有相应的施工能力。

3.2　本次招标要求投标人拟派的项目经理(注册建造师二级及以上资格),具备有效的安全生产考核合格证书。

3.3　投标人近2年在同类工程施工中未发生重大安全事故。企业要具有经年审后合格的安全生产许可证。

4　招标文件的获取

4.1　被邀请单位请于2015年11月09日上午9时至下午16:30时,持投标邀请书及回执,营业执照副本、资质证书、安全生产许可证复印件(加盖公章)授权委托书、授权委托人身份证原件及复印件,到××××医药有限公司网上购买招标文件。

地址:×××××××

联系电话:××

联系人:××

4.2　招标文件费每份 300 元,售后不退。施工图纸押金 1000.00 元,交回图纸无息退还押金。

5　投标保证金或投标担保

5.1　投标保证金叁万元整。

5.2　投标保证金须在领取招标文件的同时提交。

5.3　开标会递交投标文件时,投标人须出示交纳投标保证金的有效凭证。投标人未能够按时提供有效凭证的,其投标文件招标人不予受理。

5.4　投标保证金为投标承诺,不遵守承诺,其担保金不退还;遵守承诺未中标人,待中标方合同签订后 15 日内无息退还。

6　投标文件的递交

6.1　投标文件递交的截止时间(投标截止时间,下同)为 2015 年 11 月 19 日 09 时 00 分,地点为××××医药有限公司(地址:××××)。

6.2　投标截止时间与开标时间是否有变化,以招标人另行颁发的书面通知为准。

6.3　投标文件逾期送达指定地点的投标文件,招标人不予受理。

7　开标时间、开标地点

7.1　开标时间:2015 年 11 月 19 日 09 时 00 分。

7.2　开标地点:××××医药有限公司(地址:××××)。

8　投标保证金、图纸押金、招标文件费三项共计叁万壹仟叁佰元整(31300.00 元)。于 2015 年 11 月 09 日下午 17:00 点前打入以下账户:

户名:××××医药有限公司

开户行:××××

账号:××××

9. 联系方式

招标人:××××医药有限公司

地址:××市××区

邮编:

联系人:××

电话:××

传真:

××××医药有限公司

2015 年 10 月 2 日

分析:

1. 被邀请单位的称谓使用规范的全称。

2. 落款日期"2017 年 10 月 2 日"是落款的准确写法。

例文五:招标书(招标说明书)

××××医院药品配送服务

招标文件

招标编号:

招标内容:药品配送服务

招标人:××××医院

招标代理:××××招标有限公司

日　期:2017 年××月××日

目　录

第一部分 招 标 公 告

××××医院药品配送服务招标公告

1 招标人名称

××××医院

地址:

联系方式:

2 招标代理机构名称

××××招标有限公司

地址:

联系方式:

3 项目名称

××××医院药品配送服务

4 招标编号

××××

5 招标项目内容、服务要求:

本次招标为××××医院药品配送服务,服务期限为××年,具体服务要求详见招标文件。

6 投标人资格要求:

6.1 符合《中华人民共和国政府采购法》第二十二条规定;

6.2 投标人须是在中华人民共和国境内依法注册、具有独立法人资格的药品生产企业或药品经营企业;

6.3 具有有效的《营业执照》《组织机构代码证》(三证合一除外);

6.4 具有《药品生产许可证》或《药品经营许可证》,并通过 GMP 或 GSP 认证;

6.5 具有履行合同必备的药品供应保障能力;

6.6 本项目不接受联合体投标。

7 报名时间及地点:

7.1 凡有意参加投标者,请于 2017 年××月××日至 2017 年××月××日(不含节假日)每日上午××:00 至××:00,下午××:00 至××:00 时,到××××招标有限公司××室(地址:)持下列资料报名并购买招标文件:

(1)营业执照副本;(2)组织机构代码证副本(三证合一除外);(3)法定代表人证书或法人授权委托书(原件)、法定代表人或授权代表身份证;(4)药品生产或经营许可证;(5)GMP 或 GSP 认证。

上述资料需加盖公章复印件 1 套,简单装订。

7.2 招标文件工本费:××元/本,如邮购须另付邮资××元,招标文件售后不退。

8 投标文件递交截止时间及开标时间:

8.1 投标文件递交截止时间及开标时间:见招标文件。

投标文件递交地点及开标地点:见招标文件。

8.2　逾期送达的或者未送达指定地点的投标文件,招标人不予受理。

9　发布公告的媒介

本次招标公告在中国政府采购网、中国采购与招标网、山东省采购与招标网、××××医院网站同时发布。

10　联系方式

招标人:××××医院	招标代理:××××招标有限公司
地址:	地址:
邮编:	邮编:
联系人:	联系人:
电话:	电话:
电子邮件:	电子邮件:

第二部分　投标人须知

投标人须知前附表

序号	内容说明
1	综合说明 招标人:××××医院 地址: 招标项目:××××医院药品配送服务 服务地点:××××医院 采购清单:药品配送服务
2	合同名称:××××医院药品配送服务合同
3	资金来源:自筹资金
4	投标有效期:投标截止日起120天(日历日)
5	招标方式:公开招标
6	招标答疑: 提交质疑文件时间:2017年××月××日下午16:00时前 领取答疑文件时间:2017年××月××日下午17:00时前 提交(领取)质疑文件地点:××××招标有限公司××室 若有问题需要澄清,应于投标答疑时间前以书面形式向招标代理和招标人提出,并将需要澄清的问题以Word版的文本,给××××招标有限公司发电子邮件(××@××.com),并电话通知。 招标人将以投标答疑文件的方式予以解答,书面答复由投标人按上述时间地点前去领取。
7	投标文件份数:正本一份,副本四份,电子文档1份。 装订方式:每册采用胶装方式装订,装订应牢固、不易拆散和换页,不得采用活页装订。

续表

序号	内容说明
8	投标保证金:××万元整人民币 投标保证金形式:电汇或网银 开户名称:××××招标有限公司 开户行: 账号: 行号: 请在交易附言内填写:××药品配送服务 投标保证金应以电汇或网银形式提交,必须在投标截止时间前从投标人的基本账户转出。
9	投标文件送达截止时间:2017年××月××日9:00(逾期送达概不接受) 投标文件递交至:××××医院办公楼
10	开标时间:2017年××月××日9:00(北京时间) 开标地点:××××医院办公楼
11	评标办法:综合评分法
12	预算金额:无
13	招标人:××××医院 电话: 招标代理:××××招标有限公司 地址: 联系人: 电话: 传真:

一、说明

1 招标人

系指××××医院。

2 招标代理

系指××××招标有限公司。

3 合格投标人

3.1 具备本招标公告规定的投标人资格要求;

3.2 提供的资格资质证明文件均真实有效;

3.3 向招标代理购买招标文件并登记备案;

3.4 在以往的招标活动中没有违法、违规、违纪、违约行为;

3.5 遵守《中华人民共和国政府采购法》及实施条例、其他有关的中国法律、法规和规定;

3.6 本次招标不接受联合体投标。

4 招标范围

药品配送服务。

5 投标费用

5.1 无论投标报价过程的实施或结果如何,投标人均应承担与投标文件制作和投标报价相关的所有费用。招标人和招标代理在任何情况下都不担负这些费用。

5.2 招标代理服务费:由入围的药品配送服务企业向招标代理机构缴纳招标代理服务费,每家××万元整。

二、招标文件

6 招标文件构成

本招标文件共分四部分,内容如下:

第一部分招标公告

第二部分投标人须知

第三部分招标要求

第四部分附件

7 招标文件澄清和修改

7.1 投标人对招标文件如有疑问,可要求澄清。要求澄清的投标人,按前附表规定的时间、地点以书面形式(包括信函或传真)通知到招标代理。招标代理将按前附表规定的方式,在其认为必要时,将不标明查询来源的书面答复发给所有购买招标文件的投标人。补充文件将作为招标文件的组成部分,对所有投标人均具有约束力。

7.2 在提交投标文件截止时间15日前任何时候,招标代理无论出于何种原因,均可用补充文件的形式对招标文件进行澄清和修改。该澄清和修改作为招标文件的组成部分对所有投标人具有约束力,将向已登记备案并领取了招标文件的所有投标人发出。

7.3 投标人在收到澄清后,应在投标人须知前附表规定的时间内以书面形式通知招标人,确认已收到该澄清。

7.4 为使投标人有足够的时间按招标文件的要求修改投标文件,招标代理可酌情推迟投标的截止时间和日期,并将此变更书面通知上述每一投标人。在这种情况下,招标代理和投标人受投标截止期制约的所有权利和义务均相应延长至新的截止日期。

三、投标文件编制(略)

四、投标文件递交(略)

五、开标与评标(略)

六、定标(略)

七、处罚、质疑(略)

八、保密(略)

九、专利权(略)

十、解释权(略)

十一、其他(略)

第三部分　招 标 要 求

一、项目概况：(略)

二、药品配送服务要求：(略)

第四部分　附件(略)

分析：

1. 全文符合招标书的格式与内容要求。

2. 正文为条文式,每一条款清晰地标注了序号,对投标人所应具备的条件、投标书要求等作出了明确的规定。

3. 条款中写明了招标单位名称、联系人、联系电话,便于投标者报送投标书。

4. 附件如只有 1 个,可不必加序号,直接在附件后面写明标题;附件如为多个,则应列明序号。

例文六:投标书

××医院内科病房楼集中医用纯水系统项目投标文件

项目编号:××

投标人名称:××××有限公司(盖章)

法定代表人或其委托代理人:　　　　(签字或盖章)

日期:2016 年 1 月 10 日

目　　录

1. 投标函

2. 唱标单

3. 法人承诺书

4. 法人代表资格证明书

5. 对招标文件及合同条款的认同程度

6. 报价编制说明及报价

6.1　报价书附录

6.2　报价分析表

6.3　报价明细表

7. 合理化建议及售后服务的措施、承诺

1. 投标函

招标人:

(1)根据已收到的《××市儿童医院内科病房楼集中医用纯水系统项目》的招标文件,按照相关规定,我单位经考察现场和研究上述项目招标文件的投标须知、技术规范和其他有关文件后,我方愿以××万元人民币的总报价,按招标文件规定,承揽本招标项目。

(2)一旦我方中标,我方保证配合工程总体工期及按照合同要求,按照完成产品供应、安装、调试及验收任务。将保证本产品质保期为二年,使用寿命为15年。

（3）如果我方中标,我方将按照规定共同地和分别地承担责任。

（4）我方同意所递交的投标文件规定的投标有效期内有效。在此期间内我方的报价如中标,我方将受此约束。

（5）我方同意按招标文件规定交纳××万元作为投标保证金。

投标人:××××有限公司(盖章)

单位地址:××××××

法定代表人或授权代表:(签字或盖章)

电话:××

日期:2017年1月10日

（以下内容略）

分析:

1. 首先,在投标方表明了投标的意愿;其次,分别具体写明投标项目的指标及实现各项指标、完成任务的具体措施等。

2. 注明投标单位信息以方便联系。

3. 技术标重点介绍产品工艺、人员配备、施工方案及安全措施等。

知识链接

招标的种类及有关文件

1. 招标的种类　按招标的形式可分为公开招标、邀请招标、直接发包3种。

公开招标是指招标人通过媒体发布招标公告,邀请国内不特定的法人或者其他组织参加竞争投标。一般政府或地方财政投资的项目都要公开招标,少数不适合公开招标的,需要上报建设主管部门,经审批后才能使用邀请招标或直接发包的形式。

邀请招标又称有限度招标、选择性招标,是指经有关部门批准后,招标人选择一些有实力的法人单位,以招标邀请书的方式邀请其参加竞标的一种招标方式。

另外招标还有一种形式是直接发包,即涉及国家安全等因素时,按照有关规定可以不通过招标,直接将一项工程包给某企事业单位,这种形式一般不使用招标书。

2. 有关文件

（1）1980年10月《国务院关于开展和保护社会主义竞争的暂行规定》一文中指出:"对于一切适宜承包的建设项目和经营项目,可以试行招标的办法。"

（2）2000年1月1日起施行的《中华人民共和国招标投标法》第六十六条规定:"涉及国家安全、国家秘密、抢险救灾或者属于利用扶贫资金实行以工代赈、需要使用农民工等特殊情况,不适宜进行招标的项目,按照国家有关规定可以不进行招标。"

（3）《中华人民共和国招标投标法实施条例》已经2011年11月30日国务院第183次常务会议通过,自2012年2月1日起施行。

点滴积累　∨

招标书与投标书的写作态度应严肃、认真，语言准确、简练。

第五节　委托书

一、委托书的概念

委托书是委托他人(或单位、部门)代表自己行使所属的合法权利时所出具的文书,具有一定的法律效力。委托书一旦签署,在委托方的合法授权内,被委托方行使的全部职责和责任都将由委托人承担,被委托方不承担任何法律责任;被委托方作出违反委托书或法律的行为,委托方有权终止委托协议;委托方也可以随时撤销委托书,但应将撤销通知及时送达相对人。例如公司股东如因某些原因无法亲自参加股东大会时,可以拟写委托书委托他人代表自己在会上行使投票权。

二、委托书的种类

从法律效力上分,委托书可分为一般委托书和代理委托书。一般委托指被委托方要在委托方的意愿下进行法律活动(如诉讼、立遗嘱、财产分割等),被委托方不得擅自放弃委托方的权利或处分财产,否则无效。代理委托指被委托方享有委托方的所有权利(如财产处分、撤诉等)且具有委托方作出行为的同等法律效力,为此被委托方也常常通过委托代理行为获取一定的报酬。

此外,从形式上分,委托可分为口头委托书和书面委托书。从内容上分,委托书可分为房产委托书、贷款委托书、税收代征委托书等。从对象上分,可分为单位与单位之间的委托书、单位与个人之间的委托书、个人与个人之间的委托书。

三、委托书的特点和作用

(一) 委托书的特点

1. 合约性　委托书实际上是一种合约、契约,双方一定都要对委托书的内容表示同意,并承担责任和义务,法律同时也保护委托双方的合法利益不受侵犯。在这种委托关系下,委托方授权被委托方为自己的利益而从事某项活动,无论两方是否熟识,被委托方都有责任依据委托书所规定的授权范围合理行事。

2. 时限性　委托书只在委托时限内有效,委托与被委托的关系也只在此期限内受法律保护。

(二) 委托书的作用

委托书用文书的形式确定了某人或某机构从事某项特定的活动,并拥有完成该项活动的权利和义务,能够规范有序地帮助人们解决无法亲自处理某事的难题。

四、委托书的写作格式

委托书的结构通常由标题、正文、落款三部分组成。

（一）标题

标题通常写明委托事由和委托书的种类，即委托的主要事项加文种。如《贷款委托书》等。

（二）正文

由文首、主体、结尾构成。

1. **文首** 单位间的委托，文首常常要标注委托书的编号；如是私人间的委托，此编号可省略。其次要写明委托人及受托部门、单位或个人的名称，有时还需注明双方的身份证号码。

2. **主体**

（1）委托人、受委托人的基本情况。

（2）委托事项。

（3）授权范围。

3. **结尾** 在具体陈述完毕后，另起一行，用"特此委托"等惯用语作为结语或提出希望。有时也可无结语。

（三）落款

落款位于正文右下方，要注明委托或受托的机关名称或个人姓名，然后加盖单位公章或私人印章，最后写明日期。

五、委托书的写作要求

（一）篇幅力求短小

委托书的语言要简明，重点表述委托事项及权限范围，篇幅力求短小。有时全文常常只需 1 页 A4 纸便可完成。

（二）权限应具体

委托书对被委托方可以在哪些事情上行使哪些权利的表述应具体明确，应避免因为表意含糊而造成不必要的纠纷。

▶ **课堂活动**

你是某家公司的法人代表，你所在的公司要申报某项经营资质，但是你因故无法亲自到现场办理相关事宜，请写一份委托书。

六、例文和分析

例文一：文章式委托书

授权委托书

委托人：张×　　　身份证号：37××××

被委托人：李×　　　身份证号：37××××

委托事项：代为领取经济补偿金

委托权限：

1. 代为提交有关材料；

2. 代为签收领取经济补偿金给委托人。

委托时限：自 2017 年 3 月 1 日至 2017 年 3 月 6 日。

备注：本委托书一式三份，签字生效。

附件：1. 委托人身份证复印件；

　　　2. 被委托人身份证复印件。

（本授权委托书共壹页）

委托人签名：　　　　被委托人签名：

委托人电话：　　　　被委托人电话：

委托日期：2017 年 2 月 15 日

分析：

1. 提供了委托双方的身份证号码，能够增强委托书的可信度。

2. 委托事项与权限范围应清楚明确。

例文二：表格式委托书

结款授权委托书

兹授权×××负责本公司与××××医药有限公司业务的结款事宜。

授权结款品种：本公司生产（经销）的×××品种。

授权期限：自　　年　月　日至　　年　月　日。

被授权人签名样式：

被授权人员身份证复印件（在复印件上盖骑缝章＜公章＞）：

委托人：（公章）

　年　　月　　日

分析： 表格式委托书的优点是简便快捷、条款清晰。

知识链接

公证与房产委托书的分类

1. 公证能够更好地强化委托书的法律效力，使委托书具有直接证据效力。

2. 房产委托书的分类

（1）购买房产委托书：主要用于公民依法委托其亲友购置城市私有房产。

（2）代管房屋委托书：主要用于公民依法委托亲友代管其私有房屋（包括日常管理和装饰装修等）。

（3）出租或出售房屋委托书：主要用于公民依法委托亲友出租或出售其私有房屋。

（4）继承房产委托书：主要用于公民依法委托其亲友办理继承其私有房产份额的相关手续。

点滴积累 ∨

委托书要力求篇幅短小、言简意赅。 委托事项及权限范围为写作重点，应具体明确。

第六节 说明书

一、说明书的概念

说明书是对商品的性能、用途、使用和保养方法以及注意事项等进行书面介绍的文书。产品说明书的作用主要是帮助和指导消费者正确地认识商品、使用和保养商品,同时兼具宣传商品的作用。说明书要实事求是,有一说一、有二说二,不可为达到某种目的而夸大产品的作用和性能。说明书要全面地说明事物,不仅介绍其优点,同时还要清楚地说明应注意的事项和可能产生的问题。产品说明书、使用说明书、安装说明书一般采用说明性文字,而戏剧演出类说明书则可以以记叙、抒情为主。说明书可根据情况需要,使用图片、图表等多样的形式,以期达到最好的说明效果。

二、说明书的种类

说明书各种各样。一般来讲,按所要说明的事物来分,可以分为产品说明书、使用说明书、安装说明书以及戏剧演出说明书等。产品说明书又可分为生产劳动技术说明书和日常生活说明书。

产品说明书主要指关于那些日常生产、生活产品的说明书。它主要是对某一产品的所有情况的介绍,诸如其组成材料、性能、存贮方式、注意事项、主要用途等的介绍。药品说明书是产品说明书的一种,是载明药品的重要信息的法定文件,是选用药品的法定指南。

使用说明书是向人们介绍具体的关于某产品的使用方法和步骤的说明书。

安装说明书主要介绍如何将一堆分散的产品零件安装成一个可以使用的完整的产品。

戏剧演出说明书一种比较散文化的说明书,它的主要目的在于介绍戏剧、影视的主要故事情节,同时也是为了向观众推荐该影剧。大型的演出活动对于演职员的介绍、节目的介绍等也是为了吸引更多的观众而采用的一种宣传式的说明文字。

三、说明书的特点和作用

(一) 说明书的特点

说明书的特点是专业、简洁、明晰、完整。

产品说明书的特点:一是说明性,说明介绍产品是主要功能和目的;二是实事求是性,必须客观、准确地反映产品;三是指导性,包含消费者使用和维修产品的知识;四是形式多样性,表达形式可以文字式,也可以图文兼备。

(二) 说明书的作用

解释说明是说明书的基本作用,详细阐明产品使用的每个环节和注意事项,给用户的使用以切实的指导和帮助。

说明书的广告宣传作用也不可忽略,好的说明书可以使用户产生购买的欲望,达到促销的目的。

说明书对某种知识和技术具有传播作用,如介绍产品的工作原理、主要的技术参数、零件的组成等。

药品说明书是具有法律效应的药品使用的说明文件,任何人使用药品都必须以药品说明书为依据,否则就是非法用药,出现医疗纠纷时药品说明书是重要依据。

四、说明书的写作格式

说明书的结构一般包括标题、正文和落款三部分。

(一) 标题

说明书标题的写法有以下几种形式:

1. 由商品名称和文种组成,如"诺氟沙星说明书"。

2. 直接由商品名称或"说明书"三字组成。

3. 修饰性标题,即在商品名称前加上修饰性词语,简单揭示商品的特点。

4. 散文式标题,即用概括的语言将商品的某些特点揭示出来作为商品说明书的标题。

(二) 正文

正文是商品说明书的主体部分,一般要写明商品的性能、特征、特点、用途、使用方法和保养维修等内容,而且这些内容往往按人们认识事物的先后顺序或者事物特征的内在联系来安排结构内容。

(三) 落款

落款要写明厂家名称、地址、电话、联系人、邮政编码、电报挂号等。

五、说明书的写作要求

说明书的写作,一是要充分考虑用户的阅读需要;二是要体现产品的设计特点;三是要应有所侧重,不必平均用力;四是语言准确、通俗、简洁,内容条理清楚。

《药品说明书和标签管理规定》(国家食品药品监督管理局令第 24 号)于 2006 年 3 月 10 日经国家食品药品监督管理局局务会审议通过,自 2006 年 6 月 1 日起施行。《化学药品和治疗用生物制品说明书规范细则》规定了说明书的具体格式和内容。

六、例文和分析

核准日期:2006 年 8 月 8 日

修改日期:2015 年 2 月 9 日

曲克芦丁片说明书

请仔细阅读说明书并在医师指导下使用

【药品名称】

通用名称:曲克芦丁片

商品名称:曲克芦丁片

英文名称：Troxerutin Tablets

汉语拼音：Qukeluding Pian

【主要成分】本品主要成分为曲克芦丁。

【成分】

化学名：3′,4′,7-三[O-(2-羟乙基)-5-羟基黄酮-3]-芸香苷

分子式：$C_{33}H_{42}O_{19}$

分子量：742.68

【性状】本品为糖衣片，除去包衣后显黄色或黄绿色。

【适应证】用于闭塞综合征、血栓性静脉炎、毛细血管出血等。

【规格】60mg

【用法用量】口服。一次120~180mg(2~3片)，一日3次。

【不良反应】偶见胃肠道反应，表现为恶心及便秘。

【禁忌】对本品过敏者禁用。

【注意事项】1. 服药期间避免阳光直射、高温及过久站立。2. 当药品性状发生时禁止使用。

【孕妇及哺乳期妇女用药】尚不明确。

【儿童用药】未见相关报道资料。

【老年用药】未见相关报道资料。

【药物相互作用】尚不明确。

【药物过量】未见相关报道资料。

【药理毒理】本品能抑制血小板的聚集，有防止血栓形成的作用。同时能对5-羟色胺、缓激肽引起的血管损伤，增加毛细血管抵抗力，降低毛细血管通透性，可防止血管通透性升高引起的水肿。

【药代动力学】口服曲克芦丁主要从胃肠道吸收，达峰时间(C_{max})1~6小时，血浆蛋白结合率为30%左右，消除半衰期($t_{1/2\beta}$)10~25小时，可能存在肠肝循环，代谢产物70%随粪便排出体外。

【贮藏】遮光、密闭保存，在干燥处保存。

【包装】塑料瓶，100片/瓶。

【有效期】暂定24个月

【执行标准】WS-10001-(HD-0705)-2002-2014

【批准文号】国药准字H××××

【生产企业】

企业名称：

企业地址：

邮政编码：

电话号码：

传真号码：

网址：

分析：药品说明书的具体格式、内容和书写要求由国家药品监督管理局制定并发布，需要修改时须提出申请，进行核准。

知识链接

说明书的写作注意事项

1. 不能说空话 不能泛泛而谈，要针对产品的设计特点进行介绍。

2. 不能说过时话 产品不断更新换代，说明书也应该随之修改和补充。

3. 不说含糊话 一是名称和概念混乱，同一产品有好几个名称，说明书未加说明；二是计量单位不统一，无法正确使用。

4. 说清楚提醒话 出于保护公众健康和指导正确合理用药的目的，国家药品监督管理局可以要求药品生产企业在说明书上加注警示语。

5. 说好关键话 对于使用说明、用法用量等，用通俗易懂的语言讲清楚，方便消费者使用。

6. 说好中国话 对于进口商品，必须有完备、准确的中文说明。

点滴积累 ∨

说明书要用语精确、通俗易懂，切忌语言含混或夸大其词。

第七节 广告文案

一、广告文案的概念

广告的含义是广而告之，真正了解市场销售的同类商品情况、了解消费者的消费心理，又能突出自己产品的特点的广告，确实能够起到传播信息、促进生产和流通、指导消费、活跃市场和企业、促进竞争、塑造企业形象和商品品牌的作用。

广告文案是为产品写下的打动消费者的内心，甚至打开消费者的钱包的文字。分为广义和狭义，广义的广告文案是指广告作品的全部，不仅包含语言文字部分，还包括图画等；狭义的广告文案仅指广告作品的语言文字部分。本节介绍的广告文案是指狭义的广告文案。

二、广告文案的种类

根据不同的标准、不同的角度，一般分为以下几类：

（一）按媒体分

报纸广告文案、杂志广告文案、广播广告文案、电视广告文案、网络广告文案、户外广告文案、其他媒体广告文案。

（二）按文体分

记叙文广告文案、论说体广告文案、说明体广告文案、文艺体广告文案。

（三）按内容分

消费物品类广告文案、生产资料类广告文案、服务娱乐类广告文案、信息产业类广告文案、企业形象类广告文案、社会公益类广告文案。

（四）按诉求分

理性诉求型广告文案、情感诉求型广告文案、情理交融型广告文案。

三、广告文案的特点和作用

（一）广告文案的特点

1. 具备完善的表现结构，但不拘于结构的完整。

2. 运用并借助各种表现手法达到广告的目的。

3. 传达信息，但更注重针对受众的说服和劝诱。

广告语言则要求真实准确、通俗简明、形象生动。

（二）广告文案的作用

广告文案是广告作品的核心，它一方面能够比较详细、准确、直接地传递有关商品信息和劳务信息，是沟通消费者和企业的主要桥梁；另一方面广告作品中非语言文字要素的表现力也有待于广告文案的补充和加强。其主要作用有 4 点：一是表现广告创意的核心；二是传达广告意图、诉求和承诺；三是塑造企业形象和品牌形象；四是点活广告画面，突出内容主旨。

四、广告文案的写作格式

广告文案就是广告的语言文字部分，它是广告创意的基础，也是广告内容的语言文字载体。无论运用哪一种媒介的广告，可以没有图画，可以没有声音，但是却不能没有文字，即使广告中没有直接的文字表达，或没有声音的直接传递，但在广告的创意和设计中仍然需要以一定的文案为基础。可以说无论是采取哪一种媒介传播广告信息，一旦离开了文字就寸步难行。

广告文案的写作既要遵循一般应用文的写作原理，又要根据市场需求和推销原则来写出雅俗共赏、生动有趣的文字。它同时还要考虑公众的接受心理，使之具有特殊的感染力，能引起消费者的注意，促成购买行为的完成。所以广告文案具有内容真实、实事求是、从消费者心理出发具有较强的针对性、发生作用的时效性，以及文面要求简短精练、言简意赅、回味深长等特点；另外广告文案作为最具艺术性的应用型文体，它还可巧妙地调动和运用各种艺术手法，使广告产生强烈的感染力。

广告文案的写作首先要有一个写作前的战略策划上的准备过程，因为广告写作往往代表一家企业、一个部门、一家公司执笔，它的效果好坏往往直接影响一个企业或公司的产品销售、经济效益和企业形象。这一准备过程包括广告文案写作前的广告定位、广告创意、广告设计、广告制作等一系列问题的考虑。

其次广告文案的写作格式包括标题、正文、随文三部分。

（一）标题

标题即广告的题目，它是广告给人的第一印象，必须是广告内容的凝聚和提炼，能突出广告的主题,新颖别致,有强大的吸引力和感染力。标题的写作贵在紧扣主题、突出重点、语言简洁、独辟蹊径、引人入胜。它有以下3种形式:

1. 直接标题　直截了当地用商品的名称、品牌等作为广告标题的核心内容,直接表明广告的主题和销售重点。它的特点是简洁明了、一目了然。比如"六神特效花露水"的标题"六神有主,一家无忧"。

2. 间接标题　不直接点明广告的主题或介绍产品,而是采用暗示、诱导性曲径通幽的方式,引导消费者阅读正文的兴趣。它的特点是含蓄蕴藉、充满诱惑。比如巴伦牌香水的广告标题"为了每一个男子都风度翩翩"。

3. 复合标题　它是对直接标题和间接标题的综合运用,往往采用正标题和副标题两部分。它的特点是结合了以上两种标题的长处,更具吸引力和感染力,运用起来更灵活、更全面。比如"独领风骚——泸州老窖"。

（二）正文

正文是广告文案的核心,起着介绍商品、灌输知识、增进了解并最终实现广告促销的功能作用。要求更深入、更透彻地表现广告的主旨和内容,一般应写明商品的名称、用途、规格、特点、产地、性能、价格、出售方式、出售时间和地点等内容。

广告正文是广告文案的主导内容,因而其结构、内涵、技巧都多种多样。从形式结构上说,一般分为开端、中心段和结尾三部分;从内容上说,可以多个方面实现消费者对商品的诉求,如表明主题、提供证明、鼓励行动等。因为广告的目的是引起消费者对商品的兴趣,使之产生购买的欲望,广告更要在技巧上下功夫,要求写作者要有扎实的语言功底和较高的文字修养。比如:

1. 直述式　直接介绍商品情况。这种方法自然朴实、清楚明白。比如广西永福制药厂的广告:"永福县是名贵特产罗汉果之乡,罗汉果味甜、性凉,具有清热润肺、止咳化痰、生津止渴、润肠通便、益肝健脾以及促进肠胃机能、降低血压等功效"。

2. 问答式　通过一问一答的形式激发人们的好奇心,达到宣传商品的目的。这种方式形式活泼、有亲切感。比如某助听器的广告(略)。

3. 证书式　借助商品或企业所荣获的各种证书、奖章或消费者对它的赞誉来证明其质量上乘、服务一流。这种方法有令人信服的力量。比如山东兰陵美酒,曾荣获1915年巴拿马国际博览会金质奖章,1980年获山东优质产品证书,1987年获"中国第一届黄酒节"一等奖。

4. 描述式　对商品或企业的局部或全部进行描写。这种方法能够对产商品的特点进行渲染,给人以鲜明的印象。比如日立电视的广告:只要是日立的彩电,您尽可放心地去欣赏那美丽鲜艳的图像,因为在它的背后,是一个一丝不苟严格检验的世界。在日立的生产工厂里,首先要对所有用于彩电生产的零件进行严格筛选,挑选出其中质量最好的加以使用。当电视的各个部分形成之后,再进行一次检验,合格之后方可用于组装,从零件的筛选算起,一共要经过20道检验程序,一台电视机才终于诞生。日立的目的就是向广大顾客提供最高质量的产品。

5. 幽默式　用幽默诙谐的笔调和语言,在轻松愉快的气氛中宣传商品和企业。这种方法引人入胜,使人经久不忘。比如伦敦地铁的广告:如果您无票乘车,那么,请在伦敦治安法院下车。

此外,还可采用布告式、目录式、论说式、对比式、象征式等手法。

（三）随文

又称附文，指的是附于正文后面的那些较次要的、备查备用的广告信息，它是整个广告文稿的有机组成部分，是对广告文稿的进一步补充，并为广大消费者提供必要的线索、资料，起指导购买的作用。

随文的内容包括商标、厂标、企业名称、商品名称、通讯地址、电话号码、电报挂号、查询方式、银行账号、联系人，甚至法人代表、法律顾问等。

另外，有的广告除了以上三部分以外，还有口号。口号又叫标语，通常放在广告的结尾部分，是为了达到一定的目的，实现某项任务而提出的有鼓动作用的简练明确的语句，它的作用是提醒人们记住企业或商品名称，敦促消费者采取购买行动。

广告口号要求写作者精心创意，在遣词造句上应简洁精练，在功能上富有鼓动色彩，在表现形式上灵活多样、富于变化。常见的形式有号召式、风趣式、标题式、颂扬式等。

五、广告文案的写作要求

1. 标题的要求 广告标题的制作可以采用多种手法，如各种修辞手法、名句、谚语等，但都必须符合两条基本要求，即概括精当、简洁凝练；新颖生动、出奇制胜。也就是用最少的文字概括正文的内容，迎合消费者的心理，刺激消费者的购买欲。

2. 正文的要求 由于广告正文是广告的主体，消费者对商品信息的获得主要来自于这里，所以广告正文的写作必须要注意内容的可信性、可证性和可比性，材料安排得体。即实事求是地反映广告对象的真实情况，合理安排材料，向消费者提供最大的信息量。

3. 随文的要求 一般的广告文稿都有随文，它要求具体交代清楚这一广告是谁做的，如何进行购买的联系，含有文责自负的意思。它的写作内容和形式比较固定，只需真实、准确、简明、清楚、全面，该让消费者了解的信息一个也不能遗漏。

另外由于广告口号有很强的鼓动性，它可能的宣传效果比正文还要强。因此，口号要求制作精心，既能突出主题，又富有情趣；既简洁明白，又朗朗上口。

▶ **课堂活动**

1. 有这样一幅画面广告：画面上一片繁忙，许多人像锯一棵大树一样用大锯锯开一只皮鞋，旁边还有人骑马指挥这些锯皮鞋的人，以此剖示皮鞋内部，说明质量好。 请你用一个精练的词组作这幅皮鞋图画广告的标题。

2. 根据下列文字材料的内容为某品牌啤酒拟写一份报纸刊登的文字广告。

某品牌啤酒是历史悠久的名牌产品，曾经被评为全国名酒，曾获金质奖章和出口产品金质奖。

该啤酒含有充足的二氧化碳，注入杯内，即见细腻洁白的泡沫泛起，细小如珠的气泡一串串不断从杯底上升，泡沫浓厚，挂杯持久，入口苦味适中、清爽甘冽，具有独特风格，是啤酒中的佳品，在海外市场上名列前茅。 该品牌啤酒的主要原料矿泉水，是非常适宜于酿造啤酒的软水，它含杂质极少，经过过滤加工，对啤酒味道的柔和起了决定性的作用，这是啤酒厂独有的原料。 其次，酿制啤酒所用的大麦是从大麦产区调拨来的优质大麦，把这种大麦加工成麦芽，酿出的啤酒富有光泽，并有浓厚的麦芽香。 此外，啤酒所用的各种酒花等原料多属优质，生产出的啤酒晶莹澄澈，有爽口微苦味和酒花香，并能延长啤酒的保存期。

六、例文和分析

例文一:

诚信××,情系健康

作为您的好邻居、私人健康顾问、以及家庭健康的守护者,我们药房常年提供超过 1000 种的医药健康产品,而且价格经济合理。同时,不用任何费用,加入我们的会员,无数的健康优惠与利益等着您!药店还设立 24 小时购药窗口,免费量血压,咨询问药等丰富多彩的便民措施。

与其他药房仅为药品提供与药品买卖交易之角色截然不同,本药房定位为"100%专业药房",引进先进的药房专业执业技术与专业功能,提供顾客最专业的健康指导和服务:任何时间都有专业药师亲自执业服务,他们详细说明用药知识及注意事项,免费提供顾客专业的健康咨询。

我们使用大数据完整保持顾客的用药记录,以便于需要时,随时检查药物可能的不良交互作用。同时,定期追踪顾客的用药情况,确保顾客获得最佳的疗效。来到××,带回健康!

联系人:×××

经销地址:××××××

电话:××××××

邮政编码:××××××

> 直接式标题,一目了然。
>
> 正文简要介绍药房优惠项目和特色服务,让读者感觉到特色和健康保障。
>
> 随文部分该让消费者了解的信息一个不少。

例文二:

甲:您的孩子是否偏食厌食?您是否为此想尽办法、伤透脑筋?您是否在担心孩子不能有效吸收营养?

乙:现在不用担心了,因为有了 ××口服液。它融合传统医学与现代科技成果,从调理脾胃入手,能有效促进食物消化和营养均衡吸收,解决儿童厌食和偏食现象,是儿童成长的好帮手。

旁白:××口服液采用纯天然药用食物,安全温和、不含激素,并有儿童喜欢的酸甜果味。孩子服了更放心,更开心。

出品:××企业集团 ××生物制品厂

上海医药总经销:××保健品配售有限公司

电话:××××××

> 这是一则问答体广告。正文采用问答的方式,从关心、呵护孩子的角度向家长提出问题,然后借以科学知识,引出商品的功能、作用和口味,提供了明确的答案,读来使人产生亲切感,颇有推销商品的劝诱力。

例文三:

××伽马刀技术

该技术全国首创,使用方便,疗效显著,经济、省时、省力,是××患者最佳选择。

文从字顺,但没有意象,更无生动感人的艺术意境。

没有随文,缺少相关商品信息。

知识链接

广告文案写作的注意事项及相关法律

1. 广告文案写作的注意事项 ①内容真实,文字精确;②主题突出,新颖别致;③形式多样,语言精妙。

2.《药品广告审查办法》(局令第27号)自2007年5月1日起施行。 办法第二十一条规定:对任意扩大产品适应证(功能主治)范围、绝对化夸大药品疗效、严重欺骗和误导消费者的违法广告,省以上药品监督管理部门一经发现,应当采取行政强制措施,暂停该药品在辖区内的销售,同时责令违法发布药品广告的企业在当地相应的媒体发布更正启事。

点滴积累 ∨

广告文案的写作是表达创意、发展创意、实现创意,撰写者应立足于目标受众的沟通,达到应有的效果。

目标检测

单项选择题

1. 下面关于条据说法错误的是( )

A. 为说明清楚某件事情的目的、原因而写下的简明的解释文字

B. 在办理涉及钱财、物品等重要事情时立下的证明、凭据

C. 条据是一种字据,是一种处理临时事务的简单应用文

D. 条据的适用范围较广,使用率较高

2. 下面哪组属于凭证性条据( )

A. 收条 领条 托事条

B. 请假条 留言条 发条

C. 借条 催索条 收条

D. 发条 欠条 收条

3. 下列哪项不是条据的写作要求( )

A. 尽量用电脑打印排版,手写的话要用黑色钢笔或签字笔,也可用圆珠笔

B. 正文与落款之间空白不宜过大,以防被持有者增添补写其他内容

C. 措词准确、表意严密

D. 需要留印章的条据,印章使用要规范,不能由手印代替,否则发生纠纷时,很难认定责任

4. 下列关于意向书与协议书说法错误的是(　　　)

A. 意向书,是指当事人双方或多方在处理经济、政治、军事、文化思想、民事纠纷等事务时,经过初步协商而达成一致意向的文书

B. 意向书表达了当事人各方的初步观点或想法,为进一步正式签订协议、签署合同奠定了基础

C. 协议书是意向书的先导

D. 协议书体现的协商观点更深入、合作款项更趋于成熟

5. 下列哪项不是意向书的特点(　　　)

A. 临时性　　　　　　B. 灵活性　　　　　　C. 简略性　　　　　　D. 法律性

6. 关于意向书和协议书的写作,错误的是(　　　)

A. 意向书与协议书的结构都由文首、正文、落款构成

B. 意向书(或协议书)一般要依据公司内部习惯和相关文书编号管理方法来进行编号

C. 意向书在结尾往往要说明意向书的份数、生效日期等有关事项

D. 正文通常由文首、主体、结尾三部分构成

7. 关于合同的说法错误的是(　　　)

A. 合同是平等主体的自然人、法人、其他组织之间设立、变更、终止民事权利义务关系的协议

B. 合同的签订方可以是单位与单位、单位与个人或个人与个人

C. 合同关系是一种法律关系,具有强制性

D. 根据合同当事人是否相互负有对价义务为标准,可以将合同分为有名合同与无名合同

8. 下列不是合同的特点的是(　　　)

A. 合同是个人或多方当事人共同的法律约定

B. 合同双方或多方当事人的法律地位平等

C. 合同当事人的权利和义务是相互的

D. 合同一旦订立,就具有法律效力

9. 下列关于投招标说法错误的是(　　　)

A. 招标者和投标者借助标书能够充分传递信息,引进市场竞争机制,便于公平竞争,从而帮助企业找到最佳合作对象,有利于企业长远发展

B. 广义的招标书是指招标说明书

C. 投标是指符合投标条件的单位自愿按照招标书的要求,向招标单位报出价格,拟就详细方案、投递函件参加竞标的经济活动

D. 广义的投标书,也指一系列的投标文书

10. 以下不属于招标书特点的是(　　　)

A. 规范性　　　　　B. 明晰性　　　　　C. 竞争性　　　　　D. 科学性

11. 关于招标书标题的写法,以下不正确的是(　　)

    A. 由招标单位名称、招标事由和文种组成

    B. 由招标单位名称和文种两部分组成

    C. 由招标单位名称和招标事由组成

    D. 只写文种名称

12. 关于招标邀请书和招标公告说法错误的是(　　)

    A. 招标邀请书是书信体文书,由标题、称谓、正文、落款四部分组成

    B. 招标邀请书是选择性的竞标

    C. 招标公告是指所有投标人的都可以参加

    D. 当招标单位采取邀请招标方式时,应向有关企事业单位发出招标邀请书,以邀请其参加投标

13. 关于委托书,下列说法错误的是(　　)

    A. 委托书是委托他人(或单位、部门)代表自己行使所属的合法权利时所出具的文书,具有一定的法律效力

    B. 委托方不可以随时撤销委托书

    C. 委托书一旦签署,在委托方的合法授权内,被委托方行使的全部职责和责任都将由委托人承担,被委托方不承担任何法律责任

    D. 被委托方做出违反委托书或法律的行为,委托方有权终止委托协议

14. 以下不属于委托书主体的是(　　)

    A. 委托人、受委托人的基本情况　　　　　　B. 委托事项

    C. 委托原由　　　　　　　　　　　　　　D. 授权范围

15. 关于说明书说法错误的是(　　)

    A. 说明书,是对商品的性能、用途、使用和保养方法以及注意事项等作书面介绍的文书

    B. 产品说明书的作用,主要是帮助和指导消费者正确地认识商品、使用和保养商品,并没有宣传的作用

    C. 说明书要全面的说明事物,不仅介绍其优点,同时还要清楚地说明应注意的事项和可能产生的问题

    D. 说明书可根据情况需要,使用图片、图表等多样的形式,以期达到最好的说明效果

16. 关于产品说明书的特点不正确的是(　　)

    A. 完整性　　　　　B. 说明性　　　　　C. 实事求是　　　　　D. 形式多样性

17. 说明书写作时要注意的有(　　)

    A. 要充分考虑用户的阅读需要

    B. 要体现产品的设计特点

    C. 要应有所侧重,要平均用力

D. 语言准确、通俗、简洁,内容条理清楚

18. 关于广告文案特点说法错误的是(　　)

　　A. 具备完善的表现结构但不拘于结构的完整

　　B. 运用并借助各种表现手法达到广告目的

　　C. 传达信息但更注重针对受众的说服和劝诱

　　D. 为达到宣传的目的,广告可以随意夸张

19. 下列关于广告文案的作用,说法错误的是(　　)

　　A. 广告作品是广告文案的核心

　　B. 沟通消费者和企业的主要桥梁

　　C. 表现广告创意的核心

　　D. 塑造企业形象和品牌形象

20. 关于广告文案的写作,下列说法错误的是(　　)

　　A. 广告文案的写作可以不使用文字,而用图片或者声音

　　B. 广告文案具有内容真实、实事求是的特点

　　C. 从消费者心理出发具有较强的针对性、发生作用的时效性

　　D. 广告文案作为最具艺术性的应用型文体,它还可巧妙地调动和运用各种艺术手法,使广告产生强烈的感染力

ER-04章习题

(赵方军)

第五章

医药工作礼仪文书写作

ER-05章PPT

导学情景

情景描述：

"一车一杆，电脑收费，主动交费，谢谢合作""一车一杆，电脑收费，撞杆砸车，后果自负"这是我们在同一城市的两个不同的公路收费站前看到的文字提示，请问哪个效果会更好？为什么？

接下来让我们对礼仪的内涵做一些分析，其答案就明确了。

礼仪有"和"的精神。古人在很早前就提到过"礼之用，和为贵"，也就是说礼仪的最大用处就是用于人与人之间的和睦相处。那么，前者体现了"和"的精神，而后者则显对立。礼仪的另一个核心本质是"尊重"，前者体现了尊重，后者没有。

礼仪的力量还体现在它的感情色彩，是有温度的、是温和的，前者体现出来了，而后者显得生硬。

我们生活在重能力、讲礼仪的经济时代。形象专业是"外秀"，礼仪得体是"内慧"，内外皆修有助于我们在医药工作领域中成功沟通、交流。正所谓："人无礼则不立，事无礼则不成"。

学前导语：

礼仪是礼节和仪式的总称，人们的社会交往活动和思想感情的交流有许多都是通过一定的礼仪形式完成的。本章的礼仪文书就是人们在各种礼节往来中使用的文书。

第一节　欢迎词与欢送词

一、欢迎词

（一）欢迎词的概念及适用范围

欢迎词是宾客初到之际，主方向客方表示热烈欢迎的致词。欢迎词适合于各种场合，包括隆重的典礼、喜庆仪式、公众集会、外事活动等。

（二）欢迎词的种类

1. 从表达方式上分类

（1）现场讲演欢迎词：一般由欢迎人在被欢迎人到达时，在欢迎现场口头发表。

（2）报刊发表欢迎词：发表在报刊或公开发行的刊物之上的欢迎稿，一般在客人到达前后发表。

2. 从社交的公关性质上分类

(1)私人交往欢迎词:私人交往欢迎词一般是在个人举行较大型的宴会、聚会、茶会、舞会、讨论会等非官方场合使用,通常要在正式活动开始前进行。私人交往欢迎词往往具有很大的即时性、现场性。

(2)公务往来欢迎词:这样的欢迎词一般在较庄重的公共事务中使用。要有事先准备好的得体的书面稿,文字措词上的要求较私人交往欢迎词要正式和严格。

(三)欢迎词的特点和作用

1. 特点

(1)欢愉性:中国有句古话是"有朋自远方来,不亦乐乎",所以致欢迎词当有一种愉快的心情,言词用语务必富有激情和表现出致词人的真诚。只有这样才可给客人一种"宾至如归"的感觉,为下一步各种活动的完满举行打下友好的基础。

(2)口语性:欢迎词的本意是现场当面向宾客口头表达的,所以口语化是欢迎词文字上的必然要求,在遣词用语上要运用生活化的语言,既简洁又富有生活的情趣。口语化会拉近主人同来宾的亲切关系。

2. 作用　欢迎词在公共礼仪交往中起着重要的作用。在人们迎来送往、交流合作中,欢迎词有利于营造和谐的气氛、融洽主客的感情,以达到相互尊重、友好相处、以诚相待的目的。

(四)欢迎词的写作格式

欢迎词一般由标题、称呼、正文和落款四部分组成。

1. 标题　一般有以下两种写法:

(1)单独以文种命名,如《欢迎词》。

(2)由致辞场合、致辞人和文种名共同构成,如《××市市长×××在欢迎俄罗斯莫斯科医药代表团的宴会上的致辞》。

2. 称呼　称呼要求写在开头顶格处。要写明来宾的姓名或称呼,称谓前可用修饰语来体现出热情有礼,如"尊敬的各位女士、先生""亲爱的××大学各位同仁"。在称谓排序中,要注意尊者在前;女士在前,男士在后。

3. 正文　正文是欢迎词的主体部分,务必分清层次、言简意赅。一般可由开头、中段和结尾三部分构成。

(1)开头:开头通常应以简洁的语句对来宾的莅临表示热烈的欢迎和亲切的问候。有时,还要交代现场举行的是何种仪式、发言者代表何人向哪些来宾表示欢迎。如"黑龙江中医药大学与××药业集团有十几年的良好协作关系。今天你们作为学校2015级实习生来企业实习,我代表药业集团,对你们的到来表示热烈的欢迎。"

(2)主体:欢迎词在这一部分一般要阐述和回顾宾主双方在共同的领域所持的共同立场、观点、目标、原则等内容,较具体地介绍来宾在各个方面的成就,及在某些方面作出的突出贡献,同时要指出来宾本次到访或光临对增加宾主友谊及合作交流所具有的现实意义。

(3)结尾:结尾处再次向来宾表示欢迎,并表达自己对即将合作的良好祝愿,或者用敬语表达美好的祝福。

4.　**落款**　用于讲话的欢迎词无需落款,用于刊载的欢迎词要署上致词的单位名称,或致词者的身份和姓名,并署上成文日期。

（五）欢迎词的写作要求

1.　**篇幅短小**　一般的欢迎词都是一种礼节性的公关或外交辞令,宜短忌长,做到言简义丰。

2.　**层次分明**　欢迎词应该有条理地在开头表达对来宾的欢迎,中间陈述友情的增进,结尾表示祝愿和祝福。

3.　**礼貌热情**　称呼要用尊称,注意宾客身份,怀着尊重的内心,表达诚挚的情感,而不只是堆砌一些华丽的辞藻。

（六）例文和分析

在×××医药公司产品认证会上的致辞

尊敬的省食药监局王处长、各位专家：

大家上午好!

今天是×××公司经营发展历史上的一个重要的日子。今天,我们以全新的姿态迎来了省食药监局认证小组的领导、专家,对我公司开发的×××新产品进行认证,这是促使×××按照科学化、规范化、标准化的要求进行管理,提高企业经营管理水平和质量信誉,切实保障人民群众用药安全的重大举措。在此,我谨代表公司全体员工向前来参加×××新产品认证的领导、专家表示最热烈的欢迎和衷心的感谢。

我公司于 2013 年 6 月 29 日取得了《药品经营许可证》,2016 年 3 月 4 日取得《营业执照》,并于 2016 年 5 月 16 日正式营业,主要经营中药材、中药饮片、中成药、生化药品、医疗器械等十一大类 7000 余个品种的批发业务。公司营业场所面积 1500 平方米,办公用房面积 500 平方米,公司仓库总面积 8000 平方米。公司现有员工 158 人,其中各类专业技术人员 80 人,公司目前已与国内上千家医药生产企业、医药批发企业建立了稳固的合作关系,形成了连锁配送,商业调拨,新品、总代理品种推广三大经营板块,采购面向全国、销售覆盖湖南、辐射全国的营销网络。截至上年底,公司累计实现销售收入 8779 万元。

各位领导、专家,进行×××新产品开发是公司开业以来第一项自主研究的主治×××疾病的新药品,在准备认证的时间里,公司全体员工发挥出了空前的工作热情,克服了种种困难,勤勤恳恳,任劳任怨,充分诠释了"主动、敬业、团结、协作"的企业精神。在×××新产品开发过程中,我们根据《药品经营质量管理规范》及其细则,按照质量管理体系的整体要求,进行 PDCA 循环。无论此次认证通过与否,我们都要一直坚持下去。

诚然,作为成立时间较短的药品经营企业,我们的社会知名度还不是很高,但我们一直有干事创业的信心,我相信我们的产品质量是经得起检验的。在此,我真诚地希望各位领导、专家给予监督、批评、指正。

再一次感谢各位领导、专家!

医药公司总经理×××

2016 年 8 月 11 日

分析:

1. 称呼有礼、先后有序。

2. 正文开篇对来宾的莅临表示热烈的欢迎和亲切的问候,交代现场举行的是何种仪式、发言者代表谁向哪些来宾表示欢迎。

3. 正文中段介绍和回顾本公司的发展历程和取得的成绩。

4. 正文最后阐述了此次会议的重要意义和对来宾到来的再一次的欢迎。

5. 总体而言,这篇欢迎词是较为成功的,真诚、热情地表达出代表者的内心感受,说出了所有与会成员的心声及意愿。

▶▶ **课堂活动**

1. 一著名医药公司的员工培训内容有来有迎声、问有答声、去有送声,请同学们讨论发言这"三声"应该表达哪些内容。

2. 为某中医保健休闲会馆的开业仪式写一份欢迎词,对来宾表示欢迎。

二、欢送词

（一）欢送词的概念及适用范围

欢送词是行政机关、企事业单位、社会团体或个人在公共场合欢送友好团体回归或亲友出行时致辞的讲话稿。

欢送词适用于宾客离别时,主办方需要表达惜别、延续友情或合作等心愿时使用。

（二）欢送词的种类

1. 从表达方式上分类

（1）现场讲演欢送词:一般由欢送人在被欢送人离开时,在欢送现场口头发表。

（2）报刊发表欢送词:发表在报刊或公开发行的刊物之上的欢送稿,一般在客人离开前发表。

2. 从社交的公关性质上分类

（1）私人交往欢送词:私人交往欢送词一般是在个人举行较大型的宴会、聚会、茶会、舞会、讨论会等非官方场合使用。私人交往欢送词往往具有很大的即时性、现场性。

（2）公务往来欢送词:这样的欢送词一般在较庄重的公共事务中使用。要有事先准备好的得体的书面稿,文字措词上的要求较私人交往欢送词要正式和严格。

（三）欢送词的特点和作用

1. 特点

（1）惜别性:有句古诗说得好:"相见时难别亦难",中国人重情谊这一千古不变的民族传统精神在今天更显得珍贵。欢送词要表达亲朋远行时的感受,所以依依惜别之情要溢于言表。当然格调也不可过于低沉,尤其是公共事务的交往更应把握好分别时所用言辞的分寸。

（2）口语性:同欢迎词一样,口语性也是欢送词的显著特点之一。遣词造句也应注意使用生活化的语言,使送别既富有情趣又自然得体。

2. 作用 其主要功用与欢迎词除应用的时间、场合不同外,并无实质性的区别。同样是达到强化主客之间的感情,实现永远友好的目的。

（四）欢送词的写作格式

欢送词一般由标题、称呼、正文和落款四部分组成。

1. 标题 标题一般有以下两种写法:

(1)单独以文种命名,如《欢送词》。

(2)由活动内容和文种名共同构成,如《在××医药工作会议上的欢送词》。

2. 称呼 称呼要求写在开头顶格处。要写出宾客的姓名称呼,如"尊敬的女士们、先生们:""亲爱的×××大学各位同仁:"。

3. 正文 欢送词的正文一般由开头、主体和结尾三部分构成。

(1)开头通常应说明此时在举行何种欢送仪式,发言人是以什么身份代表哪些人向宾客表示欢送的。

(2)主体部分要回顾和阐述双方在合作或访问期间在哪些问题和项目上达成了一致的立场、取得了哪些有突破性的进展,陈述本次合作交流中双方的合作和交流给双方所带来的益处,阐述其深远的历史意义。对于私人欢送词还应注意表达双方在共事合作期间彼此友谊的加深增进,以及分别之后的想念之情。若为朋友送行,还要加上一些勉励的话。

(3)结尾通常再次向来宾表示真挚的欢送之情,并表达期待再次合作的心愿。亲朋远行尤其要表达希望早日团聚的惜别之情。

4. 落款 用于讲话的欢送词无需落款,用于刊载的欢送词要署上致词的单位名称,或致词者的身份和姓名,并署上成文日期。

（五）欢送词的写作要求

1. 依依惜别的真情 欢送词不像欢迎词那样热情洋溢,一般需要有依依惜别之意,可以委婉表达照顾不周的歉意,简要叙述和传达希望被欢送者再访的愿望。

2. 言简意赅 篇幅不宜过长。欢送词也是一种礼节性的社交公关辞令,要短小精悍,这样更宜于表达主人的尊重和礼貌。

3. 真情实意 欢送词的主体和客体应该是相交甚欢的朋友,双方通常都希望友谊延续,至少抽象来讲是这样的。因此,欢送词要表露诚恳的态度,不要流于形式。

（六）例文

欢 送 词

同学们:

时光飞逝,转眼半年的时间过去了。半年前,我们曾兴高采烈地欢迎×××医学高等专科学校护理专业2014级实习生。今天,同学们为期半年实习结束,即将回校,我代表×××医院,对你们圆满完成实习任务表示热烈的祝贺。

同学们即将回校,我们难舍依依惜别之情。你们实习的时间不长,但给我们医院全体医护人员和患者留下了深刻的印象。你们身上的朝气,对知识的渴求,敬业的态度,不怕脏不怕累的品质让人倍感亲切而又肃然起敬。当然,在实习的过程中也难免会受一些委屈,但我想这些都是你们实习的收获,也是人生的财富。

俗话说"天下没有不散的筵席",今天的分别是为了再次的相聚。我们愿做你们一生的师哥师姐、老师和朋友。

欢迎同学们再来医院,更欢迎同学们毕业后来我院工作,相信我们的友谊会地久天长。

最后,祝同学们一路顺风,学有所成。

点滴积累 ⋁ ·····································

1. 欢迎词要饱含欢愉之情;欢送词要有惜别之意。

2. 欢迎词和欢送词的篇幅都宜短不宜长。

3. 用于讲话的欢送词无须落款,用于刊载的欢送词要署上致词的单位名称,或致词者的身份和姓名,并署上成文日期。

4. 无论设家宴还是在酒店请客,一般都有"四部曲":第一是发请柬或打个电话邀约;第二是迎宾,无论朋友是否携带礼物,都应以礼相待;第三是喝酒吃饭,席间一定要尽到主人之谊,给每位客人敬酒或敬茶;第四就是送客,这其实是非常关键的一个环节,应该将客人送出大门,握手再见,直到朋友远去,才关上大门,这才是迎来送往的完整过程。

第二节　答谢词

一、答谢词的概念

答谢词是指特定的公共礼仪场合,主人致欢迎辞或欢送词后,客人所发表的对主人的热情接待和多关照表示谢意的讲话。答谢词也指客人在举行必要的答谢活动中所发表的感谢主人的盛情款待的讲话。

二、答谢词的种类

依据不同的致谢缘由和致谢内容,答谢词可划分为两个基本类型:

1. "谢遇型"答谢词　"遇",招待、款待。"谢遇型"答谢词即用来答谢别人的招待的致词,它常用于宾主之间,既可用于欢迎仪式、会见仪式上与"欢迎词"相应,也可用于欢送仪式、告别仪式上与"欢送词"相应。

2. "谢恩型"答谢词　"恩",受到的好处,即别人的帮助。"谢恩型"答谢词即用来答谢别人的帮助的致词,它常用于捐赠仪式或某种送别仪式上。例如1998年长江中下游地区的灾民在接受全国各地捐赠物品的仪式上、在洪水退后为抗洪抢险的解放军战士送行的仪式上就都使用了这种答谢词。

三、答谢词的写作格式

答谢词一般由标题、称谓、正文三部分组成。

1. 标题　在第一行居中的位置上写上"答谢辞（词）"。

2. 称谓　另起一行顶格写致辞对方的姓名、头衔，既可以是广泛对象，也可以是具体对象。称呼后加"："以示引领全文。

3. 正文　首先对主人的盛情表示感谢，并对对方的优越性予以肯定，表达出自己的荣幸与激动。这是答谢词的写作重点。其次要对对方的情况做较详细的介绍，以示尊重。第三应提出希望与之进一步发展关系的强烈意欲。结语应再一次用简短的语言表示感谢。

四、答谢词的写作要求

（一）内容与结构要合乎规范

从前文的分析中可以看出，两类答谢词所涉及的写作内容以及所运用的结构形式各有相对稳定的模式。在写作中，一不可混淆，二不可随心所欲地"独创"，要尽可能地符合写作规范，否则将会张冠李戴、非驴非马。

（二）感情要真挚、坦诚而热烈

既然要"答谢"，就应该动真情、吐真言，这就是所谓的"真挚、坦诚"；虚情假意、言不由衷或矫揉造作只能引来对方的反感。况且"答谢"的本身就是一种"言情"方式，既然要"言情"，就应热烈奔放、热情洋溢，给人以如坐春风的温煦感；否则，那种薄情寡义、冷冰冰、干巴巴、硬邦邦的致词是很难获得对方认可的。

（三）评价要适度，要恰如其分

一般说来，对于对方的行动，"谢遇型"致词不宜于妄加评论、说三道四。而"谢恩型"致词则可就其"精神"或"风格"作出评价，但要适度、要恰如其分，不可故意拔高、无限升华，以免造成"虚情假意"之嫌。

（四）篇幅要简短，语言要精练

礼仪"仪式"毕竟不是开大会，致词一般应尽量简短些，决不可像某些领导的会议报告那么冗长。作为"答谢词"，千字文即可。

要想篇幅简短，语言必须精练，应尽可能地将可有可无的字、句、段删掉，努力做到"文约旨丰"、言简意赅。

五、例文和分析

答谢会致辞

尊敬的各位嘉宾、朋友：

大家晚上好！欢迎各位在年终岁末百忙之中光临我们×××药业×××事业部VIP答谢会，我是分公司的负责人××，我谨代表×××药业、并以个人名义向出席今天活动的领导、嘉宾、新老客户朋友们表示热烈的欢迎和衷心的感谢！

岁月如歌,跋涉似舞。2013年,×××药业又走过了不平凡的一年。2013年,是我们×××人挑战自我、超越自我的一年。年初,我们定下了年度总任务,每一个销售人员也都给自己定下了个人年度销售目标。面对日益变幻的市场风云,我们的业务人员迎难而上,在激烈的市场竞争中,勇立潮头,在市场的波涛中歌唱,在竞争的刀锋上舞蹈。用行动谱写了一首首赞歌。我们的品牌打造,深入人心;我们的战略合作,互利共赢！这些成绩的取得与在座各位的大力支持与鼎力相助是分不开的,军功章里有你们的一半,在此向你们再次表示诚挚的感谢！今天,我们在此相聚,就是要表达一份感恩、一份谢意。我们希望用最朴实的行动感恩我们最尊贵的客户,用负责任的态度与您携手共创美好明天！在未来的日子里,我们将一如既往提供最优质的产品和完善的服务,以拳拳之心回报所有的客户长期以来的支持和帮助。

最后,再次致以我最真诚的问候！祝愿大家工作愉快、合家欢乐、万事如意！

分析:

1. 第一段简要说明自己的情况。

2. 第二自然段概述了×××药业取得的成绩,并向帮助过×××药业发展的单位表示感谢。

3. 第三自然段再次表示感谢,并发出祝愿。

点滴积累 ∨

依据不同的致谢缘由和致谢内容,答谢词可划分为两个基本类型:"谢遇型"答谢词和"谢恩型"答谢词。

第三节　请柬与聘书

一、请柬

(一)请柬的概念及适用范围

请柬又称请帖,是人们在节日和各种喜事中请客用的一种简便的邀请信,是为邀请宾客参加某一活动时所使用的一种书面形式的通知。

在现代社会中,请柬在我们的生活和工作中的使用是非常广泛的,适用于公司庆典、企业开张、庆祝会、展览会、座谈联欢、婚宴寿庆等社交活动。

(二)请柬的种类

1. 从表达形式上分类

(1)传统型:大红色卡烫印金色字。

(2)写真型:将与邀请相关的信息印在请柬上,如有的婚礼请柬印有新娘和新郎的容貌。

(3)别出心裁型:有别于以上两种,是具有个性和独特性的请柬,如立体的、更有实物性的、自我创新的请柬。

2. 从社交的公关性质上分类

(1)私人交往请柬:私人交往请柬一般是在个人举行较大型的宴会、聚会、茶会、舞会、讨论会等非官方的场合发出的请柬。

(2)公务往来请柬:这样的请柬一般在较庄重的公共事务中使用,表达形式上较私人交往请柬要正式和规范。

(三)请柬的特点和作用

1. 特点

(1)告知性:请柬承载着通知、邀请参加者参与的功能。

(2)郑重性:请柬不同于一般书信。一般书信都是因双方不便或不宜直接交谈而采用的交际方式。请柬却不同,即使被请者近在咫尺,也须送请柬,这主要是表示对客人的尊敬,也表明邀请者对此事的郑重态度。

(3)艺术性:请柬的行文要达雅兼备;形式给人以艺术享受,一帧精美的请柬会使人感到快乐和亲切。

2. 作用

(1)请柬可表示对被邀请者的尊重,也能传递邀请者对此事的郑重。

(2)请柬起到联络感情、沟通信息的作用。

(四)请柬的写作格式

请柬一般由标题、称谓、正文、回执、落款五部分组成。

1. 标题 一般有以下两种写法:

(1)单独以文种命名,如《请柬》或《请帖》。

(2)由活动内容和文种共同构成,如《中国国际医药展览会请柬》。

折叠式请柬的标题写在封面,封里则不必再写。

2. 称谓 在标题下的第二行,顶格书写被邀请单位名称或个人的姓名及称谓,并加冒号引起下文,根据具体情况可泛指也可确指。有时也在前面加修饰语,如"尊敬的用人单位",个人的称谓可用"先生/女士"表示,也可用"经理""局长""教授"等职务或头衔来表示。

3. 正文 另起一行空两格书写,写清邀请的缘由、出席会议或活动的具体时间和详细地点等有关事宜。正文结尾一般要用邀请惯用语对被邀请方发出得体、诚挚的邀请,如"敬请光临""欢迎光临"等。

4. 回执 为了确保会议或活动的顺利进行,有的请柬还附有"回执",从而来确认被邀请方是否有参与活动的意愿和要求。回执有两个作用:一是确认对方能否按时参加活动;二是可以了解被邀请方的信息,如性别、职务级别、民族习惯等,便于制定合理、适当的礼仪接待标准和规格,安排相应的接待程序。注意:不需要"回执"的请柬则没有这部分。

5. 落款 落款在正文右下方(竖写的在左下方),包括署名和日期。署名写邀请者单位名称,通常要加盖公章;私人请柬不需盖章。署名下方写上请柬发出的日期。

（五）请柬的写作要求

1. 完整性　写清邀请的内容、参与的具体时间和准确地点，以及主办方的有关信息。

2. 针对性　选用市场上的各种专用请柬时，要根据实际需要选购合适的类别、色彩和图案。

3. 实时性　发送请柬或邀请书的时间要恰当，太早则可能被遗忘，太晚则可能贻误时机。通常以在活动或会议举行的前3~5天发出请柬或邀请书较为适宜。

（六）例文和分析

请　柬

尊敬的客户：

　　您好！

　　我们很荣幸地邀请您参加"××医药"东北地区客户分享交流会。本次活动将于3月12日（周六），在××中医药大学会议中心3楼举行，我们真诚的期待您的参与与支持！

××医药公司

2017年3月5日

分析：这是一份客户交流会请柬，举办客户交流会的时间、地点、会议名称都写清楚了，并在正文结尾表达了邀请的意愿。这份请柬内容简洁，达到了明确告知和热情邀请的目的。

▶ **课堂活动**

　　请同学们发挥创新意识、展示自己的创作才能，制作一张漂亮的请柬，邀请亲朋好友、师长们参加自己的生日宴会。

二、聘书

（一）聘书的概念及适用范围

聘书是聘请书的简称，是机关部门、社会团体、企事业单位、公司学校等聘请有关人员在本单位任职或承担某项工作任务时使用的、具有固定格式的文书。

聘书适用于一个单位在需要某方面有特长、有专业技能的人才时，或需要某一岗位的工作人员时使用。聘书不仅适用于对外单位有关人才的聘请，同时对本单位已有工作人员的续聘同样需要使用聘书这种形式完成聘任程序。聘书也适用于社会团体或某些重要的活动，为了更好地开展工作、提高自身的知名度、扩大影响力等，聘请有能力、有名望的人加盟或参与。

（二）聘书的种类

1. 临时聘请书　企事业单位、团体在工作、生产、科研活动中因为自身力量不足，需要聘请外单位的有关人员承担某个职务或某项工作时而使用的凭证。临时聘请书由单位负责人签署，任务完成后聘请书即告失效。

2. 长期聘请书　一般在实行聘任制的单位中使用，这种聘请书是单位与受聘人的协议，由双方商定协议内容并由双方签署。聘请书一经签署，双方都要履行所承担的权利与义务，期满则失效。

由于已打破了终身制和铁饭碗,现在多数单位都实行了聘任制,每年都要对自己单位的工作人员实施聘用程序,签订聘书。

（三）聘书的特点和作用

1. 特点

(1)严肃性:聘书是劳动力需求方对劳动者进行选择之后,决定对其正式聘用时所形成的具有法律效力的文书。聘书一旦发出,双方都将承担着特定的法律责任,不到期满,任何一方都不得随意终止聘用关系,除非有特殊的原因,才能以除名或辞职的方式终止这种关系。因此,聘书的制作和发送要合法、规范和明确。

(2)凭据性:聘书是受聘者上岗工作的凭证,也是受聘者保护自己工作权利的依据,同时也是用人单位衡量受聘人员是否履行职责、是否完成任务的依据。如果双方发生纠纷,需要劳动仲裁部门或法律部门解决纠纷,聘书也是依法解决的重要证据。

(3)双向选择性:聘书是在双方自愿的基础上形成的,具有双向选择性。招聘单位有权向受聘者发出聘请意愿,受聘者也有权决定自己是否应聘。

(4)规定的期限性:聘书都要写明聘用的期限,长期工作的聘书可以是1年或数年,临时工作的聘书则到临时工作结束时自动终止。

2. 作用

(1)加强协作的纽带:聘书使用人单位与个人联系起来,同时加强了不同单位之间的合作,使之互通有无、互相支援,由此聘书起到了不可替代的纽带作用。

(2)加强应聘者的责任:聘书是需方基于对受聘人极大的信任和尊重发出的,因此应聘者接到聘书就等于必须对自己所聘的职务、工作负有责任,尽力做好自己的工作。

（四）聘书的写作格式

聘书一般由标题、称呼、正文和落款四部分组成。

1. 标题 一般是以"聘书"或"聘请书""聘任书"作为标题。

2. 称谓 称谓就是受聘者的姓名,顶格书写于标题之下、正文之前,可在姓名之后加"先生""女士""同志""教授"等身份或职称,后加冒号。

也有些聘书没有称谓这一项,而是在正文中显示聘请对象,例如"兹聘请×××律师任我医药公司的法律顾问"。

3. 正文 聘书的正文根据需要可长可短,但总体上说都是简明扼要的。最短的聘书只写明聘请什么人担任什么职务或承担什么任务即可。

内容比较多的聘书应该涉及以下几个方面:聘请对象;聘请的缘由;受聘人担任的职务;受聘人承担的职责或任务;受聘人的任期;受聘人享受的待遇(如薪金、奖金等);招聘方对受聘人的要求。实际写作之中,这些项目并不一定都要列举,而是根据需要选择其中的项目。

惯用的结束语是"此聘""特聘";也可采用书信的结束语,如"此致敬礼"等。

4. 落款 包括署名和时间,写明聘请者名称和聘书发放的具体日期。聘请者是单位的应当加盖公章,是个人的应当有个人签名。

（五）聘书的写作要求

1. 内容完善　聘请对象、聘请原因、受聘任务或职务，以及受聘职责一定要交代清楚。否则被聘请者就无法应聘，或盲目应聘。

2. 结构完整　聘书以单位名义发出的，必须加盖公章方能生效；聘书以个人名义发出的，必须手写签名方能生效。

3. 内容一致　如果用人单位与受聘者不仅有聘书，同时还签订合同，那么聘书的内容应该与合同的内容具备一致性。

（六）例文和分析

例文一：

聘　请　书

兹聘请××同志为××中医药大学学术委员会主任，聘期自×年×月×日至×年×月×日，聘任期间享受学校三级教授福利待遇。

此致

敬礼！

××中医药大学（盖章）

校长：×××（盖章）

××××年×月×日

分析：这是一份学校聘请有名气、有专业水准的人作顾问、做指点的聘书。交代了聘请原由、事项，并在聘书结尾写上表现敬意的结束语以表诚恳之意。

例文二：

聘　　书

聘用单位：×××建业集团股份有限公司

受聘人：×××

身份证号：×××××××××××××××××

一、聘任岗位

×××建业集团股份有限公司根据业务需要，聘任×××从事项目管理岗位工作，担任×××建业集团股份有限公司成都分公司经管总经理职务。

二、聘任期限

受聘人自2015年2月20日至20　年　　月　　日止向×××建业集团股份有限公司履行相应的岗位职责，完成岗位工作任务，按照×××建业集团股份有限公司的有关管理规定接受其考核和管理。

三、岗位职责

1. 受聘人在聘期内，在×××建业集团股份有限公司的授权范围内自主开展工程项目跟踪，开拓市场业务，对工程项目信息进行考察、评定，并负责中标后所施工工程的具体实施和管理，对所承接工程的质量、安全、劳务等一切责任直接承担全部责任。

2. 受聘人在聘期内,应严格遵守×××建业集团股份有限公司的各项规章制度,按照所聘岗位职责,接收公司的管理并达到岗位职责所规定的工作标准,并负责所施工项目部的贯彻落实。

3. 受聘人在聘期内,应遵守国家的法律法规,遵守职业道德。

4. 受聘人在聘期内,应遵守×××建业集团股份有限公司为保持工作秩序而制定的一切章程制度,认真履行受聘人与×××建业集团股份有限公司签订的《目标管理责任书》,并对责任书的具体内容的全面落实结果负责,受聘人对其造成的各项损失,承担全部的民事、刑事责任。

四、岗位聘任书终止、解除条件

1. 岗位聘任届满时,本聘任书自行失效。

2. 聘任书终止和解除时,本聘任书自行失效。

3. 双方在聘任期内,经协商一致可解除本聘任书。

4. 受聘人如违反本聘任书所规定的岗位职责,违反公司岗位管理制度,公司有权单方解除本聘任书,并以书面形式提前通知受聘人。

五、其他

1. 聘任书如有未尽事宜,凡属国家规定的,按有关规定执行,凡属国家未规定的,可以修改补充完善聘任书。

2. 聘任书一式四份,公司留存三份,受聘人执一份。

×××集团股份有限公司(盖章)　　　受聘人(签字):

签订日期: 　年　月　日　　　签订日期: 　年　月　日

分析:这份聘书是常见的印制好的岗位聘任书。正中的"聘书"字样为标题;正文是聘书的核心内容,交代受聘者承担的岗位,其次写明了聘任期限,以及应聘者应履行的职责;落款由双方共同签字。这则聘书体现出发聘书者郑重、严肃和诚恳的态度。

案例分析

案例:

刘某是某高校2011年药品经营与管理专业的应届毕业生,2011年6月22日通过招聘会应聘到一家公司。

2011年7月1日,刘某与该公司签订了一份为期两年的聘任书。聘任书约定:聘请刘某为公司营销员,主要从事市场营销工作,月工资1200元,聘任时间自2011年7月1日起至2013年6月30日止。聘任书同时还约定了劳动保护、劳动纪律、违约责任等条款,明确了刘某的职责、待遇、工作期限等。聘任书盖有公司公章、公司负责人的签字,以及刘某的签字。之后,公司再未与刘某签订劳动合同。

在市场竞争日益激烈、产品销路关系到企业生存的情况下,由于刘某业绩不佳,2012年3月,公司经理找刘某谈话,宣布解除与刘某的劳动关系,要求刘某10日内办理交接手续。

面对公司"10日内办理交接手续"的要求,刘某认为这是公司单方面解除劳动关系,因而应该支付违约金和经济补偿金等待遇。公司则以聘任书不是劳动合同、与刘某没有签订劳动合同、不存在劳动关系为由，拒绝支付违约金和经济补偿金等待遇。　刘某与公司就聘任书是否算劳动合同、是否存在劳动关系及自己是否应该享受相关待遇诉讼法律。

刘某向当地劳动争议仲裁委提出仲裁申请。

刘某称，公司虽然未与自己签订劳动合同，但聘任书已经明确规定了自己的工作职责、工资待遇以及违约责任，公司在聘任书未到期时无故解除聘用关系，应该支付违约金和经济补偿金，或者按照聘任书规定完成聘用期限。

该公司称，当初与刘某只是签订了聘任书，并未签订书面劳动合同，双方不存在劳动关系，不需要支付经济补偿金。　刘某在实际工作中未能按时完成公司交办的营销任务，直接影响公司的经济效益，应该承担由此带来的损失。　因此，公司没有必要支付违约金，不追究刘某的责任已属照顾。

仲裁委受理此案后经审查认为，刘某大学毕业后应聘到公司从事市场营销工作，公司未与刘某签订劳动合同，但公司与刘某已经存在事实劳动关系，聘任书基本具备了劳动合同的基本内容，公司与刘某形成事实劳动关系。　不签订劳动合同的责任在公司，该聘任书应视同为劳动合同。　公司单方面无故解除劳动关系，应该按照国家的有关规定支付经济补偿金。　刘某工作业绩一般，影响公司的经济效益，但并不是刘某主观造成的，不存在违约的事实，公司应该按照当时的约定支付单方面解聘的违约金。

5月9日，经劳动争议仲裁委调解，双方当事人最终达成调解协议：公司与刘某解除劳动关系，终止执行聘任书；公司向刘某支付违约金6800元、经济补偿金1200元。

分析：

1. 聘任书是企业单方面制作的文书，是企业在与劳动者签订劳动合同前颁发的文件，内容非常简单，一般不涉及双方具体的权利和义务，所以聘任书不能等同于劳动合同。

2. 劳动合同是劳动者与用人单位确立劳动关系、明确双方权利和义务的协议。　劳动合同是当事人双方意思表示一致的协议，内容是由双方在自愿平等的基础上协商达成的，是一种法律行为，必须由双方签字或盖章方能生效。　按照法律规定，建立劳动关系应当签订劳动合同，企业不能因为颁发了聘任书而不与劳动者签订劳动合同。

本案中，将聘任书视为劳动合同，是因为公司与刘某签订的聘任书中已基本具备了劳动合同的必备条款，但聘任书不能替代劳动合同，企业以聘任书替代与劳动者签订劳动合同，进而规避应尽的法定义务是不合适的也是违法的。　受聘者仅凭聘任书维权是会增大维权难度的，甚至难以维权。

点滴积累 ∨ ··

1. 托人转递请柬是不礼貌的。　请柬的递送方式很有讲究，古代无论远近都要登门递送，表示真诚邀请的心意；现当代亦可邮寄。　一定注意不能托人转递，转递是很不礼貌的。

2. 聘书不能代替劳动合同。

第四节　主持词与讲话稿

一、主持词

（一）主持词的概念及适用范围

主持词是主持人在各种大型活动、大型集会或其他较为隆重的仪式上所做的讲话。

主持词适用于各种会议、集会和活动。

（二）主持词的种类

主持词从主持的性质上可以分为以下基本类型：

1. 工作会议主持词，如法定性会议、工作性会议、临时性会议等。

2. 庆典集会主持词，如开学典礼、生日、婚礼等。

3. 娱乐活动主持词，如春节晚会、校园文艺演出等。

（三）主持词的特点和作用

1. 特点

（1）内容附属：主持词是为领导讲话和其他重要议程服务的，其附属性表现在两个方面：从形式上看，主持词的结构是由议程所决定的，必须严格按照议程谋篇布局；从内容上看，主持词是由会议或活动的内容所决定的，必须与之协调一致。

（2）结构独立：会议主持词分为开头、中间和结尾三部分，而且每部分都相对独立。

2. 作用

（1）穿针引线：主持词起到串联内容、承上启下的作用，将一个一个议程、一条一条信息串接起来，使单个议程、单条信息融为一体，形成一个完整的组合。

（2）抛砖引玉：主持词在串联衔接的基础上，要引导主持内容有序地向前发展，使整个主持对象气氛得当，该庄重的庄重、该愉悦的愉悦。

（四）主持词的写作格式

会议主持词一般由标题、称谓、正文三部分组成。

1. 标题　主持词的标题力求简洁明了、直截了当，是什么会议就用什么名称。如"医药公司主题分销会议主持词""全国医药业信息年会主持词"。

2. 称谓　称谓是主持者对广大听众的称呼。主持者视不同的与会人员、不同的场合选用不同的称呼，一般用泛称，如"各位领导""各位来宾""同志们""同学们"等。在特殊情况下，如地位、职务较高的领导、专家莅临下级单位指导工作时，可以针对某位领导用特称，如"尊敬的省长""尊敬的厅长"等。会议开始前要有称谓，主持中间还应适当用称谓，以便于引起注意，起到承上启下的作用。

3. 正文　正文由开场白、主体、结束语三部分组成。

（1）开场白部分：开场白的形式多种多样，可开门见山、直奔主题，如"今天我们在这里隆重集会，召开全国医药业信息年会""今天，在这里举办我公司中层干部研讨班"。也可简单介绍一下会议的召开背景、目的。无论用什么方法开头,都应该紧扣主题,用精练的语言吸引听众,自然地引出下文,不要兜圈子。

另外,在开场白部分还可介绍主席台就座的领导和与会人员,介绍出席人员时必须要注意先后顺序,先上级后下级,先来宾后主人。同时对各位来宾的到来,主持者要表示热烈的欢迎和衷心的感谢。

(2)主体部分:主体部分是会议的主要议程,也是主持词的核心部分。这部分是向与会者全面介绍会议的总体安排,可先总说、后分说,如"今天的对接交流活动主要有×项议程:一是……,二是……,三是……",然后分条说,如"下面进行第一项议程……";也可直接分条说,如"今天的大会主要有×项议程,下面进行第一项议程……"。还可以不明确说有几项议程,如"××医药公司开业仪式现在开始。首先,请××同志致词,大家欢迎……下面,欢迎××同志讲话……接下来,欢迎××致词……"。

值得强调的是,在两项议程之间主持者可以做一个简短的、恰如其分的评价,使这两项议程能自然地"串"起来,给人以连续感。在顺次介绍会议的每项议程时,切忌千篇一律,要讲究灵活性和多变性,如不要都用"下面……下面",可以跳用"下面""接下来""下一个议程是"之类的话。

(3)结束语部分:结束语是主持词的收束。结束语可以总结会议收到的效果,也可以发出号召、邀请,还可以抒情、祝愿,寄托主持者美好的愿望。如"通过今天对接交流活动的开展,进一步增进了我们之间的友谊……""最后,祝各位……"。

(五)主持词的写作要求

1. 清楚议程和认真策划 在写一篇主持词之前,一定要清楚地知道会议的背景和每一项议程,并认真分析每项议程之间的"孰轻孰重",然后确定议程的一、二、三……项。排列顺序的过程就是"串""联"主持词的过程,必须"串"得自然、流畅,"联"得恰到好处。

2. 写好开头和结尾 开头完成阐释的功能,完成"谁"在"哪里"在"什么时间""为什么"要"干什么"。"谁"可以是什么单位;"在哪里"就是活动现场的交代,可以是"令人陶醉的温泉之都";"什么时间"可以表达为"硕果累累的秋季";"为什么"就是活动的宗旨和目的。开场词要出奇制胜,要么以形式创新制胜,要么以语言之美制胜,要么以情绪调动制胜,要么以风格大胆制胜。结尾部分主要是进行总结,总结概括要有高度,要准确精练、恰如其分,它是对主要内容的一种提炼和升华。中间部分以最简练的语言依次介绍每项议程即可。

3. 把握风格和措辞 主持词具有附属性的特点,决定了在撰写主持词的过程中,从遣词到造句、从结构到内容,其语言风格、讲话口气等,都要服从并服务于整个会议,与会议相协调、相一致,或庄或谐都由主持对象所制约。

(六)例文和分析

医药公司主题分销会议主持词

尊敬的各位来宾、主治医生以及各位临床老师:

大家下午好!

医疗事故的频频发生,一系列不安全用药的问题,急切需要社会各界人士共同关注和解决,宣传规范用药,强化地区医疗队伍的建设,是我们义不容辞的责任。

为此,××医药有限公司联合知名药企,以及知名医院专家教授一起推动主题为"高品质福德高品质伙伴"学术研讨会,基层医疗机构扶植工程项目,在××省以"安全用药为主题"的临床用药实践与指导活动,为基层医疗机构的卫生工作者提供最权威、最专业的临床用药指导和经验交流平台。

接下来,我简单地介绍一下××医药有限公司:

××医药有限公司是集合××医药精英集体智慧的结晶而发展成立的朝阳公司。公司地处全国十大经济开发区之一的××经济技术开发区,是××省2012年第一家依照新的《药品经营许可证管理办法》成立的现代化药品批发企业。公司药学技术力量雄厚,执业药师4人,药学人员占公司总人数的30%。

我们××医药公司的承诺是:

1. 提供优质的产品,全套合法经营手续,严密的市场保护体系,保证客户最大的利润空间,建立长期合作伙伴关系。

2. 资深的营销策划团队,为您提供完善的营销方案及终端促销的宣传模式。

3. 根据市场情况,资深营销专家协助客户开拓市场及指导培训,提供及时贴身的全心服务,确保您快速地启动市场。

培训大师陈安之老师曾说过:要想成为第一,就必须和第一名连接,××医药也不例外,我司的合作伙伴有"×××"公司、"×××"公司。

×××迎春联谊会今天的议程从以下几个方面为大家准备:

一、学术介绍

二、现场代表感受

三、产品政策及现场订货

四、抽奖

五、共进晚宴

下面有请××执业药师进行学术讲话。

有请××学术专家。

接下来进行咨询和解答。

(现场互动、问答)

在这儿,真诚感谢各位莅临我司学术研讨会现场,在邀约你们的过程中,你们给了我们很多很好的建议,也提出了不少的疑问和担忧:

第一是价格疑问,如××,我公司××粉针剂3.5元/支,而大多数的××水针剂只有一两块钱,在座的各位相信都清楚,刚刚专家也讲过,粉针和水针的区别,在市场上,给患者打××水针剂时,一般都用毛毯、暖手袋把手暖着,这说明什么呢?我请教过一线的临床老师,他们告诉我:注射××水针剂会发冷、心慌、头晕等,剂量重了甚至会腹泻等,这些只是表面症状,还有不可预见的,如肝肾衰竭、血细胞坏死等。

而现在手中的粉针剂,××省单独定价是11.58元/支,中心医院均有货。现在我们公司直供给大家是3.5元/支。赚钱是小事,安全才是首位。

第二是对药品质量的担忧,我们公司的所有产品均是名企厂家生产的优质的产品。

第三是关于配送货物问题,今天所有的订单由我们的业务员根据您的要求按时送达你们手中。今天报计划,最迟两天内送到。如我司下午五点下班,五点前报的计划,第二天发物流,第三天一早即可收到,如早上报计划,下午发物流,第二天早上即可收到。

业务员随叫随到,这是我们的责任,更是我们的义务。

最后,我代表××医药有限公司全体同仁,预祝各位在新的一年里万事如意、财源广进、阖家幸福!

分析:

1. 称谓周密,开头完成了阐释的功能,即"谁""在哪里""干什么"。

2. 介绍了活动议程。

3. 主题分销会议即将结束时,主持者灵活应对了医药公司的药品价格、药品质量和药品配送货问题,给予了周到、有效的回答。

4. 这篇主持词注重了开头和结尾的写作,开头的自荐、结尾的祝福都与本次会议主旨相吻合,中间的串词有机地连接了各个议程。

二、讲话稿

(一)讲话稿的概念及适用范围

讲话稿也称"发言稿",是为在某种特殊场合讲话所拟定的书面稿子。

讲话稿的适用范围很广,多用于各种大小型会议、广播录音、电视录像等口头表达,也可以登报印发成"书面发言"。

"讲话"和"发言"本是同义语,但由于约定俗成的原因,现在多数是将领导和主持人的发言称为"讲话",将其他个人或与会人员所说的统称为"发言"。

(二)讲话稿的种类

讲话稿从形式上分为以下类型:

1. 即兴式讲话稿　是指讲话人员事先没有准备,但受到别人讲话或会场情绪的影响,引发了自己对某个问题的感受,觉得有必要阐述一下自己的看法、抒发一下自己的感情,于是就临场进行准备,大体列出要讲的几个内容。

2. 要点式讲话稿　是指讲话人事先有所准备,明确列出主要观点、层次、关键性问题,但更为具体的内容则靠临场发挥,现想现说。

3. 宣读式讲话稿　是指讲话人事先已经做了充分的准备,甚至讲话稿经过写作班子反复修改、多次讨论,已成定文,讲话人在会上宣读原稿。

(三)讲话稿的特点和作用

1. 特点

(1)内容的针对性:讲话稿的内容是由会议的主题和讲话者的身份来决定的。因此在写讲话稿之前,必须要了解会议的主题、性质、议题,讲话的场合、背景,领导者的指示、要求,听众的身份、背景情况、心理需求和接受习惯等。

(2)篇幅的规定性:讲话是有时间限制的,因此对讲话稿的篇幅要有特定的要求,不能不顾具体情况长篇大论。一般来讲,表彰、通报、庆典等会议上的讲话稿篇幅不宜过长,以免喧宾夺主。

(3)语言的得体性:为了便于讲话者表达,易于听众理解和接受,讲话稿的语言既要准确、简洁,又要通俗、生动。另外,由于讲话具有现场性,因此撰写领导讲话时必须提前考虑和把握现场气氛和场合。

2. 作用 讲话稿的主要作用是节省时间,集中、有效地围绕议题把话讲好,不至于走题或把话讲错。

(四)讲话稿的写作格式

讲话稿一般由标题和正文两部分组成。

1. 标题 讲话稿的标题分为以下两种:

(1)由讲话人的姓名、职务、事由和文种构成,如《××副总经理在中医药工作会议上的讲话》。

(2)由概括讲话的主旨或主要内容和文种构成,如《医药联盟开业典礼上的讲话》。

2. 正文 讲话稿的正文包括开头、主体和结尾三部分。

(1)开头部分是根据与会人员的情况和会议性质来确定适当的称谓,如"同志们""各位专家学者"等,要求庄重、严肃、得体;然后用极简洁的文字将要讲的内容概述一下,说明讲话的缘由或者所要讲的内容重点;接着转入讲话正文。

(2)主体部分是依据会议的内容和发表讲话的目的,可以重点阐述如何领会文件、指示、会议精神;可以通过分析形势和明确任务,提出搞好工作的几点意见;可以结合本单位的情况,提出贯彻上级指示的意见;可以对前面其他领导人的讲话做补充讲话;也可以围绕会议的中心议题,结合自己分管的工作谈几点看法等。

(3)结尾用以总结全篇、照应开头、发出号召,或者征询对讲话内容的意见或建议等。

(五)讲话稿的写作要求

1. 了解听众,顾及需求 讲稿的效果好不好,不是撰稿人个人或少数人坐在办公室里评定的,而是要由广大的听众来打分,因此讲稿首先要考虑听的是什么人,这些人有什么需求、有什么怀疑、提出什么问题、有何不同观点,以便于能够及时予以回答。这就要求讲话稿将"想"和"讲"有机地统一起来。

2. 主题鲜明,重点突出 选择和确定主题至关重要,这就要求动笔之前首先要研究或者领会领导的意图,要请领导谈讲话的主题,这是大前提,主题明确了,才能谈思路和其他。

3. 材料翔实,丰富多彩 广泛收集和正确运用材料是撰写讲话稿的重要一环。材料一般分理论材料、事实材料、数字材料和会议本身相关的信息四部分。根据表现主题的需要进行加工,有的要删节,有的要概括,有的要改变角度。

4. 语言准确,合乎口语 首先要准确,讲话稿的提法、用语、分寸、措词要准确地反映客观实际,做到文如其事、恰如其分。有些词意思相近,但又有细微的差别,要认真推敲、恰当运用。其次是口语化,一些书面语言的词汇要改用口语词汇,如"迅速"可改成"很快就";不该省的字不要省,如"同期"最好写成"同一时期",以免发生误会。文绉绉的成语最好不用,但是早已口语化了的成语是可以使用的,这样才能使讲话稿的文字生动、雅俗共赏。

（六）例文分析

在×××医院建院六十周年纪念大会上的讲话

尊敬的各位来宾,女士们、先生们:

风雨曾经,坎坷几何。六十年的时间算不上沧桑,却也是砥砺漫漫。今天,在美丽温馨的阳光下,乐山市精神卫生中心迎来了她60岁生日,我以最诚挚的祝福为礼,祝您生日快乐!

××年,我刚加入到这个集体中,虽然我没有机会见证医院发展的每步历程,但我感受到了她强劲的发展气息。

六十年的时间,医院已经旧貌换新颜!还记得小时候我曾去位于××地老院址玩过,狭窄的院落,破旧的房舍,交通也极为不便。如今的医院依山傍水、交通便利、设施齐全、活动区环境优美,对精神病人来讲是个康复疗养的好环境。医院旁也修建了职工宿舍,医院也成立了工会,使职工们真正感受到医院就是自己的家。去年又新修建了戒毒病房和精神科特殊病房,均按标准间修建,每间病房配有空调、电视、卫生间。门诊部和住院部也装饰一新,还采用了计算机和闭路电视监控管理,更加保证了患者住院的安全。这一切不仅为病人提供了一个更舒适、整洁、美观的就医环境,也为医护人员提供了良好的工作环境。

六十年的时间,领导变了,没变的是对医院、对患者的责任与关爱。现在的院领导年轻有为,思想开明,为了医院的发展兢兢业业、不辞辛劳。医院的环境得到改善就是院领导多方协调争取而来。俗话说,高素质的业务人才是医院生存和发展之本,去年新引进了几名刚毕业的医大生,为医生队伍注入了新的活力。今年医院还计划输送他们到上级医院进修,不断提高业务技能,提升医院的医疗水平。由于精神病人是"三分治疗七分护理"的特殊群体,因而对于与病人接触最多的护士,护理部更是每月组织两次业务学习和技能培训,不断提高我们的护理水平,努力打造与时俱进的学习型医院。前段时间,为了了解改善患者的伙食情况,院长和书记亲自到食堂和患者同吃一锅饭菜,真正体现了院领导坚持以病人为中心,视患者为朋友,心系患者、情系患者的宗旨和理念。

六十年的时间,医护人员始终如一的竭诚为患者服务。在加入这个大家庭之前,我是乡镇卫生院的一名护士,那时候所面对的都是大家所熟悉的肌体出现问题的病人。但在这里,我所面临的是一群心理上精神上有问题的病人。虽然我明白护理是一门艺术,从事这门艺术需要有极大的心理准备,但是这对于没有接触过精神病人的我来说,心理上多少有一些负担。来医院后,我努力地调整好自己的状态,不断地向老同事学习。在这里,我更加体会到"白衣天使"的工作不仅仅只是有一双机械忙碌的手,更要用心、用情、用爱、用微笑去面对每一位患者,"白衣天使"的形象要用心来体现。如果说交流是一泓清泉,那么语言就是那宽广的河流,可以让泉水汇集,发挥更大的力量;如果说关爱是一叶轻舟,那么行动就是那徐徐微风,可以将人与人之间的小船传送到恬静的港湾。精神病人是一个特殊的群体,大众往往不因他们有病而给予关心和爱护,更多的是歧视和嘲笑。常言道"动人春色不必多,迷人只在一点点",作为和精神病人接触最多的护士、作为新职工,我唯有用更多一点的爱心、耐心和细心取得患者和家属的信任;唯有用一种兼容并蓄,以人为本的胸怀来体现我作为一名医护人员的魅力品质。

花开花落几度寒暑,六十年的时光弹指一挥。月满月亏潮涨潮落,六十年的历程岁月章回。常言道"不积跬步无以至千里",医院的发展壮大还需要我们每个人从自我做起,从身边做起。砥砺漫漫,必将春华秋实,乐山市精神卫生中心,未来的日子有您、有我、有我们,祝您一路好风景!

分析:本文结构清楚、感情细腻自然、语言简洁流畅,是一篇值得借鉴的讲话稿。

知识链接

演讲技巧

演讲是一种宣传主张或观点、交流思想感情的口头表达活动。 演讲可分三步走:开场要快速切入到演讲主题上,抓住听众的"耳";中间部分要围绕主张或观点条分缕析去演讲,征服听众的"心";结尾要富有鼓动性,激发听众的"情"。 为了达到宣传主张、煽情的效果,演讲力求多用短句和通俗化语言,使听众易于明白;可巧用排比、夸张、反问、反复、引用等手法,直击听众心灵,以激起兴趣、引发思考、引起共鸣;音量做到吐词有力、清晰,一般情况下以从容、有力作为主基调,适当加入高潮式的高音量和语调;语速适中,并富于变化。 另外,演讲者的态势方面,手势以自然为佳,在此基础上可进行适当的修饰和设计;站姿应舒展、自然,必要时可以适度变化;目光要与听众交流;表情要自信、从容、面带微笑,还可配合演讲内容做适度的变化。 这样才能使演讲的内容与外在的表现形式融为一体,达到最佳的演讲效果。

点滴积累 V

1. 主持词具有附属性的特点,决定了在撰写主持词的过程中,从遣词到造句、从结构到内容,其语言风格、讲话口气等都要服从并服务于整个会议,与会议相协调、相一致,或庄或谐都由主持对象所制约。

2. 讲话稿分为即兴式讲话稿、要点式讲话稿、宣读式讲话稿。

目标检测

一、单项选择题

1. 下列选项哪个不是欢迎词结尾的内容( )

A. 再次向来宾表达真挚的欢迎之情

B. 表达对即将合作的良好祝愿

C. 表达期待再次合作的心愿

D. 用敬语表达美好的祝福

2. 欢送词的种类(　　　)

　A. "谢遇型"欢送词

　B. 现场讲演欢送词、报刊发表欢送词、私人交往欢送词、公务往来欢送词

　C. "谢恩型"欢送词

　D. 书面形式欢送词

3. 对请柬表述正确的一项是(　　　)

　A. 请柬可以不考虑其艺术性,只要行文兼备达雅即可

　B. 请柬一定要明确地表述会议或活动的名称、时间、地点和主办方等有关事项

　C. 请柬是一种书面形式的通知,因此结尾可以使用惯用语"特此通知"

　D. "请柬"与"请帖"这两种礼仪文书有本质区别

4. 写好主持词的要求是(　　　)

　A. 穿针引线,抛砖引玉

　B. 内容附属,结构独立

　C. 清楚议程,认真策划;善于应变,勇于创新

　D. 写好开头和结尾,把握风格和措辞

5. 讲话稿的种类是(　　　)

　A. 依据约定俗成:把领导和主持人的发言称为"讲话",其他个人或与会人员所说的,统称为"发言"

　B. 要了解听众,要吃透两头

　C. 即兴式讲话稿、要点式讲话稿和宣读式讲话稿

　D. 语言书面化,语言口语化

二、简答题

为了表达盛情,欢迎辞要写得文采飞扬,具有浓郁的文学色彩;为了表达惜别之情,欢送辞要写得催人泪下。这种说法对吗?

ER-05章习题

（郝美玲）

第六章

医药新闻类文书写作

导学情景 ∨

情景描述：

2016 年，金秋九月，某学校的秋季运动会胜利召开。运动场上正在进行男子 4×100 米接力的决赛，运动健儿顽强拼搏、勇往直前。突然，一名运动员摔倒，造成手臂和腿部皮肤擦伤，周围的同学都过来帮忙，急救医生王大夫立即到达现场进行处理。新闻部的张同学也随即赶到现场，想要做一个实时的报道，并对该事件的主要人物急救医生和受伤的同学进行了采访，随后发表了一篇通讯刊登在学校的校刊上，让更多的同学都来评论一下校园这次救助同学的好人好事。

学前导语：

新闻是对新近已发生和正在发生的，具有一定社会价值或有一定影响并引起公众兴趣的事实、现象、动态等所进行的报道。新闻稿件的基本分类包括通讯、消息和评论。

第一节　新闻

一、新闻的概念

新闻是对新近已发生和正在发生的，具有一定社会价值或有一定影响并引起公众兴趣的事实、现象、动态等所进行的报道。

新闻有广义和狭义之分。广义的新闻是指新闻报道的各类体裁，如消息、通讯、评论、特写等。狭义的新闻专指消息，消息是新闻传播的主要形式，使用频率最高，我们这里所要讲的新闻的写作就是消息的写作。

二、新闻的特点

1. 真实　真实是新闻写作的基本原则。新闻报道的是客观存在的事实，新闻中的人物、事件、时间及引述的数据都必须准确可靠，不能有半点虚假。新闻必须真实地反映事物的客观事实。

2. 新鲜　新闻强调一个"新"字，因为"新"才能够反映社会的各种情况，反映事件的发展和变化。新鲜包含 3 层意思：一是从时间上说，是"新近"发生，甚至是"正在"发生；二是从内容上说，新闻传播的是给人以新启发、新发现的创新性的信息；三是立意新，即对传播的信息进行提炼，揭示其深层的内涵,拔高立意。

3. 短小 指篇幅的短小精悍、行文的简洁精练,这样可以更加快捷地传播信息。新闻一般抓住新闻事实的特点,一事一报,篇幅短、段落短、句子短,多则几千字,少则百余字,甚至浓缩为一句话。

4. 快捷 快捷是新闻的生命,指报道的及时性,快捷要求快采访、快写作、快发表,新闻如果过了一定的时间,就失去了它存在的价值。

三、新闻的种类

根据不同的标准,可以将新闻分为不同的种类。根据篇幅长短不同,可以分为长新闻、短新闻、标题新闻、无标题新闻等;根据新闻报道的内容不同,有政治新闻、经济新闻、军事新闻、社会新闻、体育新闻、文教新闻等。在新闻界常用的是将新闻分为以下4种:

1. 动态性新闻 也称动态消息,它能够迅速、及时地报道国内、国际的重大事件,报道现实生活中的新人、新事、新气象、新动态、新成就、新经验。以事物的最新变动为主要着眼点,以时新性与重要性为主要价值取向,以突发性事件为主要报道内容,以客观叙事为基本特征,内容单一,一般一文一事,篇幅短小,文字精练,特别注重时效性,给人以动感和现场感。

2. 综合性新闻 也称综合消息。围绕一个主题思想,从不同侧面概括反映某个事件、问题的全局性情况,或综合报道不同地区、单位具有同类性质又各有特点的多件新闻事实的一种新闻体裁。它是综合反映带全局性的情况、动向、成就和问题的报道。它涉及的面较广、声势较大,能给人较为完整的印象。综合性新闻的报道面广,既可以是横断面综合反映动态、情况,也可以是从纵深度综合反映成就、经验或问题。它不受空间的限制,不如动态性新闻的时效性强。

3. 经验性新闻 也称典型报道,它是报道典型经验,用以推动全局、指导工作的一种新闻体裁。它既有概括的观点,又有具体的做法,它偏重于交代情况、叙述做法、反映变化、总结经验。篇幅一般比其他体裁要长,经验性新闻贵在题材重大、典型,提供的经验具有普遍的意义。

4. 述评性新闻 它是用叙议结合的方式对具有新闻价值的事件、工作和思想动态进行评议的新闻报道。它以事实报道为基础,以评述事实为目的,述评结合,夹叙夹议,具有较强的思想性和针对性。

四、新闻的结构

这是指新闻的结构形式,即作者对已过滤的新闻材料进行总体性安排或布局的方式。我们这里主要介绍新闻的最基本的结构方式——倒金字塔式结构。

倒金字塔式结构是一种"头重脚轻""虎头蛇尾"式的结构,它将最重要的材料放在篇首,最不重要的材料放在篇末,从导语至结尾按重要性程度递减的顺序来组织安排新闻材料。它的主要特点是:

1. 打破了记叙事件的常规,在材料的时间特征上往往呈现以下公式:首先是"总体性倒叙",即将最后的结果或后发生的却富有吸引力的材料置于篇首;其次是"局部性倒叙"(即"倒叙中的顺叙"),即在局部性倒叙中又用顺叙说明过去的一段时间内"开始如何,后来又如何";最后是"总体性顺叙",即"现在正在如何,进一步又如何"。

2. 它按重要性程度来安排材料,决定段落层次的顺序,常呈现为"重要""次重要""次要""更次要""补充""进一步交代性材料"的顺序。

3. 它的导语常是直叙型,它包含了最重要的事实,又往往具有相对的独立性,可独立成章,变成"简明新闻"或"一句话新闻"。

4. 对事件过程的叙述往往较简略,每段文字都很简要。

倒金字塔式结构便于读者迅速掌握全篇之精华,满足读者尽快获取最新消息之需求;便于记者迅速报道新闻,将最重要的新闻事实最先发出去;便于编辑选稿、组版、删节,如在版面不够时可从后往前删,无需重新调整段落。但它也易于造成程式化、单一化的毛病。

五、新闻的构成与写法

新闻一般由标题、导语、主体、背景、结尾五部分组成。

1. **标题** 标题是新闻的眼睛,新闻的标题既要吸引读者注意,使读者在最短的时间里获取所需的信息,又得能够概括内容,具有醒目、新颖、有趣味的特征。

新闻标题的类型有以下 3 种形式:

(1)多行标题:主要是三行标题,包括引题、正题和副题。

引题又称肩题、眉题,一般用来交代背景、说明原因、烘托气氛、揭示意义等,引题一般多作虚题。正题又称主标题、主题、母题,它是新闻标题的核心部分,通常揭示新闻中最重要、最吸引读者的信息或点明新闻的中心思想。副题又称子题、副标题,一般用来补充、注释和说明、印证主题。

(2)双行标题:是由引题、正题或正题、副题组成的。正题一般都有实质性内容,因此也称实题;引题和副题一般是对气氛的烘托、意义的阐述或对正题的补充,因此又称虚题。双行标题一般是虚实结合、彼此呼应、互为补充。

(3)单行标题:单行标题指的是只有正题的标题,它是新闻内容的高度概括,要求突出中心思想、简洁明了、醒目突出。

新闻标题的制作要求是:

(1)准确:准确是新闻标题写作的最基本的要求。一是准确概括、反映新闻事实;二是要准确评价事实;三是运用语言要准确。

(2)鲜明:鲜明即指标题通过对新闻事实的选择、揭示和评价,表现出来的对事实的态度立场要明确,不能模棱两可、含含糊糊。也包括态度、立场的正确性。

(3)凝练:就是要简洁明了地传达出消息的内涵。要用点睛之笔,剔浮词、去空话,以最少的文字传达最准确的信息。

(4)生动:消息的标题要力求以优美的形式吸引读者,故应讲求生动性。方法很多,如运用修辞手法,引用诗词或名言警句、方言民谚等。

2. **导语** 导语是新闻开头的第一句话或第一个自然段。以简练而生动的文字介绍新闻事件中最重要的内容,揭示新闻的主题,并能引起读者阅读兴趣的开头部分。按倒金字塔式结构的特征,新闻要将最重要、最新鲜的事实放在导语中。导语的作用有 3 个：一是介绍最重要、最精彩的事实；二是揭示消息的主题；三是引起读者的阅读兴趣。

导语的写法主要有以下几种：

（1）叙述式导语（也称直叙式导语）：它是将新闻中最主要的事实直接叙述出来，是导语的最基本、最常见的写法之一。

（2）描写式导语：它以展示事物的形象和事件的场景为主要特征，写作时常抓取某一生动形象、鲜明的色彩或有特色的细节加以描绘。

（3）评论式导语：即对所报道的事实进行简洁、精辟的评论，揭示其意义。

（4）引语式导语：即引用新闻人物精彩而生动的语言或与新闻有关的诗句、格言等来揭示主题。

（5）提问式导语：用提问的方式引出新闻报道的事实，设置悬念，引起读者的注意和思考。

3. 主体　主体是新闻的主干部分，它紧接导语之后，是新闻的重要组成部分，用充分的、具体的事实材料对新闻的内容做具体全面的阐述。主体的作用：一是对导语进行解释、深化和具体化，对导语中涉及的内容进一步提供有关细节和背景材料，使其更清楚、明确、具体；二是补充新的事实，补充导语中未提及而又能表现新闻主题的事实和其他要素。主体部分的写作要注意以下几点：①紧扣新闻主题取材；②叙事具体，内容充实；③叙述生动，行文善兴波澜。

4. 新闻的背景材料　新闻背景指写作过程中涉及的与新闻人物和事件发生、发展相关的历史、原因和环境、条件等方面的材料。背景材料运用得好，可以解释、烘托和深化主题；可以代替作者的议论而使报道显得客观；可以补充情况、介绍知识、增添情绪。背景材料在消息中位置灵活，可独立成段，也可穿插于导语、主体或结尾之中，一般出现在导语和主体中。背景材料是新闻的从属部分，不宜使用过多，否则会喧宾夺主。

背景材料主要有以下 3 类：

（1）对比性材料：主要通过对比衬托，以突出新闻事实的意义，阐明某一主题、表明某种观点。通过对比，突出矛盾和差异，显出特点和价值。通常有两种情况：一是纵比，即今昔对比、前后对比；二是横比。

（2）说明性材料：它往往是对与新闻事实相关的政治背景、地理背景、历史背景、思想状况或物质条件等情况进行介绍和交代，用以说明事物产生的各种因素，揭示事物发生或变化的意义。

（3）注释性材料：它往往对产品（物品）的性能特点、科技成果、技术性问题、名词术语、文史知识、风俗人情等进行注释、介绍，以帮助读者掌握消息内容、增长知识和见闻。

5. 结尾　结尾是新闻的最后一句话或一段话，用于收束全文、深化主题或说明结果、点明意义或指出发展趋势、展示未来。有时没有结尾，事实叙述完毕就自然结尾了。

六、新闻的写作注意事项

1. 叙述讲究技巧　新闻叙述的六要素即 5 个 W（when、where、who、what、why）、1 个 H（how），这 6 个要素（时间、地点、人物、事件、原因、结果）要根据主题的需要来确定，有时并非每个要素都必须是完整的。

2. **主题鲜明** 新闻的主题是通过事实来表述的,因此剪裁要围绕中心,力求突出主题。

3. **语言准确通俗** 新闻的真实性要求语言表达要准确,通俗的语言便于大众接受。

七、例文

例文一:

××省医药园区春季大型人才交流会5日举办

中国某网讯(记者×××)记者从某省医药园区组织人事局获悉,医药产业人才盛会——"2017年中国医药城春季大型人才交流会"将于2月5日在医药城会展交易中心举办。

春节后首场大型人才招聘会,园区企业踊跃报名。截至记者发稿前,已有110多家企业报名参会,提供医学、药学、生物工程、行政管理、市场营销、财务、机械、电气、计算机等70多个专业的岗位。预计活动现场,将有超过150家企业参会,提供人才岗位5000多个。

现阶段,中国医药城步入产业发展的爆发期,企业对于人才需求急剧放大。作为专业化的医药产业人才交流活动,中国医药城大型人才交流会已连续举办多年,品牌日益凸显、影响逐步扩大。据主办方负责人介绍,2017年春季交流会上,名企云集、岗位众多,甲、乙、丙等跨国企业就提供了QA、QC、实验室主管、技术工程师、财务等200多个人才岗位,广大求职者有机会与世界500强企业零距离接触,面对面沟通。丁、戊等重点企业携质量部经理、销售经理、制剂车间主任、检测实验员、操作工、维修工等大量岗位参会,为各类人才提供多样化选择。随着建设的有序推进,A公司也推出了细胞培养工程师、纯化工程师、QA、QC、制剂工程师等50多个岗位,期待招到合适的人才。

本次人才交流会通过多种渠道吸引人才,为方便广大求职者,主办方将在官方微信公众号上提前发布交流会人才需求信息并持续更新,敬请广大求职者及时关注招聘动态。主办方特别提醒,当前正值2017届毕业生求职的关键期,本次招聘会上,适合应届生的岗位约有1000个,希望大家抓住企业抛出的橄榄枝,提前筛选岗位,了解任职要求,有的放矢投递简历。

目前,人才交流会的各项筹备工作正在有条不紊地开展。

例文二:

第六届中国医药博览会举办

《××报》记者×××报道:第六届中国医药博览会于10月30日至11月1日在××省中国医药城会展交易中心举办。博览会期间,中国医药城规划建设汇报会、医药信息发布、技术产品展示、项目洽谈对接、专业高峰会和健康讲座等活动分别举行。

中国(×地)医药博览会此前已成功举办了5届,成为推动生物医药技术创新和产业发展交流合作的有效载体和重要平台。本届医博会以"集聚医、药、养资源,发展大健康产业"为主题,共吸引了美国、英国、韩国等12个国家和地区的500多家企业前来参展,汇聚了全球3000多项专利和创新成果。

按照"国际化、专业化、市场化"总体思路,本届医博会特色更加鲜明,成效更加显著,更加简朴节约。医博会压缩开幕式规模,精简不必要的仪式和程序,布展中引入环保低碳理念、服务客商热情周到厉行节约等。同时,充分展示泰州医药产业的优势特色,凸显中国医药城的广阔发展前景。

医博会既见证着我国医药产业的蓬勃发展,也助推当地以大健康产业集聚为特色的中国医药名城建设。上届医博会以来,当地被明确为健康产业集聚发展试点城市,成功获批全国首批康养旅游示范基地,被确定为国家中医药综合改革试验区。去年全市生物医药及高性能医疗器械产业规模达数百亿元,在全国地级市中位列第一。中国医药城启动建设以来,按照"以产兴城、以城促产、产城一体、产城共荣"的规划建设理念,致力于打造中国规模最大、产业链最完善的生物医药产业基地。

本届医博会国际化程度和知名度影响力显著提升,也更加注重对接、洽谈和交易的实际效果。美国、以色列、意大利、德国、英国、法国、瑞士、香港等 16 个国家和地区的团组、企业报名参会,展示医疗行业和现代生物医药最新技术和产品,其中包括 A、B、C 等一批国际著名医药企业。国内甲、乙、丙等知名药企也踊跃参展,集中展示国际国内医药创新成果、专利技术、特色产品,推进科技资本、产业资本和金融资本嫁接融合,加速医药研发新成果、新技术、新产品等孵化转化和产业化。部省共建中国医药城联席会议已成为医博会的重要组成部分,有力推进了中国医药城建设发展过程中相关事项的顺利解决。

点滴积累 ∨

　　1. 新闻一般由标题、消息头、导语、主体、背景、结尾几部分组成。
　　2. 新闻的叙述要讲究技巧,做到主题鲜明和语言通俗易懂。

第二节　通讯与消息

一、通讯

(一) 通讯的概念

通讯是运用叙述、描写、抒情、议论等多种手法,具体、生动、形象地反映新闻事件或典型人物的一种新闻报道形式。它是记叙文的一种,是报纸、广播电台、通讯社常用的文体。

通讯是具体形象地报道有新闻意义的人物、事件和情况的文体。其在诞生初期称为"通信",直至 20 世纪 20 年代后,"通信"正名为"通讯",并沿用至今。

(二) 通讯的源流

在国外,通讯很早就出现,其产生于电讯事业之前,常常以"新闻专稿"的形式出现。

在我国,最早的通讯可以追溯到晚清时期的王韬,其在 1870 年写的《普法观战记》,以及稍后所写的《扶桑游记》等被认为是我国最早的通讯。

(三) 通讯的特点

1. 现实性　通讯要求报道新近发生的有意义的事实,新时代涌现出来的新人、新事、新经验,紧密配合当前形势,为现实中心工作服务。

2. 形象性　通讯常采用叙述、描写、抒情、议论相结合的手法,要求对人对事进行较为具体形象的描写,人物要具有音容笑貌,事情要有始末情节,以此来感染读者。

（四）通讯的种类

1. 按内容分　通讯分为人物通讯、事件通讯、工作通讯、概貌通讯，媒体上的通讯一般这4种最多。人物通讯是用来展示新闻人物事迹与形象的一种新闻文体；事件通讯是以记事，通过某一事件的发生、发展和结束的记述，反映我们时代精神的通讯；工作通讯是以记"工作"为主，主要反映不同领域中的新情况、新办法、新经验、新矛盾、新问题或新趋势，从中找出某些规律性的东西，以此指导、推动实际工作的新闻文体；概貌通讯又称为"旅行通讯"，是着重描绘社会变化、时代风尚及风土人情的报道。

2. 按形式分　通讯分为一般记事通讯、访问记（专访、人物专访）、小事故、集纳、巡礼、纪实、见闻、特写、速写、侧记、散记、采访札记。在这个大类中，见诸媒体的以访问记、小故事、巡礼、纪实、见闻、特写、侧记比较多。

（五）通讯的写作要求

1. 选好典型，确立主题　典型是通讯的筋骨，主题是通讯的灵魂。选好典型，确立主题对通讯来说十分重要。选择典型时，要选择那些具有代表性、具有普遍意义、具有宣传价值和教育意义的人和事，选择那些在一定时期内人们所关注的问题。确立主题时，要确立体现时代精神、表现时代风尚的主题，确立反映人物和事物的本质和规律的主题。

2. 写好人物细节　写好人物是通讯写作的重要任务。不论是人物通讯还是事件通讯，都要将人物写好。写人离不开事，因此写人必写事，写人物自己所做的事实的事，写能揭示人物内心世界的事。写人物还要用人物自己的语言、行为、活动来表现人物；人物要写得有血有肉，有音容笑貌，有内心活动；写事要具体形象，有原委，有情节。通讯中常用描写来增加文章的生动性和感染力，常见的描写有人物描写（包括肖像描写、动作描写、心理描写和语言描写等）和环境描写（包括自然环境描写和社会环境描写），无论哪种描写都起着表现人物性格、突出文章中心思想的作用。

人物描写包括一肖像描写：是揭示人物性格的重要手段之一，阅读中要善于从人物外在的形象窥探到人物内在的性格。二动作描写：是刻画人物的重要方法之一。人物的每一行动都是受其思想、性格制约的，因此具体细致地描写某一人物在某一情况下所作出的反应，主要是动作反应，就势必显示出了这一人物的内心活动、处世态度、思想品质。三心理描写：可以展现人物的内心世界，表现人物的精神状态和性格特征，将人物写得有血有肉。四语言描写：通讯中人物的语言是具有个性化的语言，阅读对人物语言的描写，要从中认识到人物鲜明的性格特征，要看到人物语言闪耀的思想光辉。

3. 安排好结构　纵式结构是按时间顺序、事物发展的顺序或作者对报道事物认识发展的顺序来安排结构。在这种结构中，时间发展的顺序、情节展开的顺序、作者认识事物的顺序成为行文的线索。在采用这种结构时，要详略得当、布局巧妙、富有变化，避免平铺直叙。横式结构是指用空间变换或按照事物性质来安排材料的。这种结构概括面广，要注意不同空间的变换，恰当地安排通讯所涉及的各个方面的问题。采用空间变换的方法组织结构时，要用地点的变化组织段落；按事物性质安排结构时，要围绕主题，并列地写出不同的几个侧面。纵横结合式结构是以时间顺序为经，以空间变化为纬，将两者结合起来运用。采用这种形式，要以时空的变化组织结构。

通讯的结构形态较多,很难像消息那样找出一些既有的模式,但是有通讯结构中的 3 个要件却是值得重视的:标题、开头、结尾。首尾圆合,文情畅达。就是说文章首尾要呼应,中间的主体部分不得无故残缺,线索脉络的设置精当,主次详略的搭配完美,文气畅通,浑然一体。

(六) 例文

人物通讯:

衣带渐宽终不悔 为伊憔悴终不悔
——记比利时中医药联合会会长×××

××社布鲁塞尔 2017 年×月×日电

××社记者×××第一次与比利时中医药联合会会长×××见面,就被他敏捷的思维和充沛的活力所吸引,很难想象,他已经是一位 65 岁的老人。一瓶红酒打开,也打开了他的话匣子。

少年时,正值壮年的父亲因病离世,自此×会长立下行医之志。之后,他顺利考入老家的医科大学中医系,留校任教并很快崭露头角。20 世纪 80 年代初,他曾多次被学校派往日本多地讲学,受到广泛欢迎。

1990 年,他以中医学者身份到欧洲巡回讲学。面对当时中医在欧洲"民间热,官方严"的尴尬境地,他很快产生了要在欧洲推广中医的想法。经过 9 个月考察,他决定在欧盟总部所在地布鲁塞尔建立中医研究所,一边从事中医研究,一边接诊患者。

对中医和自身技术自信满满的×××坚信自己很快能在比利时立足。在他看来,中医在很大程度上能弥补西医的不足:中医辨证论治的优势可以立判病情的根源起因,没有西医那么烦琐;在论治方面,中医治疗手段多样化对某些疾病有独到之处,效果立竿见影;中医药治疗副作用少,安全度大,对许多疾病的治疗能避免手术治疗和药后中毒症。

然而,现实很快展现了残酷的一面:比利时不接受外来中医,医疗费也不能列入医疗保险范围。像他这样一个外来的"和尚",只能凭真本领,赢得病患的信任,才有可能打开天地。

1992 年,一个让他展现中医魅力的机会降临。荷兰阿姆斯特丹一位从事花木生意的大老板、65 岁的××因患肝癌陷入肝昏迷,生命垂危。情急之下,其家人通过一个中国朋友找到了×××。在重症监护病房,×××经过望闻问切开出中药处方。家人在将信将疑中给他连服三剂中药后,他从肝昏迷中苏醒过来。两周后,竟然奇迹般出院了。

这件事很快在当地引起轰动,他在布鲁塞尔的中医研究所也变得门庭若市。但新的烦恼随之而来。由于中医研究所靠近北约总部,大量人员出入引起了警方关注,有一段时间,每一个进出的人都会被盘问。一个月后,可能是由于盘问过程中听到了太多不可思议的治病故事,负责暗访的探长主动找上门来,要求与×医生做朋友。

就这样,几十年来,他在布鲁塞尔、鹿特丹、不来梅及巴黎悬壶行医,融合中医理论、中药、气功、针灸、整骨、点穴、推拿综合治疗,不仅为华人服务,更深入欧洲民间,救治了无数病患。

终于,他的努力换来了认可。2000 年 11 月,他以中国传统医学专家的身份,正式获邀加入比利时针灸医师联盟,同时成为欧盟传统中国医学协会的创始会员。如今,他的诊所早已得到比利时医学会的承认,列入了医疗保险名单。

前几年,比利时前国王犯了腰痛病,人们在电视上看到他拄着拐杖很心疼,于是有人向国王推荐了。国王给他写了一封热情洋溢的信。信中表示,御前医疗小组已经把他治好了,下次生病时,他一定来找他,也想看一回中医。

站稳脚跟后,×××开始将更多精力放在了中医推广上。在他看来,当今欧洲一些与中医中药有关的现象令他这个老中医无法袖手旁观。由于缺乏统一管理制度,比利时中医药从业者水平参差不齐,一定程度上损害了中医声誉,例如一些人去中国学习几个月回来就开始给人治病。

2014年,他主导成立了比利时中医药联合会,团结各方力量,积极开展对比利时政府部门的政策公关,向比利时民众展示中医魅力,使得中医在主流文化中占有一席之地。

×××用"不悔"两个字来总结自己大半生的经历:不后悔当年选择了中医,更不后悔把在欧洲推广中医作为毕生的追求。据悉,×××的二女儿在比利时某知名医学专业高校毕业后,如今又在中国某中医药大学进修,学成之后将很快接他的班。

×××向记者表达了一个愿望:在"一带一路"倡议下,把中医药列入政府间谈判,像建立孔子学院那样在欧洲国家建立更多的中医中心和专业技术管理机构,共同推动中医药国际化发展,最终使中医作为一个医学体系得到西方社会和医学界的广泛认同。

二、消息

(一) 消息的概念

消息是以简洁的文字迅速传播新近变动的事实,包括新近发生的事实、某些将要变动的事实。它是目前最广泛、最经常应用的一种报道形式。也就是说新闻消息就是告诉人们发生了什么,报道最近发生的事实。狭义的新闻就是指消息,它是新闻体裁的重要形式,是报纸和广播电视新闻的主角,其他新闻报道如通讯、广播稿、新闻评论等是它的发展和补充。

(二) 消息的特点

1. 采写发稿迅速、及时,叙事直截了当,语言简洁明快,篇幅短小。

2. 一般来说,消息具备"五要素",即何时、何地、何人、何事、何故;亦称"5W",即when、where、who、what、why。有的新闻学上还补充了1个要素:how(如何)。在5个W和1个H中,最主要的是what(何事)、who(何人)。写作时要认真写好这几个方面的内容。

3. 在结构上,消息一般由标题、导语、主体、背景和结尾五部分组成,有两大类结构。一类是倒金字塔式结构,基本格式(除了标题)是先在导语中写一个新闻事件中最有新闻价值的部分(新闻价值通俗来讲就是新闻中那些最突出、最新奇、最能吸引受众的部分);另一类是非倒金字塔式结构,包括"新华体""华尔街日报体"。

(1)标题:标题是消息的眼睛,拟写得好,可以吸引读者;拟写得差,一篇好消息也会被埋没。可见标题有着向读者推荐的作用。

消息的标题必须简明、准确地概括消息的内容,帮助读者理解报道的事实。

消息的标题有主题(正题)、引题(眉题)、副题(次题)3种。①主题:概括与说明主要事实和思想内容;②引题:揭示消息的思想意义或交代背景,说明原因,烘托气氛;③副题:提示报道的事实结果或作内容提要。

(2)导语:是指一篇消息的第一自然段或第一句话。它是用简明生动的文字写出消息中最主要、最新鲜的事实,鲜明地提示消息的主题思想。

导语的要求一是要抓住事情的核心,二是要能吸引读者看下去。要做到第一条,必须具备训练有素的分析能力;要做到第二条,则要有写作技巧。

导语写作中的思维过程通常是以作者的自问自答开始的:①什么事情是已经发生的事件中最重要的?②什么人参加进去了?谁干的或谁讲的?③是用直接性导语还是用延缓性导语?④有没有什么吸引人的词汇或生动形象的短语要写进导语中?⑤主题是什么?什么样的动词能最有效地吸引读者?

以上5个问题中,第3个问题涉及导语的类型。导语的类型一类是直接性导语:直接写出事实的核心的导语,多是陈述性地像速记一样地反映事实;另一类是延缓性导语:多用于"软"消息,即所报道的不是正在发展中的、变化中的或突发性的事件,它通常用来设置一种现场或创造某种气氛,多是解释性、说明性的。

导语的形式主要有:

1)叙述式:用摘录或综合的方法将消息中最新鲜、最主要的事实简明扼要地写出来。

2)描写式:对消息的主要事实或某一有意义的侧面做简洁朴素而又有特色的描写,以酿成气氛。

3)提问式:先揭露矛盾,鲜明地、尖锐地提出问题,再做简要的回答,引起读者的关注和思考。

4)结论式:将结论写在开头,提示报道某一事物的意义或目的或总结。

5)号召式:提出号召,给读者指出方向和奋斗目标。

另外,还有摘要式、评论式、综合式、解释式等。

(3)主体:这是消息的主干部分。它紧接导语之后,对导语做具体全面的阐述,具体展开事实或进一步突出中心,从而写出导语所概括的内容,表现全篇消息的主题思想。应按"时间顺序"或"逻辑顺序"写作,但仍然要先写主要的,再写次要的。

(4)背景:新闻背景指事件的历史背景、周围环境及与其他方面的联系等。写新闻有时要交代背景,目的在于帮助读者深刻理解新闻的内容和价值,起到衬托、深化主题的作用,也就是回答5个"W"中的 why(为什么)。

西方新闻学认为背景就是对新闻事件作出的解释。美国新闻学家赖斯特说得很清楚:"我看不出新闻背景与解释有什么区别""解释,在我看来,就是新闻报道的深入化,就是把单一的新闻事件放到一系列的事件中去写""就是提供新闻的背景知识,从而使读者能够对新闻事件作出客观的判断"。

但是"解释"不是议论,解释本身就是事实,也就是说用事实去解释,所以新闻背景又称之为"事实背景"。

背景的作用:第一个作用是说明新闻事件的起因。第二个作用是显示或帮助读者理解新闻事件的重要性。第三个作用是突出新闻稿件的新闻价值。第四个作用是表明记者的观点。记者是不准在新闻中发表议论的,但是谁也无法禁止记者通过自己来写的新闻表达自己的立场和看法。纯客观的报道是不存在的。

背景的类型常见的有3种：对比性的、说明性的、注释性的。有的新闻学则将背景分为4种：人物背景、地理背景、历史背景和事物背景。

（5）结尾：新闻的结尾有小结式、启发式、号召式、分析式、展望式等。这些结尾的写作与一般记叙文结尾的写作并无大的不同。

（三）消息的种类

1. 简明新闻　这是新闻报道中最简练、最短小的一种新闻体裁，也叫简讯、短讯或快讯。它只报道一个事实，一般不交代背景，也不写详细内容，篇幅很小。

2. 动态消息　所谓动态消息，就是指及时地反映现实生活中出现的新事物的简短的新闻报道。这种动态性新闻比较单一，只反映一个动态，其特点是文字简短、内容广阔、新鲜活泼。

3. 综合消息　所谓综合消息，它既不是对一个固定人物的描述，也不是对一个独立事件的报道，而是由许多不拘泥于时间、地点的事实经过综合、归纳、概括、提炼而成的，具有鲜明的主题和很强的指导性。往往是围绕一个主题，综合较大范围的在一个时期内发生的事情。它既有面的情况概括，又有典型材料作说明，做到点面结合、反映全局。这种形式适于宣传各条战线的形势、某项工作的成就，或者反映群众运动的声势、规模、特点、趋向。它纵览全局，有事实有分析，给人们一个完整的印象。

4. 经验消息　所谓经验消息，即是反映事物发展变化的阶段性、概况性、经验性或典型性的报道。它不是以一个独立的事件为中心，而是由许多事实，或者说由一件以上的事实经过综合、归纳、概括、提炼而成。它不是突发性的，事情的发生、发展有比较长的过程。它所选择的事实有典型意义，能在不同程度上反映某一个时期、某一项工作的全貌。它不是简单的现象罗列，而是通过纵和横的对比、分析、阐述揭示事物的本质，对读者有启发性、指导性。

（四）消息的写作原则

1. 必须用事实讲话，要选择和运用典型事例对事实进行概括，处理好议论与叙述的关系（消息中的议论必须是从事实本身得出来的结论，不能抽象推理）。

2. 必须完全真实、可靠，有一说一，要真实可信、分寸得当。还要强调反映本质的真实，不搞片面性和表面性。

3. 新闻要新，时间新、内容新、角度新、结构新。

4. 坚持新闻的党性原则就是强调思想性，主要是指指导性、正确性、针对性方面。

5. 要有可读性，即要顾到知识性、趣味性、使读者感到有趣味。

（五）消息的写作要求

1. 迅速及时　是指在时间上是最近发生的事情，要有新鲜感，具有及时性。

2. 短小精悍　文字简练、文风朴实、开门见山，用最短的语言把事情说清楚。

3. 生动活泼、有风趣　要有一定的深度，力求通过一个具体的事情反映某种现象，透过这种现象反映事物的本质。

4. 要有文采。

通讯与消息的区别汇总见表6-1。

表6-1　通讯与消息的区别

	通讯	消息
内容	以写人为主	以写事为主
结构	灵活多样	导语+主题
篇幅	完整,篇幅较长	简明,篇幅简短
功能	感染	传播
针对性	强	弱
表现手法	详细、形象、具体	概括
主体意识	强(鲜明)	弱(隐藏)
叙事视角	全知	限制

（六）例文和分析

例文一：

在刀锋上行走的平凡医生

见到王医生时,他正在医务检验室内的仪器前给病人做 HIV 血样检测,当他从椅子上站起来时,显得很吃力,脸色蜡黄。同事们不知道,肝癌正在侵蚀着王医生。大家以为他太劳累了,劝他休息,可他微微一笑:"没事,过一会儿就好了"。近些天来,这样的话他已重复了多次。

医生的风险处处存在。去年的一天,老王像往常一样正要打开装有 HIV 血样的玻璃试管时,没想到存放血样的玻璃试管意外破碎了,尖锐的玻璃碎片一下就刺入他的手指,鲜血直流,同事们立刻送他去做检查,要知道血液感染艾滋病的风险是非常高的。在接下来连续数月的多次感染排查中,每一次检查结果都是焦急而漫长的等待。老王虽然人瘦了一圈,但他依然精神饱满的出现在工作岗位上,他乐观地开玩笑说"上天总会护佑白衣天使的"。

经过近一年的血液化验,万幸的是,老王没有被感染,压在内心的巨石终于落地。

老王对记者说,自己患癌症的事目前还没有告诉医院的领导和同事,他说目前科里外出进修和休假的几位同事还没回来,人手紧张,病人较多,等忙过这些天他将做一次彻底的检查和治疗。

这就是一个平凡医生的日常情怀。

分析：

一篇优秀的人物通讯

——解析《在刀锋上行走的平凡医生》

本文试从选题、标题、细节三个方面对这篇通讯进行解析,希望抛砖引玉,共同探讨优秀人物通讯的写作方法,让宣传报道充分传递正能量。

1. 准确的选题——好的开端是成功的一半

人物通讯是新闻通讯中的一种,讲的是新闻人物的故事,一篇好的人物通讯,首先要做好选题,选择好新闻人物和报道定位。人物通讯一般有三种人物,一是英雄人物、二是杰出人物、三是特色人物,这篇通讯是把王医生作为一个特色人物来写的。特色人物首先都是"平凡者",平凡者值得报道是因为平凡者在自己平凡的生活道路或追求中体现出的某种精神素质令人尊重。这类平凡者与人们的日常生活更加接近,具有"平民性",更加容易为人所接受,避免了"高大全"人物的说教性,常为现在的报道所青睐。我们常说,不简单就是重复地把简单的事做好,不平凡就是反复把平凡的事做好,这一观念也与医生的实际工作相契合。从这点上看,通讯选择以一个普通人的视角来报道一个人的事迹,更加诚恳、真实。

人物通讯具有传递正能量、宣传身边榜样的教育功能,这就需要在选题时做好安排,要问问自己:我要报道一个什么样的人? 他的特别之处在哪? 他究竟是什么样的人? 他是怎样做到的? 他有过挫折吗? 他为什么这样做? 他最不寻常的、最令人感兴趣的心灵上的东西是什么? 是怎样形成的等,回答了这些问题,也就为通讯的写作找到了方向。在这篇通讯中,王医生承担着特殊的一份工作:负责筛查病人的血样,并检查他们是否携带 HIV 病毒抗体。他的日常是怎样度过的? 有没有遇到过危险? 他为难过吗? 他是怎么做到的? 一个清晰的写作框架已经初具规模了。

2. 精当的标题——清晰的结构引领写作发展

写通讯的人都知道,给稿件取一个好的标题能起到让人眼前一亮的作用,吸引人阅读。

在这篇人物通讯中,标题介绍了人物的身份职业、工作性质的风险程度,形象生动。

3. 细节的描写——逼真传神的细节成就震撼

通过通讯,要逼真、传神地把搜集到的材料"再现"给读者,起到直达肺腑的效果,关键看细节的描写。它要求特色、具体、清晰、生动,让读者透过文字,"看到"当时的情景画面和状态,感受到气氛和人物个性。

如通讯的第一部分,描写人物的工作状态,颇有画面感。

人物通讯近年呈现出一种平凡化的趋势,即表现人物内心真实的一面,让人感觉到新闻人物也是普通人,也有平凡的一面,如果一味表现人物的无畏无惧无私奉献就显得失真了。在这篇通讯中,我们能看到人物真实的一面,遇到意外他也担心害怕,人都瘦了一圈,但在岗位和个人利益面前,他首先选择了岗位。这样的人物形象是真实的,是有血有肉的,是真正能打动人的,也更加彰显了正能量。

例文二:

消息1　　　　　　　冻死的孩子重新复活

美国××州一个名叫麦肯的孩子,今年只有两岁半。一月十九日,在家里人没有注意的情况下,他穿着一身睡衣,只身来到零下二十九度严寒的室外。家里人发觉后把他抱回屋里时,麦肯的一部分血液已经"冻结",手脚也都僵硬了。当他被送往医院时,体温已下降到十五点五度。但是,在经过了包括使用心肺泵等先进设备急抢救以后,麦肯竟然奇迹般地复活了。像这样处于低温状态下的人能够死而复生,在世界上是没有先例的,就是参加抢救麦肯的医生也对此感到惊叹不已。

现在,除了他的左手可能会留下由于冻伤后遗症引起的轻度肌肉障碍以外,其他恢复都很正常,估计三四周内,即可恢复健康。

消息2　　　　　　　职业学院高度重视学生安全教育

据了解,××职业学院高度重视学生安全教育,在加强校园安全防范、培养学生危急时刻自救措施等方面进行了较为有效的探索和实践,近年来,该校除经常组织学生观看安全教育的电视片,请消防大队的官兵来校进行防火、灭火的演示,介绍灭火器的使用方法,利用班会和全校集会宣讲安全防范和安全意识的重要性外,每年还组织新生举行一至两次紧急疏散演习活动,增强广大学生安全防范意识,通过开展安全教育活动,使广大学生基本掌握紧急疏散的要领,达到了应有的效果。

分析:这两则消息为新闻消息和活动消息,对于消息 2 的写法、结构、背景等要素应该学习,加强运用。可以在此基础上进行"升级"。

点滴积累 V

1. 新闻稿件包括通讯、消息和评论。
2. 通讯和消息的区别体现在内容、结构、篇幅、功能、针对性、表现手法、主体意识、叙事视角几个方面。

第三节　评论

一、评论概述

评论针对于事物进行主观或客观的自我印象阐述。评论易让人听到不利于自己的一面,因此评论的话语容易产生对方的逆反心理。但由于可以较快地表达自己的想法及感受,被大众广泛使用,实则是说者过瘾、听者闹心。

一般包括新闻评论、文艺评论和文学评论等。评价可以算是最简单的评论。

二、新闻评论

(一) 概念

新闻评论又称评论性新闻,是媒体编辑部或作者对新近发生的有价值的新闻事件和有普遍意义的紧迫问题,运用分析和综合的方法,就事论理,就实论虚,有着鲜明的针对性和指导性的一种新闻文体,是现代新闻传播工具经常采用的社论、评论、评论员文章、短评、编者按、专栏评论和评述等的总称,属于论说文的范畴。简而言之,新闻评论是就有价值的新闻事实和社会现象发表意见以指导实践的一种文体。

(二) 特点

1. 与其他评论一样,由论点、论据、论证三要素组成,具有政策性、针对性和准确性。

2. 在有限的篇幅中,主要靠独特的见解吸引读者。

3. 立意新颖,论述精当,文采斐然。

4. 主要面向广大群众。

(三) 功能和作用

1. 引导作用　运用马克思主义的立场、观点、方法,对现实生活中的新闻事实和重要问题作出分析,可以旗帜鲜明地表彰先进、针砭时弊,帮助群众明辨是非,区分先进和落后、正确和错误;为群众解疑释惑;使人们正确认识当前的形势,指明方向。

2. 监督作用 以正面宣传为主,坚持正确的舆论导向。新闻评论在舆论监督中处于一种显要的地位,在弘扬先进思想和精神的同时,还要不断揭露和抨击各种腐败现象和不正之风,对不良之风和现象形成强大的舆论压力。

3. 表态作用 代表一定的机构、组织对当前重要问题和事件的态度、观点、看法,可以指导受众的意见走向、行为走向,形成社会性的舆论压力,发挥引导和监督的作用。

4. 深化作用 通过新闻评论的方式对新闻事件发表看法、表明态度、指出症结、提出希望和看法,引导社会认识。通过对事实的分析,从思想、政策、理论高度提出问题、分析问题和解决问题,而不应局限于就事论事。启发和帮助群众掌握科学分析的方法。

三、新闻、消息、新闻评论三者的异同点

（一）相同点

都是属于新闻商品,并具有以下特点:

1. 三者都要有及时性。

2. 关注的事件都具有新闻价值。

3. 都是经过新闻专业操作制作出来的。

（二）不同点

新闻报道侧重于报道事件经过,消息主要是将事件的几个新闻要素报道出去,新闻评论则是针对事件发出评论。

1. 外表形式不同 在外表形式上,新闻、新闻评论与消息有着明显的区别,随便打开一张报纸即可看出:

（1）标题不同:一般而言,新闻及新闻评论采用一行标题,即主标题。需要时,新闻也可以加一副标题,即用破折号附加在主标题之后,用以解释或说明标题,将新闻做成两行标题。

（2）开头形式不同:消息最明显的标志是"电头"或"本报讯",即在导语之前有用异体字标出的"××社×地×月×日电"或"本报讯";新闻及新闻评论则没有这种形式,即使使用"电",也是"电尾"式通讯稿件,用括号尾部附加"××社×月×日电",以示所用为通讯社的电传稿。

2. 时效性不同 新闻及新闻评论的时效性往往不及消息。通讯发稿件较慢,是因为对材料的要求比较严格,要求更详细、深刻、生动、典型,记者需要有一个采集选择和认识的过程。同时通讯强调报道的完整性,有时还必须等新闻事件有一个较充分的展示过程或等事物发展有一个阶段性成果时,采写通讯的时机方成熟。

3. 详尽程度不同 新闻报道和新闻评论的事实比消息详细、完整、富有情节,可以满足读者知详情的需要。消息是将事件的几个新闻要素报道出去(时间、地点、人物、事件、经过、结果等),使受众尽快了解到最重要的概括性信息,而通讯则往往在消息之后,将事件的来龙去脉、前因后果等读者渴望知道的详尽信息加以整合,然后完整地报道出去。通讯报道的事实往往比消息更形象、更生动,

它以感性素材还以生活的原生状态,使文章更生动、具有感染力。通常消息篇幅几十字、几百字最多千字左右,而通讯则四五百字,长则上千上万字。

4. 主题结构不同 消息是新闻报道中的快速文体,讲求速报与时效,主题简明扼要、一目了然,有些消息如简讯无需提炼主题。通讯则不然,通讯必须提炼出主题,主题对通讯来说是必不可少的。作者将在采访中收集到的各种各样、大大小小、粗细庞杂的事实材料组织在一起,由主题贯穿起来进行写作。

5. 表现手法不同 新闻、新闻评论与消息的表现手法和写作要求有很大的区别。出于反映事实信息的需要,消息报道讲究客观报道,与此相应,消息写作主题采用第三人称叙事,即以局外人的姿态出现,让"他""他们"以及被报道主人公的名称、身份运行在字里行间,极少让"我"出现在报道之中;通讯则不然,出于详尽深入的需要,第一、二、三人称各显所长,"我""你""他"在描写、议论、叙述、抒情中各取所需。消息较少有议论、描写,极少有抒情,通讯常常融描写、议论、抒情于一体。通讯通常借助文学手法表现主题,通讯包括报告文学,和一般意义上的文学作品的根本区别是就是在于真实性。评论类新闻是对新闻事实的评述和分析,要具有一定的观点性,对观众有引导性。既然是评论,就要有论点论据,观点明确,述评新闻事实背后的内容。

> **知识链接**
>
> ### 评论的未来发展
>
> 新闻评论最初体现在报纸上,但是随着网络时代的到来,网络新闻评论逐渐成为影响人们生活和大众舆论的重要载体,其时效性强、方便快捷的特点成为人们关注信息的一大焦点。
>
> 网络评论不像报纸评论那样死板,没有太多的字数限制,每一个网民都可以成为"网评人",都可以对网络形成舆论作出自己的贡献。
>
> 网络评论既包括各种社会新闻、时政新闻的评论员及时评,也包含专业的网评人对于体育、美食、股票、财经等信息的评论与分析。 网络评论在不断地影响人们的生活。
>
> 著名的网络评论平台有很多,列举一部分:湖南的红网红辣椒评论、人民观点、新华网评、齐鲁时评、凤凰网评等。
>
> 这些被称为言论频道新闻评论,其主要作用一是利用网络的超链接功能,通过编辑点题的方式进行议题设置,组织网民进行讨论;二是利用网络的超大容量功能进行评论汇编,就某一热点讨论制作专题,为网友制作评论文集,建立评论数据库。

四、例文

例文一:

网络评论利与弊

在××网观点频道有 3 个富有特色的子栏目:"评论靶子""观点碰撞""图说世象"。"评论靶子"栏目由"评说由头""推荐参考""编辑点题"和留言板构成,"评说由头"是一段简短的话概括供网民评论的新闻事实；紧接着是"推荐参考"，给出两三种对此新闻的不同看法；然后是"编辑点题"，由编辑针对此事进行提问，引发网民进入其所链接的留言板进行讨论。"观点碰撞"的结构与"评论靶子"基本一致，不同的是"观点碰撞"着眼于相互对立的观点的交锋；而"图说世象"更多地依靠图片的魅力，只是通过一张新闻图片和一段简短的文字给出新闻由头，让网民看后自行讨论。再来看网络评论的汇集，在××网观点频道上属于言论汇集性质的有这样一些子栏目："××日报言论库""报系言论""专题""评论员文集""网友文集"。其中既有对于单个新闻事件的评论汇集，又有单个人的评论汇集，还有其所依托的传统媒体的评论汇集。

当然，事物总是有两面性的，在分析完网络新闻评论对新闻评论发展的创新和贡献之后，也应看到其所带来的一些新问题。这些问题概括起来主要有三方面：一是网络新闻评论质量参差不齐，既有像《××你被谁抛弃》这样的优秀原创帖子，也存在大量的非理性的情绪化的宣泄和谩骂。二是存在一些超越法律和道德许可的言论，如反政府反社会的言论，诽谤他人的言论、色情和暴力倾向的言论。三是网络评论转载所涉及的知识产权问题。这些问题不仅对政府的媒体和舆论管理带来了新的挑战，也给网民提出了网络伦理的新课题。中国的发展需要包括网络在内的媒体的良性运作，网络评论的健康发展需要政府、媒体网站和网民三方面的共同努力。

例文二：

关爱，请别这样直白

北京某家报纸庆贺它的一周岁生日，纪念特刊上有这样一篇文章《艾滋孤儿，有爱相随》，文章配发的大照片上，身染艾滋病的母子坐在长城上休息，母亲掩面，神情悲伤，孩子则扬起小脸，兴奋不已。此前，这家报纸进行过其他有关艾滋孤儿的整版报道，三分之二的版面是孩子们的照片，他们纯真的笑脸跃然纸面。

我为这些孩子感到担心。

诚如这家报纸的社论所称："艾滋病已不是一个忌讳话题。"然而当前现实社会对他们的容纳度依然是有限的。下一步，这些孩子可能会怎样？

可能和艾滋病这个问题一起，得到社会的更广泛关注与关心。

但更可能和艾滋病一起，被所经之地的人们远远躲避。

一切都因为他们已经几乎无法与"艾滋"分离。他们无辜地被感染了病毒，而又被媒体暴露于更广大的社会视野中。

关爱弱势群体，需要减少任何一个可能强化他们弱势地位的因素。请尽可能为他们保持一个较为安全而平静的空间。现实世界并不等同于媒体的世界，而他们终究是活在现实世界中。

我相信这家媒体是对所报道的一切内容负责的，那么下一次，记者们是不是可以换个角度拍摄？背影，其实更有一番含蓄的美。

▶ 课堂活动

1. 两则例文有什么特点？请同学们分组讨论。

2. 同学们的生活中在哪些方面会接触到评论？讨论一下评论能带给我们什么。

知识链接

网络新闻评论

　　网络新闻评论分为专家评论、编辑评论和网民评论，无疑最具互联网特征的首推网民的交互性评论。　网络新闻评论体现了网民的基本需求：一是"交流性"，互联网提供了一个网民交流的公共场所，大量的意见和观点通过网络媒介汇集、交换和传播；二是"参与性"，网民通过网络传媒发表自己的观点，实现作为一个社会成员的权利和义务。　网络新闻评论处于新闻评论和互联网的交汇点，它在与传统媒体评论的内容和形态上异化出自己的特点。

网络新闻评论的特点有：

1. 准确及时、快速反应。

2. 旗帜鲜明、尖锐泼辣。

3. 题材广泛、形式多样。

4. 大众化、普及化、时效化。

总的来看，网络新闻评论对传统新闻评论的发展主要体现在以下几个方面：普通受众的广泛和平等参与、言论空间的拓展、文本形式的创新。

点滴积累 ∨

新闻评论的作用包括引导、监督、表态、深化。

目标检测

一、单项选择题

1. 消息中提问式导语是如何定义的(　　)

　　A. 把结论写在开头,提示报道某一事物的意义或目的或总结

　　B. 先揭露矛盾,鲜明地、尖锐地提出问题,再作简要的回答,引起读者的关注和思考

　　C. 对消息的主要事实或某一有意义的侧面作简洁朴素而又有特色的描写,以酿成气氛

　　D. 用摘录或综合的方法,把消息中最新鲜、最主要的事实简明扼要地写出来

2. 在我国,最早的通讯可以追溯到(　　)时期

　　A. 民国　　　　　　　　B. 明末　　　　　　　　C. 晚清　　　　　　　　D. 唐宋

3. 除了把最重要的材料放在篇首,最不重要的材料放在篇末的结构外,另外一种新闻结构叫做

　　(　　)

　　A. 金字塔　　　　　　　B. 非倒金字塔　　　　　C. 倒金字塔　　　　　　D. 倒叙

4. 标题中有引题,正题和副题的标题叫做(　　)

　　A. 单行标题　　　　　　B. 双行标题　　　　　　C. 三行标题　　　　　　D. 正标题

5. 通讯写作中的重要任务是(　　)

　　A. 选好典型　　　　　　B. 写好题目　　　　　　C. 安排好结构　　　　　D. 写好人物

6. 通讯通常借助文学手法表现主题,通讯包括报告文学,和一般意义上的文学作品的根本区别是在于(　　)

A. 说明性　　　　　B. 对比性　　　　　C. 综合性　　　　　D. 真实性

7. 不属于新闻写作的注意事项的是(　　)

A. 灵活性　　　　　B. 叙述讲究技巧　　　C. 主题鲜明　　　　D. 语言准确通俗

8. 新闻导语中最基本最常见的写法是(　　)

A. 评论式　　　　　B. 描述式　　　　　C. 叙述式　　　　　D. 提问式

二、多项选择题

1. 新闻导语的作用包括(　　)

A. 介绍最重要、最精彩的事实　　　　　　B. 扩大消息的影响力

C. 揭示消息的主题　　　　　　　　　　　D. 引起读者的阅读兴趣

2. 新闻主体的作用包括(　　)

A. 引起读者的阅读兴趣

B. 对导语进行解释、深化和具体化,对导语中涉及的内容,进一步提供有关细节和背景材料,使其更清楚、明确、具体

C. 补充新的事实,补充导语中未提及而又能表现新闻主题的事实和其他要素

D. 虚构扑朔迷离的情节,使内容生动精彩

3. 通讯按内容一般分为(　　)

A. 人物通讯　　　　B. 事件通讯　　　　C. 工作通讯　　　　D. 概貌通讯

4. 消息的导语可分为(　　)

A. 直接性导语　　　B. 说明性导语　　　C. 延缓性导语　　　D. 评述性导语

5. 新闻结构的形式有(　　)

A. 金字塔结构　　　B. 倒金字塔结构　　C. 非倒金字塔结构　D. 倒装结构

6. 不属于双行标题的形式有(　　)

A. 正题+引题　　　B. 正题+副题　　　C. 引题+正题　　　D. 副题+正题

7. 新闻的"新"包括的含义有(　　)

A. 时间新　　　　　B. 短小精悍　　　　C. 内容新　　　　　D. 立意新

8. 坚持新闻的党性原则就是强调思想性,主要是(　　)

A. 指导性　　　　　B. 正确性　　　　　C. 动态性　　　　　D. 针对性

9. 网络新闻评论特点有(　　)

A. 准确及时、快速反应　　　　　　　　　B. 旗帜鲜明、尖锐泼辣

C. 题材广泛、形式多样　　　　　　　　　D. 大众化、普及化、时效化

10. 新闻主体部分写作时要注意的有(　　)

A. 紧扣新闻主题取材　　　　　　　　　　B. 叙事具体、内容充实

　　C. 叙述生动,行文善兴波澜　　　　　　　　D. 设置悬念,引起阅读兴趣

三、简答题

1. 什么是新闻?

2. 新闻背景材料是如何分类的? 简要说明每一类别的特点。

3. 消息写作的原则有哪些?

四、分析题

结合党的十九大内容试分析在互联网时代下未来网络新闻评论将要如何发展。

（许 君）

第七章

医药科技文书写作

ER-07章PPT

导学情景 V

情景描述：

北京时间 2015 年 12 月 10 日晚上 11：30，瑞典斯德哥尔摩音乐厅迎来一年中最重要的日子，一年一度的诺贝尔奖颁奖典礼在这里举行。 中国科学家屠呦呦着一身紫色礼服长裙，胸前点缀着一枚闪亮的胸针，她坐上了颁奖台上的 8 号椅子。 屠呦呦获得了 2015 年诺贝尔生理学或医学奖，这是中国内地科学家首次获得诺贝尔自然科学奖。 屠呦呦登上领奖台，从瑞典国王手里接过奖章和证书时，全场响起热烈的掌声。 屠呦呦做了题为《青蒿素的发现：中国传统医学对世界的礼物》的演讲。 屠呦呦在演讲中说："中国医药学是一个伟大宝库，应当努力发掘，加以提高。"通过继承发扬、发掘提高，一定会有所发现、有所创新，从而造福人类。 屠呦呦坚持几十年的科学研究，其获奖表彰了其伟大的科学研究精神——"路漫漫其修远兮，吾将上下而求索"。

学前导语：

本章主要介绍实验报告、药品检验报告书、药品分析报告、毕业论文、学术论文等的概念、特点、规范格式和写作方法。 使医药专业大学生提高知识文化素质，掌握撰写一般医药科技文书的基本写法和应用能力。 培养医药专业大学生的科学研究精神，树立为中华民族医药事业、为人民健康和社会主义精神文明建设作贡献的雄心壮志。

随着我国科学技术的迅猛发展，随着经济体制改革开放的不断深入，科技活动日益活跃，各种科技文体的写作和运用越来越受到重视。科技文书用于科学技术的生产、储存、交流、传播、转化和普及。对于一个医药工作者，无论是做试验、毕业，还是工作后晋升职称，都需要写实验报告、毕业论文、学术论文等科技文书，因此学习写科技文书是非常重要的。

（一）医药科技文书的概念

医学科技文书是以医学科学研究、医学科技成果和医学科技事务为反映对象的具有实用价值和一定惯用格式的应用文体。它是医学科学研究和医学科技事务的记录，是医学科技成果的表达形式。医学科技活动及其成果通过科技文书才能实现其价值，进而为人类服务。

（二）科技文书的主要文体

科学科技文书的主要文体有论文、科技情报、科技报告、科技合同、设计技术文件、专利申请文书、科技成果奖申请文书、科技新闻、科普创作等。

1. 论文类　表达学术观点（学术论文）和表述应用技术（科技论文）。

2. 报告类　在科学研究和产品开发过程中使用。

3. 说明类　指科普文章和产品说明书。

（三）科技文书的特点

1. 科学性　求是的态度、确凿的论据、客观的论证、严密的逻辑。所依据的材料必须真实可靠，不许有任何虚假。

2. 学术性　学术性又称理论性。科技论文是一种纯学术性的文章。它要求运用科学的原理和方法对自然科学领域的新问题进行科学分析，严密论证，抽象概括。虽然它取材于某一研究项目、某一实验、某一新产品研制等，但绝不是客观事物的外观形态和过程的描述，或者就事论事地进行叙述，而是经过提炼、加工，从理论上作出说明。可见，学术性是科技论文的最基本的特征。

3. 创造性　科技文书的价值大小取决于创造性的大小。如果没有新创造、新见解、新发现、新发明，就没有必要写论文，因为科学研究的目的就在于创造。作为科研成果的论文，它的任务即是进行学术交流，实现其科学价值。可见，广大科技人员如果只能继承，没有创造，人类的文明和历史就不会得到发展。

第一节　实验报告

一、实验报告的概念及适用范围

（一）实验报告的概念

实验报告是将实验的目的、方法、过程、结果等记录下来，经过整理而写成的书面汇报文书。实验报告是在科学研究活动中人们为了检验某一种科学理论或假设，通过实验中的观察、分析、综合、判断，如实地将实验的全过程和实验结果用文字记录下来的书面材料。

科技实验报告是描述、记录某个科研课题过程和结果的一种科技应用文体。撰写实验报告是科技实验工作不可缺少的重要环节。实验报告与科技论文一样都以文字形式阐明了科学研究的成果，但两者在内容和表达方式上有所区别。科技论文一般是将成功的实验结果作为论证科学观点的根据。实验报告则客观如实地记录实验的过程和结果，着重告知一项科学事实，不夹带实验者的主观看法。

（二）实验报告的适用范围

实验报告适用于学生在实验室所做实验后所写的报告，也适用于科研院所从事的实验记录，适用于药剂学、药理学、有机化学、分析化学、鉴定学、炮制学等一切实验记录。

二、实验报告的种类

（一）按科学实验的对象分类

如化学实验的报告叫化学实验报告，物理实验的报告就叫物理实验报告，药剂学的实验报告叫药剂学实验报告，中药炮制学的实验报告叫炮制学实验报告。

（二）按科学实验的专业分类

分为材料配置实验报告、材料分析实验报告、型式试验报告、拉伸试验报告、盐雾试验报告、土工试验报告、电气试验报告、水压试验报告、变压器试验报告、拉拔试验报告、动力触探试验报告等。

随着科学事业的不断发展，实验的种类、项目等逐渐繁多，但其格式大同小异，比较固定。实验报告必须在科学实验的基础上进行。

三、实验报告的特点和作用

（一）实验报告的特点

1. 确证性 实验报告的写作对象是科学实验的客观事实，内容科学，判断恰当，表述真实、准确。实验报告所记录的实验结果能经得住任何人、在任何时间进行的重复和验证。写自己的实验报告，胶片、视频等影像学结果材料可以用影印附上，并尽可能使用计算机文字处理软件撰写报告。

2. 客观性 实验报告以客观的科学研究的事实为写作对象，它是对科学实验的过程和结果的真实记录，对实验的过程和结果必须如实记录，不得造假，常以图解帮助说明。实验报告是完全根据自己的实验历程所撰写的，除小部分引用他人的文献之外，都必须是实实在在的实验结果与过程的记录。

3. 适读性 实验报告的写作除了以文字叙述和说明以外，还常常借助画图像、列表格、作曲线图等方式说明实验的基本原理和各步骤之间的关系，解释实验结果等。

4. 格式固定 实验报告常使用专用的报告单，格式基本保持固定统一。

（二）实验报告的作用

它的主要用途在于帮助实验者不断地积累研究资料、总结研究成果。

1. 基本技能训练作用 实验报告必须在科学实验的基础上进行，是对每次实验的总结。更重要的是可以系统强化培养学生自主获取知识的能力，培养学生的观察能力、基本实验操作技能、逻辑归纳能力、综合分析能力和文字表达能力。

2. 培养学生的创新意识、良好的学风和科学态度作用 成功的或失败的实验结果的记录有利于不断积累、总结研究成果，培养理论联系实际的学风和实事求是的科学态度。因此，参加实验的每位学生均应及时认真地书写实验报告。它是科学论文写作的基础。

3. 具有情报交流的作用和保留资料的作用。

▶▶ **课堂活动**

阅读下列《"六六六"粉名字的来历》小故事，请同学们讨论知识、科学实验和结论的关系，及其启发意义。

"六六六"粉名字的来历

城郊一片小麦田发生了虫灾，为了抗灾灭虫，农民喷洒一种称为"六六六"粉的化学农药。 这时，爱动脑筋的甲同学问乙同学："你说，这种农药为啥叫六六六粉呢？""这还不知道，因为在发明这种农药时，科学家们实验了六百六十六次。"乙同学胸有成竹地回答。 甲同学反驳说："你说的不对，我听别人说，这种农药是用六百六十六种药配成的，所以叫六六六粉。"这两位同学你一言我一语，争论不休。

请说明他俩谁讲得对？为什么？有何启发？

[提示]这两位同学说得都不对，这种农药是用一种称为苯的化学物质在紫外线照射下和氯气作用生成的。

$$C_6H_6+3Cl_2=\!\!=\!\!=C_6H_6Cl_6$$

从生成"六六六"的化学式中可以看出，它的分子是由6个碳原子、6个氢原子、6个氯原子构成的，所以称为"六六六"粉。

四、实验报告的格式和写作内容

实验报告的格式并无一定规格，一般要明确内容提要、实验项目名称、实验目的、实验用的仪器和材料，好的实验报告要写得合理、正确、一致。

（一）封面和内容提要

第一页为封面及目录，上半页依序写入实验课代码、实验平台、实验室、实验指导老师、实验时间、专业、组别、作者（学生姓名、学号及合作者）、交出日期、课程名称、实验项目名称（题目）等信息；下半页要整理出一张目录表，详细标出各项内容的页码。

（二）实验内容

实验内容要用最简练的语言明确实验的核心内容。这是实验报告极其重要的内容，要抓住重点。题目要写明依据何种原理、定律算法或操作方法进行实验，详细记录计算过程。如验证某程序、定律、制法、算法、研究，可写成"验证×××的实验报告""×××实验报告""××质量标准研究实验报告""×××分析报告"等。

（三）实验目的（实验要做什么）

实验目的要明确，在理论上验证定理、公式、算法，并使实验者获得深刻和系统的理解，在实践上掌握使用实验设备的技能技巧和程序的调试方法。一般需说明是验证型实验还是设计型实验，是创新型实验还是综合型实验。

（四）实验原理（依据）

在此阐述与实验相关的主要原理。

（五）实验用品、型号（仪器、试剂、试药、动物和其他材料）

仪器：玻璃器皿、天平、高效液相色谱仪、金属用具。

试剂：如甲醇、乙酸乙酯（分析纯）、纯化水。

试药：如高锰酸钾、氯化钠等。

标准品：如丹参酚酸B、大黄素等。

样品：如丹参滴丸、依达拉奉、自制的样品等。

动物：如小白兔。

（六）实验步骤和方法（怎么做试验）

主要写清楚操作步骤，要写明经过哪几个步骤。要写明依据何种原理、定律或操作方法进行实验。还应该画出实验流程图（实验装置的结构示意图），再配以相应的文字说明，既可以节省许多文字说明,又能使实验报告直观明确、清楚明白。不要照抄实习指导,要简明扼要。

（七）实验结果与实验结论（数据、图形、计算）

实验结果是对实验现象的描述、实验数据等的处理。不能用已知的理论或生活经验硬套在实验结果上;也不能由于所得到的实验结果与预期的结果或理论不符,而随意取舍甚至修改实验结果。原始资料应附在本次实验主要操作者的实验报告上;同组的合作者要复制原始资料。

实验结果一般有以下3种表述方法:

1. 文字叙述 根据实验目的、过程、结果,将原始资料系统化、条理化,用专业术语文字准确客观地描述实验现象和结果,要明确时间顺序及各项指标在时间上的对应关系。

2. 图表标示 用表格或坐标图的方式突出、清晰明确实验结果,便于相互比较。适合于分组较多且各组的观察指标一致的实验,各组间的异同一目了然。每一图表应有表目和计量单位,应说明一定的中心问题。

图表一定要精确制作。只要研读好的图表,即可了解实验结果,有助于研究结果的判读。图表都要加说明文字;实验报告中可任选其中一种或几种方法并用的表述说明,以获得最佳效果。

3. 曲线图标示 应用记录仪器描记出的曲线图,这使指标的变化趋势形象生动、直观明了。

实验结论不是具体实验结果的再次罗列,也不是对今后研究的展望,而是实验数据经过整理后如实陈述观察所得的结果,是针对这一实验所能验证的概念、原则或理论的简明总结,是从实验结果中归纳出的一般性、概括性的判断。本实验未能验证的内容不要写进结论中,要简练、准确、严谨、客观。

（八）实验讨论（对结果的总结评论及问题思考）

实验讨论是根据相关的理论知识对所得到的实验结果进行解释和分析。如果实验结果和预期的结果一致,应该讨论这一实验可以验证什么理论,说明了什么问题,实验结果有什么作用、价值和意义。如果本次实验失败了,和预期的结果不一致,甚至出现反常现象,结果未达预期目的,应该分析其异常的原因,找出失败的原因,以后实验应注意的事项。也可以写一些本次实验的心得以及提出一些问题或建议等。讨论部分书写应严肃认真,不应盲目抄袭书本或别人的实验报告。

（九）参考文献

实验报告中有引用他人结果者,一定要列出参考文献,注明出处。参考文献的表示方法需要规范,具体格式参考本章第五节。

五、实验报告的写作要求

写实验报告要讲究科学性、准确性、求实性。要求注意以下几点:

（一）观察细致,记录及时、准确

在实验过程中要观察认真、细致,记录及时、准确。在记录中,为了印证实验结果而修改实验过程、实验现象、实验数据等做法都是不允许的,一定不能弄虚作假,要恰如其分、实事求是地分析各种现象及其发生的原因。

（二）抓住中心,突出重点

书写实验报告不但可以培养学生的技能操作动手能力,而且还可以有效地增强学生的整体意识及书写、总结和科研能力。要求对实验中掌握的第一手资料认真分析、归纳,围绕选择适当的实验方案、实验仪器简单易用、实验过程快速和安全、实验现象明显、实验结果可靠等主要问题思考,最终用自己的语言将实验的中心与重点写在实验报告上。

(三)语言准确,层次清楚

写实验报告要求语言准确,层次清晰。比如在化学实验中出现了沉淀物,要准确地说明是"晶体沉淀"还是"无定形沉淀"。尽量采用专用术语来说明事物。例如"用棍子在混合物里转动"一语,应用专用术语"搅拌"较好,既可使文字简洁明白,又合乎实验的情况。外文、符号、公式要准确,要使用统一规定的名词和符号。说明实验步骤,有的说明没有按照操作顺序分条列出,结果就会出现层次不清晰、凌乱等问题。

知识链接

诺贝尔和诺贝尔奖

诺贝尔小时候身体非常瘦弱。 10 岁时随母亲前往俄国的贝德尔堡与父亲团聚,并开始接受家庭教师的指导。 17 岁到美国留学,两年后回国,进入父亲的公司从事研究工作。 诺贝尔受了父亲的影响,对研究炸药很有兴趣,后来因为制造炸药和开发油田赚了很多钱。 他看见自己发明的炸药用于战争,感到十分痛心,努力呼吁世人将火药用于和平。 诺贝尔用他的巨额财产成立基金会,设立诺贝尔奖,每年把奖金颁发给世界上对物理、化学、生物、医学、文学、和平事业作出杰出贡献者。 能够获得诺贝尔奖金的人,一直被认为是一种极大的荣誉。

六、例文和分析

例文:

药剂学实验报告

编号:2016~2017 学年第二学期

××医药高等专科学校

实验报告

实验课程名称

专业班级

学号

学生姓名

实验指导老师

实验日期

交出时间

××医药高等专科学校实验报告

实验名称　　　　指导老师　　　成绩

专业班级　　　姓名　　　　学号

蕲蛇药酒的制备

一、实验目的

掌握药酒、酊剂的制备方法。

二、实验仪器、试剂和药材

1. 仪器　粉碎机、药筛（20目、65目或60目）、渗漉筒、铁架台、铁夹、烧杯（1000ml、400ml）。

2. 药材　蕲蛇（去头）12g，防风3g，当归6g，红花9g，羌活6g，秦艽6g，香加皮6g，白酒加至1000ml。

三、实验内容

制法：以上七味，蕲蛇粉碎成粗粉，其余防风等六味共研碎成粗粉，与上述粗粉混合均匀，置烧杯中，加入白酒适量，拌匀，浸润0.5小时，使其充分膨胀，装入底部填有脱脂棉的渗漉筒中，层层轻压，装毕后于药面覆盖滤纸一张，并压小瓷片数块，加白酒使高出药面1~2cm，盖上表面皿，浸渍48小时后，以白酒为溶剂，按渗漉法调节流速为每分钟1~3ml渗漉，收集渗漉液900ml，加入蔗糖100g，搅拌溶解后，过滤，制成1000ml，即得。本品的含醇量应为44%~50%。

四、思考题

1. 比较药酒、酊剂的异同点。

相同点：药酒与酊剂同为浸出药剂。

不同点：①药酒的溶剂为蒸馏酒，无一定的浓度，制备方法有浸渍法和渗漉法，常加入糖或蜂蜜作为矫味剂；②酊剂的溶剂为不同浓度的乙醇，有浓度规定，制备方法除上述两种外还有溶解法和稀释法，一般不用添加矫味剂。

2. 浸出药剂中哪些剂型需要测定含醇量？

酊剂和流浸膏剂需测乙醇含量。

五、结论、讨论

蕲蛇在粉碎过程中，蛇皮和蛇刺难以被粉碎，但是其他部分被粉得过细。在装入渗漉筒中时，由于不小心，导致渗漉筒壁上黏上许多药材，造成实验误差。此外，时间有限，并没有浸渍48小时，1小时多后就开始渗漉，因为严格按照要求以流速为每分钟1~3ml渗漉，结果实验全部做完后也没能收集到要求的900ml，而且药酒的颜色有些淡。

分析：

1. 封面注明实验报告的相关信息。

2. 实验报告一般按统一的格式印制。

3. 实验记录是真实反映实验过程的文件资料，是写好科技论文的基础。在做实验记录时必须做到：

（1）内容真实，记录及时，不得超前记录和回忆记录。

（2）字迹端正清晰，不得用铅笔和圆珠笔填写，一律用签字笔填写。

（3）不得撕毁文件或任意涂改内容，需要更改时不可用刀刮、橡皮擦，不可有重笔、涂改；应划去后在旁边重写，签名并标明日期。

（4）按表格内容填写齐全，不得留有空格，如无内容填写时要用"—"以证明不是填写者疏忽。内容与上项相同时应重复抄写，不得用"〃"或"同上"表示。

（5）品名不得简写。

（6）与其他岗位、小组有关的操作记录应做到一致性、连贯性。

（7）操作者、复核者需签名的均应填写全名，不得只写姓或名。

（8）填写日期一律横写，并不得简写。如"2017 年 6 月 18 日"应写成"2017 年 06 月 18 日"或"2001.06.18"，不得写成"01""18/6""6-18"或其他。

（9）原始记录批号须填写，并与物料相符，注意检验凭证。

（10）各步中间体交接时均须签名；上、下工序交接不仅要交清数量，也要交清质量，并应有检验凭证。实验中间体送样时，交接双方应写送样人姓名，不能简写。

（11）转抄者、复核者应认真转抄、复核，不得写错。

（12）1 张原始记录不得修改 3 次以上。

点滴积累 ∨

1. 实验报告的结论不是具体实验结果的再次罗列，也不是对今后研究的展望，而是针对这一实验所能验证的概念、原则或理论的简明总结，是从实验结果中归纳出的一般性、概括性的判断，要简练、准确、严谨、客观。

2. 一些简单的实验将结果与结论合并为结论，如果只是一些简单的实验或重复的实验，可以没有讨论。

第二节　药品检验报告书

一、药品检验报告书的概念及适用范围

（一）药品检验报告书的概念

药品检验报告书是药品检验部门在药品出售前，根据质量标准的规定，经过对药品、设备的质量检验，对公司药品合格进行的数据统计，对药品质量做出的技术鉴定，是具有法律效力的技术书面证明文件。它是保证产品质量体系的标准。

（二）药品检验报告书的适用范围

药品检验报告书直接影响药品监督管理部门对药品生产、经营企业的药品质量事故的分析、定性和行政处理决定，关系到药品生产经营企业的利益和声誉，甚至影响其生存。因此，药品检验报告作为重要的法律文书，在药品监管中具有重要的法律地位，适用于原料药、中间体、成品药的检验，同时也适用于原料、辅料、包装材料、设备的检验后的书写报告。

二、药品检验报告书的种类

(一)按检验对象分

根据检验对象的不同,可以将检验报告分为:

1. **原料药的检验报告书**　按质量标准对生产原料或购进的原料进行检验的报告书。

2. **辅料的检验报告书**　按质量标准对购进的辅料进行检验的报告书。

3. **包装材料的检验报告书**　按质量标准对购进的包装材料进行检验的报告书。

4. **中间体的检验报告书**　按质量标准对生产过程中的中间体进行检验的报告书。

5. **成药的检验报告书**　按质量标准对成品药进行检验的报告书。

(二)按检验机构和单位分

根据检验机构的不同,可以将检验报告书分为:

1. **出厂自检报告书**　成品药生产出来后,药厂按照药品质量标准,由质检部(QC)对药品进行检验后出具的报告书。

2. **进厂检验报告书**　药品经销企业按照质量标准,对购进的药品进行检验后出具的报告书。

3. **省(市)药品检验报告书**　省(市)药品检验所按照药品的质量标准,对从企业送来的药品或从市场上抽取的药品进行检验后出具的报告书。

4. **国家药品检验报告书**　国家药品监督管理局的中国食品药品检定研究院按照药品的质量标准,对从企业送来的药品或从市场上抽取的药品进行检验后出具的报告书。

5. **进口药品检验报告书**　对于从国外进口的药品,由国家口岸药品检验所按照药品标准对药品进行检验后出具的检验报告书。

三、药品检验报告书的特点和作用

(一)药品检验报告书的特点

1. **时效性**　药品检验报告书是有期限的。一般表明检验时的样品是否合格,按照说明书的规定时间存放,在有效期内被检药品是合格的。当药品的有效期到期后,此药品的检验报告书也就过期了。

2. **唯一性**　药品检验报告书是针对某一企业生产的某一确定批号的品种药。其合格与否只指被抽检药的情况,而不能类推其他品种或同一品种的其他批号的药品具有相同的性质。

3. **法律效力**　药品检验部门出具的药品检验报告书是国家药品监督管理部门对生产该药品进行监督管理的依据和保证,是药品进入流通市场、患者正常使用的依据和保证,具有法律效力。

(二)药品检验报告书的作用

药品检验报告书是该批药品进入市场流通销售、患者使用的前提和依据,也是药品监督管理部门依法对药品质量进行监督管理的依据和保证。

四、药品检验报告书的格式和写作内容

药品检验报告书一般由报告书首部、主体、尾部三部分组成。

（一）首部

首部一般是一个表格式，要求填写被检品的名称、批号、批量、规格、有效期、检验日期、出具报告的日期、检验的依据等内容。

（二）主体

报告的主体一般包括检验项目、标准规定、检验结果或结论等部分。检验项目一般包括性状、含量测定、定性鉴别、检查等内容。

（三）尾部

尾部一般要有检验人、复核人、批准人签字。

格式如下：

×××制药有限公司

成品检验报告书

检验单号

品名　　　　规格

批号　　　　生产日期

包装规格　　有效期至

批量　　　　取样日期

检验项目　　　报告日期

检验依据

检验项目　　标准规定　　检验结果　　单项结论

【性状】

【鉴别】

（1）

（2）

（3）

【检查】

装量

相对密度

pH

微生物限度

细菌数

霉菌和酵母菌数

大肠埃希菌

活螨

【含量测定】

结论：

检验人：　　　　复核人：　　　　QC负责人：

日　期：　　　　日　期：　　　　日　期：

五、药品检验记录与检验报告书的写作要求

检验记录是出具检验报告书的依据，是进行科学研究和技术总结的原始资料；为保证科学性和规范化，检验记录必须做到记录原始、真实，内容完整、齐全，书写清晰、整洁。药品检验报告书是对药品质量做出的技术鉴定，是具有法律效力的技术文件；药检人员应本着严肃负责的态度，根据检验记录认真填写"检验卡"，经逐级审核后，由所领导签发"药品检验报告书"。要求做到依据准确，数据无误，结论明确，文字简洁，书写清晰，格式规范；每一张药品检验报告书只针对一个批号。

（一）记录真实详细

要真实、准确地标明所检样品的名称、批号、样品代表量、取样量、检验依据、检验项目、生产日期、取样日期、检验或报告日期等内容。

（二）结论明确

结论是对该项目的检验结果给出明确的单项结论。如外观性状：在"标准规定"下，按质量标准内容书写。"检验结果"下，合格的写"符合规定"，必要时可按实况描述；不合格的应先写出不符合标准规定之处，再加写"不符合规定"。

（三）用语规范

项目名称应按药品标准书写，不能用模糊或错误的用语。如不得将片剂的"重量差异"记成"片重差异"，或将"崩解时限"写成"崩解度"等。

▶ **课堂活动**

阅读下列《爱迪生的故事》，请同学们谈谈自己有何感想体会。

爱迪生的故事

爱迪生从小就对很多事物感到好奇，而且喜欢亲自去试验一下，直到明白了其中的道理为止。 他热爱科学，常常把钱节省下来买科学书报和化学药品。 他做实验的器具是从垃圾堆里拣来的一些瓶瓶罐罐。 爱迪生钻研科学的决心非常坚定，他省吃俭用。 有一次，硫酸烧毁了他的衣服；还有一次，硝酸差一点儿弄瞎了他的眼睛。 他没有被危险吓倒，还是顽强地做实验。 他就根据自己这方面的兴趣，一心一意地做研究和发明的工作。 他在新泽西州建立了一个实验室，一生共发明了电灯、电报机、留声机、电影机、磁力析矿机、压碎机等总计两千余种东西。 爱迪生的研究精神，使他对改进人类的生活方式作出了重大的贡献。

"浪费，最大的浪费莫过于浪费时间了。"爱迪生常对助手说。"人生太短暂了，要多想办法，用极少的时间办更多的事情。"

一天，爱迪生在实验室里工作，他递给助手一个没上灯口的空玻璃灯泡，说："你量量灯泡的容量。"他又低头工作了。 过了好半天，他问："容量多少？"他没听见回答，转头看见助手拿着软尺在测量灯泡的周长、斜度，并拿了测得的数字伏在桌上计算。 他说："时间，时间，怎么费那么多的时间呢？"爱迪生走过来，拿起那个空灯泡，向里面斟满了水，交给助手，说："里面的水倒在量杯里，马上告诉我它的容量。"助手立刻读出了数字。 爱迪生说："这是多么容易的测量方法啊，它又准确，又节省时间，你怎么想不到呢？ 还去算，那岂不是白白地浪费时间吗？"助手的脸红了。

爱迪生喃喃地说："人生太短暂了，太短暂了，要节省时间，多做事情啊！"

六、例文和分析

例文一：××××药品检验报告书

××××药业有限公司

××××药品检验报告单(书)

报告书编号 :-----

检品名称　××××

批　　号　××××

规　　格　---

生产单位　××××××有限公司制药厂

包　　装　塑料桶

供样部门　仓库

有 效 期　二年

检验目的　原料药

检验总数量　25kg

检验项目　全检

收检日期　2017/01/25

检验依据　内控质量标准

报告日期　2017/01/26

检验项目　标准规定

检验结果

[性状] 应为白色或微黄色结晶性粉末；无臭、味苦为微黄色结晶性粉末；无臭、味苦　比旋度应 $-1°\sim+1°$　$+0.5°$

[鉴别] HPLC 应与对照品保留时间一致　与对照品保留时间一致

　　　　红外光谱鉴别应与对照品红外图谱一致　与对照品红外图谱一致

[检查] 溶液的澄清度 应符合规定　符合规定

吸光度　A_{450nm} 应 ≤ 0.25　0.0046

有关物质　应 $\leq 0.5\%$　0.14%

干燥失重　　应≤0.5%　　0.25%

炽灼残渣　　应≤0.2%　　0.03%

重金属　　应≤10ppm　　<10ppm

[含量测定] 以干燥品计,含 $C_{18}H_{20}FN_3O_4$ 100.9%,不得少于98.5%。

结论:本品按内控质量标准检验,结果符合规定。

检验员:×××　　　QC 复核(主任)人:×××　　　质保部部长:×××

××××年×月×日　　××××年×月×日　　××××年×月×日

分析:

1. 检验报告书的首部要列出所有检验产品的信息。

2. 列出检验的依据。

3. 检验报告书包括【性状】【鉴别】【检查】和【含量测定】等项。

4. 要对每一检验项给出单项结论。

5. 对整个检验给出结论。

6. 该检验报告书符合检查和检验报告书的书写规范要求。

例文二:成品检验报告(单)书

××药成品检验报告书

成品检验报告单

检验单号　××××

品名　××××注射液

规格　5ml:10mg

批号　80-161208

生产日期　2017-02-17

包装规格　6 支/盒×30 盒/件

有效期至　2019-02-17

数量　109978 支

取样日期　2017-02-26

检验项目　全检

报告日期　2017-03-15

检验依据　国家食品药品监督管理局标准(试行)YBH031720××

检验项目　标准规定

检验结果　单项结论

【性状】本品应为无色或几乎无色的澄明液体　本品为无色的澄明液体符合规定

【鉴别】

(1)应呈正反应　呈正反应

符合规定

（2）应在239nm的波长处有最大吸收，在220nm的波长处有最小吸收

符合规定

（3）供试品主峰的保留时间应与对照品主峰的保留时间一致 与对照品主峰的保留时间一致

符合规定

【检查】

颜色 应符合规定 符合规定

pH 应为3.0~5.0 3.7

装量 应符合规定 符合规定

可见异物 应符合规定 符合规定

不溶性微粒 应符合规定 符合规定

有关物质

最大杂质应不得过0.5% 0.4% 符合规定

各杂质总和应不得过1.0% 0.11% 符合规定

无菌 应符合规定 符合规定

热原 应符合规定 符合规定

［含量测定］含×××（$C_{10}H_{10}N_2O$）应为标示量的90.0%~110.0%

98.8% 符合规定

结论：本品按国家食品药品监督管理局标准（试行）YBH031720××检验，结果：符合规定。

检验人：××× 复核人：××× QC负责人：×××

日 期： 日 期： 日 期：

分析：

1. 格式标准。

2. 要有检验人、复核人、批准人签名和签名日期。

点滴积累 ∨

药品检验报告书的结论只有合格和不合格。 只有合格的药品才能进入市场销售。

第三节 药品分析报告

一、药品分析报告的概念及适用范围

药品分析报告又叫药品调研报告，是针对药品的背景、特点、现状和未来发展趋势进行的调查分析报告，以决定是否进行研究、开发及如何进行上市销售的一种书面的应用文书。

药品分析报告适用于新药的立项开发、产品的上市销售、企业的并购投资等，既可以用于单一医

药品种的分析研究,也可以用于一类药品的分析研究、一个行业的分析研究。

二、药品分析报告的种类

根据所调查的药品所处的阶段和调研目的,一般可以分为以下几类:

（一）新药品开发立项的分析报告

新药研发机构供医药单位立项决策判断,在新药开发前需要对待开发的药品进行调查分析,形成报告。报告侧重于药品生产环境、药品的技术可行性、专利情况、开发投入、风险等评估。

（二）新药品上市的分析报告

药品生产开发的新药获得新药证书和注册批件后,需要对产品进行调查分析,以确定如何上市销售。报告侧重于对产品的市场竞争情况、本药品的上市策略、市场定位、范围、目标客户群的定位等。

（三）企业并购的药品分析报告

企业在并购时,一般都是看中了被并购企业的一个或几个药品,需要对被并购企业的主要药品进行调查分析。报告侧重于被调查药品的市场占有率情况、销售额增长情况、与本企业的产品互补或融合情况、医保、物价情况以及产品的竞争情况等。

（四）药品上市后品种的分析报告

一个药品上市一定时间后,要进行调查分析,以了解该产品的市场地位、竞争情况、客户人群、潜力客户和潜力市场的定位、广告策略等,并形成分析报告,以便于调整销售策略,适应市场。报告侧重于药品的市场定位、本品与竞品的医保、物价、招标情况、市场份额、销售策略、广告定位等。

（五）药品的行业分析报告

针对某一类疾病或医药行业某一分支进行的分析报告,一般是以年为周期进行调查分析。这类报告一般侧重于1年的销售数据分析、近几年的销售数据变化趋势以及造成这些数据变化的原因。如2017年中国抗流感药行业分析报告、2017年抗心脏病用药市场调研报告、2017年化学制药行业风险分析报告、2017年六味地黄丸制药行业分析报告。

三、药品分析报告的特点和作用

（一）药品分析报告的特点

1. 科学性和真实性　分析报告是在占有大量现实、历史资料、市场调查资料的基础上,用叙述性的语言实事求是地反映某一客观事物。

2. 目的性和针对性　分析报告一般有比较明确的意向,相关的调查取证都是针对和围绕某一药品或是某类药品展开的。

3. 逻辑性和条理性　分析报告离不开确凿的事实,但又不是材料的机械堆砌,而是对核实无误的数据和事实进行严密的逻辑论证。

（二）药品分析报告的作用

药品分析报告主要是针对药品过去、现在和未来的市场情况进行分析,以把握未来可能的市场情况,供新药立项、制订药品销售策略和市场销售之用。

四、药品分析报告的格式和写作内容

(一)调查报告格式

一般分为五部分:标题、引言、正文、结论、附录。

1. 标题 即报告的题目,有直接在标题中写明调查内容和调查范围的,如《镇咳药市场分析》;有的标题直接揭示调查结论,如《2017 年中药行业发展趋势预测——投资热度不减,出口阻力仍大》;还有的标题除正题之外,再加副题,如《感冒与最受消费者青睐的感冒药——全国感冒治疗药物市场调查》。

2. 引言 用简明扼要的文字向阅读者简单地介绍整个市场调查的基本方案,如调查的目标、范围、时间、地点及所采用的调查方式、方法和市场调查人员的个人资料、调查的意见。

3. 正文 正文是市场调查报告的重心。正文部分必须准确地载明全部有关论据,还应说明对问题进行分析。它主要包括三部分内容:情况、结论或预测部分、建议和决策部分。

4. 结论 这是全文的结束部分。一般写有前言的市场调查报告要有结尾,与前言互相照应,综述全文的重要观点。

5. 附录 附录对调查报告起注释作用,包括引文出处、样本设计、抽样误差的计算、详细繁杂的各类统计图,及对理解调查活动过程和调查报告质量有帮助的调查问卷、访问须知、调查资料等。调查过程中产生的附带性资料信息也可整理后放在附录中。

(二)市场分析报告格式

一般由封面、目录、正文三大部分组成,报告的正文又可分为导语、主体、结尾三部分。

1. 标题 标题一般有两种形式,一种是公文式标题,另一种是文章式标题。它又分单标题和双标题两种,双标题是指既有正题又有副题。

2. 导语 导语也称前言、总述、开头。一般要说明药品分析的目的、对象、范围、经过情况、收获、基本经验等;或侧重于情况分析的目的、时间、方法、对象、经过的说明;或侧重于主观情况;或侧重于收获、基本经验;或对领导所关注和情况分析所要迫切解决的问题进行重点说明。导语的文字应精练、概括性强,扣住中心内容,使读者对分析报告的内容获得总体认识,引人注目,唤起读者重视。

3. 主体 一般是写分析报告的主要情况、做法、经验或问题。如果内容多、篇幅长,最好将它分成若干部分,各加上一个小标题;难以用文字概括其内容的,可用序码来标明顺序。主体部分有以下4 种基本构筑形式:

(1)分述式:这种结构多用来描述对事物做多角度、多侧面分析的结果,是多向思维在谋篇布局中的反映。其特点是反映的业务范围宽、概括面广。

(2)层进式:这种结构主要用来表现对事物逐层深化的认识,是收敛性思维在文章谋篇布局中的反映。其特点是概括的业务面虽然不广,但开掘却很深。

(3)三段式:主体部分由 3 个段落组成,即现状、原因、对策。如此 3 段是 3 个层次,故称三段结构。

（4）综合式：主体部分将上述各种结构形式融为一体，加以综合运用，即为综合式。例如用"分述结构"来写"三段结构"中的"现状"；用"三段结构"来写"层进结构"中的一个层次；用"总分结构"来写"分述结构"中的某一方面的内容等。

4. 结尾 结尾的写法灵活多样，一般有以下几种：

（1）自然结尾：主体部分已将观点阐述清楚，作出了明确的结论，可省略。

（2）总结性结尾：为深化主旨、概括前文，将分析的药品形成自己的结论，并再一次强调，作出结论性的收尾。

（3）启示性结尾：在写完主要事实和分析结论之后，还有些问题或情况需要指出，引起读者的思考和探讨，或为了展示事物发展的趋势，指出努力方向，就可以写一个富有启示性的结尾。

（4）预测性结尾：有的报告在提出调查分析情况和问题之后，又写出作者的预测，说明发展的趋向，指出可能引起的后果和影响。

五、药品分析报告的写作要求

药品分析报告一般由封面、目录和正文组成。药品分析报告的正文部分在写作时要求内容翔实、数据真实、观点明确。

（一）内容全面

1. 产品概述 即所调查的药品情况，如通用名、剂型、新药类别、适应证、用法用量、原研单位。如果是中药，则要说明处方组成、功能主治、处方来源，是经方还是验方等内容。

2. 药品的背景 如药品所治疗疾病的发病率、目前市场情况、市场前景等。

3. 医保情况 即产品目前的状态是否是国家医保、地方医保、基药、新农合情况等。

4. 价格情况 即是否国家定价、定价多少。非国家定价是否有同类产品上市、定价多少；或者完全自主定价，计划定价多少。

5. 已上市批文情况 即同品种、同剂型、不同剂型产品的上市情况。

6. 申报情况 该品种的在研情况，有多少研发机构在研究此品种，有多少报到了国家药品审评中心、进展情况如何、是报临床还是报生产了、预计什么时候能批出来。

7. 竞品情况 包括产品本身的优劣对比、专家意见、临床应用科室、国内外应用情况（通常是专家访谈和文献研究）。

8. 竞品市场情况 即市场容量、竞品销售情况、分布区域、增长趋势、推广方向等。

9. 知识产权情况 专利有没有问题、会不会存在知识产权风险、如何避免等。

（二）数据真实

药品分析报告的数据必须真实可信。通过不同的途径获得不同的数据，有的数据由于不同的统计来源，其数据还不一样。一般尽可能采用官方的权威的数据。

写药品调研报告的具体数据，有些药品通过查阅文献资料即可获得；医保、基药、新农合情况可以通过查阅医保目录、基本药物目录、新农合目录获得；价格可以通过国家有关部门的官方网站和各省物价局的相关网站获得,中标价可以参照华招网的产品中标价格获得;竞品情况可以参照国家药品监督管理局网站的结果,也可以通过走访药品商业公司、医院专家等途径了解;药品申报情况可以从药品审评中心的网站上查得;知识产权情况可以从国家知识产权局的网站上查得。

（三）观点明确

1. 产品 SWOT 分析　即开发本品的优势是什么、劣势是什么、机会在哪里、风险又有哪些。

2. 针对性市场计划　如果这些产品开发成功,应该采取什么样的市场销售策略。

3. 结论明确　通过调查分析,明确建议立项开发还是暂时不考虑开发。

（四）语言简练、准确

避免使用晦涩难懂的术语,并要求条理清楚、逻辑性强。

▶ **课堂活动**

请同学们阅读下列《弗莱明与青霉素》短文,讨论科学分析与研究的意义,及其应注意的问题。

弗莱明与青霉素

弗莱明25岁自医学院毕业后一直从事医学研究工作。弗莱明是一个脚踏实地的人,不尚空谈,只知默默无言地工作。1928年,弗莱明在伦敦大学讲解细菌学,偶然发现霉菌有杀菌作用。这种霉菌在显微镜下看起来像刷子,所以弗莱明便叫它为"盘尼西林"(penicillin 的原意是有细毛的)。弗莱明细心地观察培养葡萄球菌的玻璃罐,"唉,罐里又跑进去绿色的霉!"弗莱明皱了眉头。"奇怪,绿色霉的周围怎么没有葡萄球菌呢？难道它能阻止细菌的生长和繁殖？"弗莱明细心地不放过任何一个可疑的现象,苦苦地思虑下去。他进行了一番实验研究,证实这种绿色霉是杀菌的有效物质。他给这种物质起了个名字:青霉素。弗莱明继续对盘尼西林进行系统深入的实验研究。

1938年盘尼西林正式在患者身上使用。在第二次世界大战期间,盘尼西林挽救了很多人的生命。由于这个发现,至今人类从死神的手中夺回了许多无价的生命。

六、例文和分析

例文一:市场研究报告

×××市药品质量分析调研报告

20××—20××年,在市局的统一领导和统筹安排下,全市各市、县、分局及直属单位认真贯彻《药品管理法》和《药品质量监督抽验管理规定》,坚持监督检查和抽样检验相结合,加强抽样的靶向性、针对性,严格药品抽验程序,以最小的抽验成本,达到了最大的抽验效能。按照省局下达的任务,对全市范围内药品生产、经营企业和医疗机构进行了监督抽样,保证了人民群众用药的安全有效。为了进一步提高工作效率,提高药品监督抽验的不合格率,为今后的药品抽验工作提供科学可靠的依据,现将我市××~××年度药品质量情况分析如下:

一、药品抽验完成情况

20××—20××年,总计抽验化学药、生化药、抗生素、中成药、中药材、中药饮片2620批。其中不合格药品 277 批,抽验不合格率 10.6%。其中计划性抽验 2210 批,不合格药品 84 批,不合格率 3.8%。日常监督抽验 410 批,不合格药品 193 批,不合格率 47.1%。

××市抽验药品 496 批,不合格药品 66 批,不合格率 13.3%。

××县抽验药品 183 批,不合格药品 24 批,不合格率 13.1%。

一分局抽验药品 172 批,不合格药品 31 批,不合格率 18.0%。

二分局抽验药品 380 批,不合格药品 26 批,不合格率 6.8%。

三分局抽验药品 182 批,不合格药品 41 批,不合格率 22.5%。

（一）计划抽验

三年共完成计划抽验 2210 批,不合格药品 84 批,不合格率 3.8%。

按抽验单位分类：

1. 从生产单位抽验 2 批,不合格率为 0%。

2. 从经营单位抽验 1330 批,不合格药品 48 批,不合格率为 3.6%。

3. 从使用单位抽验 880 批,不合格药品 36 批,不合格率为 4.1%。

按药品分类：

1. 抽验化学药品 648 批,不合格率为 0%。

2. 抽验抗生素药品 274 批,不合格率为 0%。

3. 抽验生化药品 9 批,不合格率为 0%。

4. 抽验中成药 708 批,不合格药品 35 批,不合格率为 4.9%。

5. 抽验中药材、中药饮片 571 批,不合格药品 49 批,不合格率为 8.6%。

（二）日常监督抽验

三年共完成日常监督抽验 410 批,不合格药品 193 批,不合格率为 47.1%。

按抽验单位分类：

1. 从生产单位抽验 37 批,不合药品 8 批,不合格率为 21.6%。

2. 经营单位抽验 192 批,不合药品 76 批,不合格率为 39.6%。

3. 从使用单位抽验 181 批,不合格药品 109 批,不合格率为 60.2%。

按药品分类：

1. 抽验化学药品 81 批,不合药品 15 批,不合格率为 18.5%。

2. 抽验抗生素药品 24 批,不合药品 3 批,不合格率为 12.5%。

3. 抽验生化药品 2 批,不合格率为 0%。

4. 抽验中成药 115 批,不合格药品 37 批,不合格率为 32.2%。

5. 抽验中药材、中药饮片 188 批,不合格药品 138 批,不合格率为 73.4%。

二、药品抽验质量分析

（一）计划抽验质量分析

以抽验单位分类：

使用单位不合格率为 4.1%,经营单位不合格率为 3.6%,生产单位不合格率为 0。不合格率由高到低依次是使用单位>经营单位>生产单位。

以药品分类：

中药材、中药饮片不合格率为8.6%，中成药不合格率为4.9%，化学药品、生化药品、抗生素不合格率均为0%。不合格率由高到低依次是中药饮片>中成药>抗生素、化学药品、生化药品。

（二）日常监督抽验质量分析

以抽样单位分类：

使用单位不合格率为60.2%，经营单位不合格率为39.6%，生产单位不合格率为21.6%。不合格率由高到低依次是使用单位>经营单位>生产单位。

以药品分类：

中药材、中药饮片不合格率为73.4%，中成药不合格率为32.2%，化学药品不合格率为18.5%、抗生素不合格率为12.5%、生化药品不合格率为0%。不合格率由高到低依次是中药饮片>中成药>化学药品>抗生素>生化药品。

从三年的药品抽验结果来看，药品生产企业的药品抽验合格率较高，主要是因为近年来对药品生产企业实施认证的结果和生产企业仪器设备和质量管理水平的提高。

药品经营企业中批发企业的药品抽验合格率较高，企业的质量观念逐渐增强，药品质量有了显著提高。而个体药店的药品抽验不合格率偏高的主要原因是药店人员业务素质偏低，专业人员缺乏，质量意识不强所致。

医疗机构中的药品不合格率较高，也主要集中在中药材、中药饮片，主要原因为医疗机构中的中药专业人员偏少，业务能力差，把关不严造成的；基层医疗机构存在的问题尤为突出。

所有的涉药单位存在的共性问题：一是中药专业人才紧缺，人员素质偏低，中药鉴别力量薄弱是导致中药饮片假劣药频发的主要因素。二是基层单位对药品外包装识别能力较差，形成一种只注重进货渠道，不问药品质量的现象严重。三是药品购进储存保管不能按照药品性能进行阴凉、冷藏保管。达不到要求，无温控养护设备。

三、假劣药情况分析（略）

四、防止假劣药发生的措施

1. 加强调研工作，深入药品生产、经营、使用单位，了解该企业基本情况，掌握薄弱环节，全方位为企业提供技术服务。

2. 针对我市中药饮片假劣药高发及中药专业人才不足等特点，广泛开展技术培训，方式有集中培训、现场实物教学等，义务为企业培养专业人才，全面提高各企业专业素质。

3. 建立常用药品、正品、伪品实物档案，为鉴别药品的真伪提供科学可靠的依据。

五、今后药品抽验工作应采取的对策（略）

根据对三年来我市药品质量情况统计分析，在今后的药品抽验工作中，应采取对策进行抽验，以提高药品监督抽验的不合格率。（略）

今后在药品抽验工作中，我们应将继续加大对中药材、中药饮片、抗生素类药品和医疗单位的抽验力度，加大对基层药品抽验力度，扩大抽验覆盖面。

分析：

1. **标题**　直接写明调查的时间+内容+调查的范围+文种。

2. **导语**　简单介绍整个市场调查的基本方案，如调查的时间、依据、目的、范围、地点及所采用的调查方式、方法、收获、基本情况等。精练、概括，扣住中心内容，引人注目。

3. **主体**　主体部分由3个段落组成：现状、原因、对策。内容分成若干部分，各加上一个小标题；写分析报告的主要情况、做法、经验或问题。结论强调调查情况的分析结果、防止假劣药发生的措施、今后药品抽验工作应采取的对策。数据事实准确，条理清楚。

4. **结尾**　明确今后工作的目标。总之，依事实说理，条理分明，重点突出。

点滴积累 ∨ ·······

　　　药品分析报告要具有科学、准确、使用价值的意义，记录必须真实，内容完整、齐全；药品检验报告书只有做到依据准确、科学，数据无误，结论明确，才可能具有经济价值和社会价值。

第四节　毕业论文

一、毕业论文的概念及适用范围

毕业论文是将要毕业的学生为申请毕业证或学位，根据自己的学习、实验、实践、实训、观察、研究，综合运用所学专业的基础理论、基本知识和基本技能，所写出的阐述某一专业问题的议论文章，是教学活动或科研活动的重要组成部分。

医学毕业论文专指医学院校毕业生在毕业前，按照要求撰写并提交的、具有一定的学术价值的医学类研究文章。《中华人民共和国学位条例》指出，高等学校毕业生的课程学习和毕业论文成绩表明确已较好地掌握所学学科的基础理论、专门知识和基本技能，并具有从事科学研究工作或担负专门技术工作的初步能力者，才可授予学士学位。近年来随着高等教育的发展，专科院校也对毕业生提出了撰写、提交毕业论文的要求。医学院校毕业生在毕业之前，应在医学学科的某一方面进行较系统的研究，并能提出新的见解，或者对某一问题有全面、系统和创造性的研究，并形成突破性的成果，写成文章。

医学院校学生毕业论文作为一种学习、实践、探索和创新相结合的综合教学，是对学生综合运用所学知识解决本专业实际问题能力的考核，是学习深化和提高的重要过程，是学生毕业的重要依据，也是衡量学校教育质量的重要评价内容。毕业论文撰写是学生培养过程的基本训练之一。

医学毕业论文就内容来讲，一是解决医学学科中的某一问题，用自己的研究成果加以回答。二是只提出医学学科中的某一问题，综合别人已有的结论，指明进一步探讨的方向；或是对学科中所提出的某一问题，用自己的研究成果给予部分的回答。毕业论文注重对客观事物做理性分析，指出其本质，提出个人的学术见解及解决某一问题的方法、意见和观点。

二、毕业论文的种类

（一）按毕业生的层次分类

毕业论文按所获得的毕业证书或学位证书的层次分为：

1. 专科毕业论文 高职高专专科生毕业时所写的毕业论文叫专科毕业论文。

2. 本科毕业论文 本科毕业时写的毕业论文叫本科毕业论文。论文答辩通过后，可以获得学士学位和毕业证书。

3. 硕士研究生毕业论文 又简称研究生毕业论文，是硕士研究生毕业时所撰写的毕业论文。论文答辩通过后，可以获得硕士学位和毕业证书。

4. 博士研究生毕业论文 又简称博士毕业论文，是博士研究生毕业时所撰写的毕业论文。论文答辩通过后，可以获得博士学位和毕业证书。

（二）按毕业论文的性质分类

按毕业论文的性质，可以将毕业论文分为：

1. 实验性论文 指通过科学实验，采用科学实验数据而撰写的毕业论文。

2. 报道性论文 根据有关社会方面的调查、研究撰写的论文。

3. 理论性论文 通过临床观察或者进行理论推导分析而撰写的毕业论文。

4. 综述性论文 通过对文献的检索、思考、分析、综合而撰写的毕业论文。

三、毕业论文的特点和作用

（一）毕业论文的特点

1. 指导性 毕业论文是在导师指导下独立完成的科学研究成果。大学生写毕业论文离不开教师的帮助和指导，需要教师启发引导学生独立思考、发挥主动创造精神，帮助学生最后确定选题，指定参考文献和调研线索，审定论文提纲，解答疑难问题，指导学生修改论文初稿等。

2. 独创性 学生在教师的指导下，独立完成毕业论文的写作任务。毕业论文应具有一定的新意独创新，或证明某一原理，或发现某一机制，或研究产生一种新的药物，毕业论文的写作具有一定的学术性和独创性。

3. 总结性 毕业论文需要调动各种基础知识。通过毕业论文来检查一下你在校学习的基础知识、基本理论和技能都处在一个什么水平上，从这个意义上来说毕业论文具有总结性。

4. 习作性与专业性 大学生撰写毕业论文就是运用已有的专业基础知识，独立进行科学研究活动，分析和解决一个理论问题或实际问题，将知识转化为能力的实际训练。写作是为了培养学生具有综合运用所学的知识解决实际问题的能力，为将来工作和进行学术研究做好准备，它实际上是一种习作性的学术论文。专业不同，论文的写作有所区别。

5. 系统性与程序性 毕业论文一般要经过前期准备、选题、拟定提纲、写作、修改、定稿、提交答辩、成绩评定、院校审核等程序环节才能最后通过。

6. 篇幅的规模性和质量的层次性 毕业论文需要有一定的篇幅要求，一般专科毕业论文在

5000~8000字;本科毕业论文在8000~12 000字;硕士研究生毕业论文在2万~3万字;而博士毕业论文一般要求5万字左右。

7. 时间性　毕业论文必须在学校安排或指导教师规定的时间内写作完成。

（二）毕业论文的作用

1. 获得毕业证、学位证的凭证作用　毕业论文是体现学生在校期间的学习能力、学术水平,同时也是作者获得毕业证、学位证的一个重要依据。申请学位必须提交相应的学位论文,经答辩通过后方可取得学位。

2. 再学习的作用　撰写毕业论文的过程也是专业知识的学习过程,而且是更生动、更切实、更深入的专业知识的学习。撰写论文是结合科研课题,将学过的专业知识运用于实际,在理论和实际结合的过程中进一步消化、加深和巩固所学的专业知识,并将所学的专业知识转化为分析和解决问题的能力。学生在毕业论文写作过程中,会培养学习的志趣,对于他们今后确定具体的专业方向,增强攀登医学科学高峰的信心大有裨益。

3. 检验作用　毕业论文是检验学生在校学习成果的重要措施,是对学生的知识和能力进行的一次全面检验、总结和考核。

4. 培养作用

（1）培养学生的科研能力:培养学生综合运用、巩固与扩展所学的基础理论和专业知识,培养学生独立分析、解决实际问题的能力。培养学生进行社会调查研究,文献资料收集、阅读和整理、使用,提出论点、综合论证、总结写作等基本技能。

（2）培养学生的综合素质作用:培养学生正确的理论联系实际的工作作风、严肃认真的科学态度。

（3）培训写作能力作用:学生通过撰写毕业论文,能提高写作水平。

（4）培养人才的作用:撰写毕业论文是检验学生在校学习成果的重要措施,也是提高教学质量的重要环节。撰写毕业论文可以培养学生的综合能力,是保证培养出社会主义建设人才的重要措施。

四、毕业论文的基本格式和写作内容

毕业论文主要包括封面、目录、题目和署名、中英文摘要与关键词、正文、参考文献及附录等几部分,另外注意打印格式、装订顺序。具体内容注意如下几个问题:

（一）封面

封面一般使用学校统一的格式。毕业论文的封面一般包含以下信息:论文名称（题目）、单位代码（院系）、分类号、密级、学科专业、学号、学号、姓名、指导教师、申请学位级别、申请时间等。用三号宋体加粗,居中填写。

（二）目录

目录一般分三级目录,并标注对应的页码。

（三）题目和署名

1. 题目 题目要对论文的中心内容有高度集中的概括性,简洁、明确。字数应在 20 字以内,用三号字体加粗,可以分为一或两行居中打印。

2. 署名 题目下方空一行署名(小三号字加粗)。署名的顺序为专业、学生姓名、指导老师姓名,例 2007 级药学专业 ××× 指导老师 ×××。

署名下空一行为中文摘要和关键词,再空一行为英文题目和英文署名,用 Times New Roman 字体加粗,参照中文。

（四）中英文摘要、关键词

1. 摘要 摘要为论文全文的浓缩,要反映论文的主要内容。其写作内容主要由研究的目的、方法(原理、理论、条件、材料、工艺手段程序等)、结果、结论四部分组成,摘要不分段。一般以第三人称的语气写,避免用"本文""我们""本研究"等作为文摘的开头。中文摘要 200 字左右,[摘要]二字加粗居左顶格,空一格打印内容。内容中的目的、方法、结果、结论八字加粗并加冒号。摘要一般要求中英文对照。

2. 关键词 从论文标题或正文中挑选 3~5 个最能表达主要内容的词作为关键词。[关键词]三字加粗居左顶格,空一格打印内容。关键词一般为 3~5 个,每两个关键词之间用";"分隔,最后一个词后不打标点符号。

英文摘要及关键词的内容应与中文摘要的内容相对应,用 Times New Roman 字体。[Abstract]、[Key Words]加粗,格式参照中文。

（五）正文

正文是毕业论文的核心部分,包括引言、材料与方法、结果与结论、讨论、参考文献等部分。专科毕业论文正文字数一般应在 5000~8000 字。

1. 引言（前言、导言、绪言、序言） 引言是论文的开头部分,作为论文的开端,起纲领的作用。

(1)引言的内容:引言应当对正文起到提纲挈领和引导阅读兴趣的作用。在写引言乃至整篇论文时都应围绕目前在此领域的研究现状,以及本文的研究目的、研究方法、试验结果、想通过本文说明的问题这几个问题。引言的写作在内容上切忌空泛,篇幅不宜过长。一篇 3000~5000 字的论文引言字数在 150~250 字即可。

(2)引言要概括简洁,开门见山。在引言中对与本文相关的研究做一简要的概括回顾。

2. 材料与方法

(1)材料与方法:主要是说明研究所用的材料、方法和研究的基本过程,它回答"怎样做"的问题。材料是表现研究主题的论据,方法指作者对自己的研究工作的详细表述,是完成研究主题的手段。要运用各个方面的研究方法和实验结果,分析问题,论证观点,尽量反映出自己的科研能力和学术水平。材料与方法的统一是判断论文科学性、先进性的主要依据。因研究的类型不同而略有差别,调查研究常改为"对象与方法",临床试验则用"病例与方法"。不同类型研究的材料与方法的写作也不完全一样。

(2)实验研究要交代实验条件和实验方法。①实验条件:包括实验动物的来源、种系、性别、年龄、体重、健康状况、选择标准、分组方法、麻醉与手术方法、标本制备过程以及实验环境和饲养条件等。②实验方法:包括所用的仪器设备及规格、试剂、操作方法。③试剂:如系常规试剂,则说明名称、生产厂家、规格、批号即可;如系新试剂,还要写出分子式和结构式;若需配制,则应交代配方和制备方法。④操作方法:如属前人用过的,只要交代名称即可;如系较新的方法,则应说明出处并提供参考文献;对某方法进行了改进,则要交代修改的根据和内容;对创新的方法,要注意不要将新方法的介绍和运用该方法研究的新问题混在一起,论文系报道新方法,则应详细的介绍试剂的配制和操作的具体步骤,以便于他人学习运用和推广。

(3)基本要求:论点正确,主题突出,材料论据确凿,结构完整,层次分明,逻辑性强,语言准确,表达确切。

3. 结果与结论

(1)结果:结果要对研究过程中所获得的主要数据、现象进行定性或定量分析,得出结论或推论。

正文内容要理论联系实际。①结果的重要性:结果是科研论文的核心部分,科研的成败与否是根据结果来判断的,结论与推论亦由结果导出。结果部分的写作要做到指标明确可靠,数据准确无误,文字描述言简意赅,图表设计正确合理。②结果的内容:结果的内容包括记录实验的客观事实、测定的数据、导出的公式、典型病例、取得的图像等,但不同类型的文章结果的内容应有不同的侧重点。③数据的要求:未经统计学处理的实验观察记录叫原始数据。将实验研究所得的数据或资料进行去伪存真,再对原始数据进行分析归纳和统计学处理就可以得出研究的结果。实验结果的表达一般使用统计量而不使用原始数据,也不必将原始数据全部端出,涉及计算内容的数据要求准确。④结果的表达方式:结果的表达通常通过文字、图、表相互结合来完成。⑤图表:表与图设计的基本要求是正确合理,简明清晰。表是简明的、规范化的科学用语。能用文字表达的内容不用列表、绘图。已用图表说明了的内容不必再用文字详述,只要强调或概括重点。

结果的写作一定要采取实事求是的科学态度,遵守全面性和真实性的原则。实验结果无论是成功或失败,只要是真实的就是有价值的。不能对实验数据任意增删、篡改。涉及他人的观点、统计数据或计算公式的,要有出处(引注)。

(2)结论:结论又称结束语、结语,是毕业论文的收尾部分,其基本的要点就是总结全文、加深题意。结论是全文的思想精髓和研究价值的体现,应概括说明所进行工作的情况和价值,分析其优点和特色,指出创新所在,并应指出其中存在的问题和今后的改进方向,特别是对工作中遇到的重要问题要着重指出,并提出自己的见解。结论集中反映作者的研究成果,表达作者对所研究的课题的见解和主张。①本研究结果的新发现、新事物,得出的规律性内容,解决或完善的理论,适用的范围;②对前人有关本问题的理论做了哪些检验,哪些与本研究的结果一致、哪些不一致,作出了哪些修正、补充、发展或否定。结论要简单、明确。

4. 讨论 讨论是对引言所提出的问题的回答,是将研究结果表象的感性认识升华为理论认识。在讨论中作者通过对研究结果的思考、理论分析和科学推论,阐明事物的内部联系和发展规律,从深度和广度丰富和提高对研究结果的认识。有的讨论可从略。讨论的内容大致包括以下几个方面:

（1）简要概述国内外对本课题的研究近况，以及本研究的结论和结果与国际、国内先进水平相比居于什么地位。

（2）根据研究的目的阐明本研究结果的理论意义和实践意义。

（3）着重说明本文的创新点所在，以及本研究结果从哪些方面支持创新点。

（4）对本研究的限度、缺点、疑点等加以分析和解释。

（5）说明本文未能解决的问题，提出今后研究的方向与问题。

5. 参考文献 依照参考文献在文中出现的先后顺序用［1］、［2］、［3］、［4］…的形式统一排序，依次列出，尽量避免引用摘要作为参考文献。正文中按顺序在引用参考文献出处的文字右上角用［ ］标明，［ ］中的序号应与"参考文献"中的序号一致。参考文献中的作者，1~3名全部列出；3名以上只列前3名，后加"，等"。参考文献只限于作者亲自阅读过的、最主要的、发表在公开出版物上的文献。引用文献原则上应为原始文献。

参考文献的著录按著录/题名/出版事项的顺序排列：

（1）专著：专著类参考文献按照［序号］主要著者．书名．版次（1版略）出版地：出版者，出版年：起止页码．的顺序书写。例如：

［1］×××．心脏电生理学进展．北京：中国科学技术出版社，1994：211-218.

［2］×××．实用内科学．8版．北京：人民卫生出版社，1991：833-840.

（2）期刊文章：期刊类参考文献按照［序号］主要著者．文章题目．期刊名，年，卷（期）：起止页码．的顺序书写。例如：

［1］×××．庆大霉素的血药浓度监测．中华内科杂志，2017，31（5）：421-425.

［2］×××．2度房室阻滞诊断标准的探讨．中国急救医学，2017，12（1）：14-15.

（3）电子文献：电子文献类参考文献按照［序号］主要责任者．电子文献题名［电子文献及载体类型标识］．电子文献的出处或可获得地址，发表或更新日期/引用日期（任选）的顺序书写。

"参考文献"四字用四号字加粗居中，内容用五号字，［序号］居左顶格。

（六）附录

毕业论文的附录一般可以包括致谢，个人简历，读书期间发表过的论文、获得的奖励、参与的课题、申请的专利，与本研究相关的综述等内容。

谢辞：谢辞在文章结尾处通常以简短的文字对课题研究与论文撰写过程中曾直接给予帮助的人员，例如指导教师、答疑教师及其他人员表示自己的谢意。这不仅是一种礼貌，也是对他人劳动的尊重，是治学者应有的思想作风。"致谢"二字单独占行，用三号字体加粗居中，空一行写致谢内容。

（七）打印格式

页面要求：毕业论文要求用 Word 文档、A4（210mm×297mm）标准、70g 以上的白纸，一律采用单面打印；页边距按以下标准设置：上边距25mm，下边距25mm，左边距和右边距25mm；装订线：10mm。全文除特别规定处，中文统一用宋体小四号字，英文部分字体为"Times New Roman"，字间距设置为标准字间距，行距为 1.5 倍。页码从论文主体部分（引言或绪论）开始，用阿拉伯数字连续编页，居中打印。

（八）装订顺序

医学毕业论文要按照论文封面→任务书→题目、中英文摘要、关键词→正文→参考文献→谢辞的顺序装订。

完成的毕业论文一般应当按照如下顺序装订成册：

1. 封面（由教务处统一提供）。

2. 毕业论文成绩评定表。

3. 毕业论文任务书。

4. 毕业论文写作记录卡。

5. 毕业论文指导教师评审记录卡。

6. 彩色分隔页。

7. 毕业论文。

8. 封底（由教务处统一提供）。

五、医学毕业论文的写作方法和要求

毕业论文的写作过程一般分为以下几个阶段：题目选择，课题调研，构思，搜集材料；文件检索与应用，拟写提纲，撰写论文。

（一）选题

医学毕业论文的选题应注意以下几个方面：

1. 选题要早　早选题，早做准备，时间充分。

2. 选题要避己之短，用己所长，考虑主、客观条件　选择最利于发挥自己聪明才智的课题。如你想对"交感胺类药物"进行研究，你的生理学、药理学基础好，可从其应用方面选题，可借鉴前人的研究成果，从不同侧面进行研究，同样会有突破；如你的化学及药物化学基础好，可从药物基团方面及配伍方面进行研究，通常药物的基本结构决定药物的作用，取代基团决定作用强度、副作用等。医学领域学科很多，要找准突破口。

3. 选题不要过大，大处着眼，统观全局　选题要着眼于整个专业领域和其他相关科学领域。小处扫描，具体选定。找准需要进一步研究和探讨的问题，具体选定题目。比如对"胆囊收缩素——胰泌素"某一方面的作用研究，这类题目有比较、有借鉴，写起来比较容易。

4. 选择突破口　选题要找突破口，这个突破口可选择难度较小，而又带有普遍意义的题目，或者易被人忽视的问题。论文选题要瞄准专业领域中研究的热点课题；要从专业领域中的空白领域选题；还可以从争鸣性的课题中选题；可以选择社会实践中期待解决的课题；也可以选择社会实践中作者十分熟悉的课题；在阅读和研究大量资料的基础上继承和发展前人的成果，并进行思考，从中获得启迪，找到所需要的课题；在开拓性领域或学术前沿性问题中选题。作为医学院校学生各门课程都在同步与交叉学习，有较深的理论基础，具有较好的连贯性。就中医与西医而言，如中药大黄有多种作用，从化学分析角度去分析药物的作用机制就是对中医的发展，容易重点突破，写出具有一定质量的论文。

（二）搜集资料

搜集资料是为撰写论文开拓思路,提供事实和理论依据。要以题目为中心,集中搜集资料工作。搜集资料的注意事项有:

1. 制订搜集资料的目录　搜集资料的目录是写论文的一个重要基础,要和写论文有经验的前辈交谈,或经导师或教研室有经验的教师指点,与和自己的毕业论文题目相近的、论文写得好的毕业生交流经验、交换意见。

2. 搜集材料和整理材料

(1)搜集材料的范围:①要从第一手材料中找根据,着重搜集第一手材料。第一手资料包括与论题直接有关的文字材料、数字材料(包括图表),譬如统计材料、典型案例、经验总结等,还包括自己在亲自实践中取得的感性材料。对医学院校学生来说,从实验、实践、实训中找相关的第一手资料,多去附属医院查病案资料是很有裨益的。对第一手资料要注意其真实性、典型性、新颖性和准确性。②他人的研究成果,这是指国内外对有关该课题学术研究的最新动态。③边缘学科的材料。④权威人士的有关论述、有关政策文献等。⑤背景材料。搜集和研究背景材料,这有助于开阔思路,全面研究,提高论文的质量。

(2)搜集资料的主要方法:①做卡片。使用卡片搜集资料,易于分类、保存查找,并且可分可合,可另行组合。一个问题通常写在一张卡片上,内容太多可以写在几张卡片上。②做笔记。做笔记对一个毕业论文撰写者来说是必要的,好记性不如烂笔头。阅读时、搞调查研究时随时记下所需资料的内容,或有关的感想体会、理论观点等。做笔记时最好留空白,以供对有关摘录内容的理解、评价。③剪辑报刊资料。将有用的资料从报纸、刊物上剪下来或复印下来,再进行剪贴。将应剪贴的资料分类贴在笔记本、活页纸或卡片上,可以节省抄写的时间。

无论是用卡片收集资料,还是摘录资料,还是剪贴资料,都必须注明出处。如果是著作,则要注明作者、书名、出版单位、发行年月;如果是报纸,则要注明作者、篇名、版次、报纸名称及发行年、月、日;如果是杂志,则要注明作者、篇名、杂志名称、卷(期)号、页码等,以便于附录在毕业论文的后面。

资料的主要分类方法有以下两种:①主题分类法。按照一定的观点将资料编成组,这"一定的观点"可以是综合而成的观点,也可以是自己拟定的观点。②项目分类法。即按照一定的属性,将收集的资料分项归类。搜集材料要多要全,没有遗漏。要围绕核心问题搜集主要材料、有用材料,对次要材料放在次要地位。

(3)搜集论文需要的文献资料应注意:①在方法上沿用前人的,或在前人的基础上加以改进的;②在理论认识上支持本文观点的;③前人研究的结论与自己文章所述的不同,需要加以说明的;④前人对本文所研究的问题存在争议和正在探讨的。将这些资料搜集、编好序号,以备撰写论文使用。

撰写科研论文时仍要查阅大量有关文献,以作为对已掌握的文献的补充。有人进行过统计,国内外多数科学工作者查阅文献的时间约占整个科研工作的1/3,如果没有这些最新的参考文献,要想使论文达到新颖和独创性是很难的。

3. 对搜集来的资料要认真研读　收集来的资料不要随手一放、置之不理,要认真阅读,仔细加以分类,进行研究。要区别其正确与错误,找出其不足的,补充其需要补充的地方。经过阅读和分析,发现文献上还没搞清楚的地方,就要对问题点进一步深入研究,将一个个问题都解决了,为论文的写作打下坚实的基础。

4. 提炼观点,明确结果,提出结论 在上述准备工作完成以后,要根据有关文献资料和实验观察所得的资料,运用辩证唯物主义的观点,分析设计中哪些观点在理论上成立,而在试验中得到证实;哪些观点在试验中没有得到证实或未完全证实,需要修改;哪些现象和指标超出原来的设想,而且可能有新的启示,需要进行新的分析。通过对试验材料的分析,提炼出试验材料能说明的观点和能得到的结果,提出结论,使试验材料和理论认识充分结合起来。

(三) 构思

构思要围绕主题展开。若要使论文写得条理清晰、脉络分明,必须要使全文有一条贯穿线,这就是论文的主题。主题是一篇学术论文的精髓,它是体现作者的学术观点和学术见解的。构思是对整个论文的布局、顺序、层次、段落、内容、观点、材料、怎样开头和结尾的思考。只有潜心构思,才能思路流畅,写好提纲和文章。

(四) 拟写提纲

写作提纲可以帮助作者勾画出全篇论文的框架,有助于作者从全局着眼,明确层次和重点,可计划先写什么、后写什么,前后如何表述一致。通过不断修改提纲,将构思、观点记下来,目标明确,主次分明,使思路进一步深化。按此计划写作,可使论文层次清晰、前后照应、内容连贯、表达严密。

提纲多采用标题式和提要式两种形式。①标题式提纲:以简明的标题形式内容概括出来,用最简明的词语标示出某部分或某段落的主要内容。这是医学科研工作者常用的写作方法。②提要式提纲:是在标题式提纲的基础上具体明确提要式地概括出各个层次的基本内容。在实际的写作过程中应做到既有纲可循,又不拘泥于提纲。

例如实验研究论文的提纲通常用以下结构:

题目:……

1. 课题对象

(1)课题的提出;

(2)研究的目的。

2. 材料与方法

(1)实验目的、原理、条件、仪器和试剂;

(2)实验方法:分组情况、观察指标、记录方法;

(3)操作过程;

(4)出现问题和采取的对策。

3. 结果与分析

(1)结果;

(2)统计学处理;

(3)结果的可信度;

(4)再现性。

4. 讨论(结论)。

5. 参考文献。

（五）拟写草稿

拟写草稿就是根据提纲将要写的内容用文字表达出来,将实验数据和资料进行归类分析。它是论文创造过程的重要阶段。

草稿的顺序可阐述自己的观点,分析实验数据。也可采用分段写作法,此种写作法的拟写方法根据实际安排。实验研究论文多采用顺序写作法,即按照医学论文的规范体例或提纲顺序写作,多是作者对论文的中心论点已经明确,或提纲已形成。但对某一层次的内容没有把握或没有考虑成熟,可先写好已经成熟的段落内容,不受顺序的先后限制。要进行前后对照检查,风格一致,层次清楚,衔接紧凑。最后依次组合而形成初稿。

（六）论文修改

文章不厌百回改,推敲打磨出新篇。论文反复审读、推敲、修改,才能定稿。完成初稿只是完成写作的一半工作。写作费心事,修改更费心事。打磨、修改是对初稿观点的修正和完善、内容的深化和提高、文字的加工和润色。

修改过程中应注意文题是否相符;论点是否鲜明;论据是否充分;论证是否严密;结构是否合理;结论是否科学客观;用词是否符合医学术语;文稿是否符合医学论文的写作规范要求;标点符号是否正确;有无错别字等。有时,由于作者自己的思路有一定的局限性,为了保证质量,还要请专家、导师提出修改意见,以保证文章质量。

（七）其他要求

1. 禁止抄袭。采用他人的研究成果,却不加任何说明;直接引用他人文章中的原句,而未注明出处。若要引用他人的观点,一定要标明出处,且引用部分不能超过论文的1/3。直接引文不能超过毕业论文总字数的33%。

2. 文稿要求格式统一整齐。

3. 论文的语言要求用词恰当、准确,句式规范、有变化。

4. 认真遵守论文写作的日程安排,按时提交论文。

▶▶ 课堂活动

活动一: 请同学们阅读下列《扁鹊论医术》短文,谈谈对自己在医学学习中的启发意义和作用。

扁鹊论医术

魏文王问名医扁鹊说:"你们家兄弟三人,都精于医术,到底哪一位最好呢?"

扁鹊答:"长兄最好,中兄次之,我最差。"

文王再问:"那么为什么你最出名呢?"

扁鹊答:"长兄治病,是治病于病情发作之前。 由于一般人不知道他事先能铲除病因,所以他的名气无法传出去;中兄治病,是治病于病情初起时。 一般人以为他只能治轻微的小病,所以他的名气只及本乡里。 而我是治病于病情严重之时。 一般人都看到我在经脉上穿针管放血、在皮肤上敷药等大手术,所以以为我的医术高明,名气因此响遍全国。"

活动二: 请同学们阅读下列《我的信念（节选）》短文,谈谈自己的感想和体会。

我的信念（节选）

生活对于任何人都非易事，我们必须有坚韧不拔的精神。 最要紧的，还是我们自己要有信心。我们必须相信，我们对每一件事情都有天赋的才能，并且，无论付出多大代价，都要把这件事情完成。 当事情结束的时候，你要能问心无愧地说："我已经尽我所能了。"

我一直沉醉于世界的优美之中，我所热爱的科学也不断增加它崭新的远景。 我认定科学本身就具有伟大的美。 一位从事研究工作的科学家，不仅是一个技术人员，而且是一个小孩儿，在大自然的景色中，好像迷醉于神话故事一般，迷醉于大自然的景色。 这种科学的魅力，就是使我终身能够在实验室里埋头工作的主要原因。

——玛丽·居里（居里夫人）

六、毕业论文答辩

（一）毕业论文答辩的常见问题

1. 为什么选择了这个课题？研究这个课题有何社会价值与理论意义？

2. 对这个课题，前人或别人曾做过哪些研究？其主要成果及观点是什么？

3. 论文提出和解决了什么问题？对前人或别人的研究有何新发展？

4. 论文的基本观点及立论的主要根据是什么？

5. 论文参考了哪些文献？

6. 论文还有哪些应该涉及或解决，但因力所不及而未能展开的问题？

7. 还有哪些问题在论文中未涉及或涉及得很少，而在研究过程中确已接触到了并有一定的见解，只是由于与论文内容的中心关联不大而没有写入？

（二）答辩的注意事项

答辩的注意事项有：

1. 答辩时间 每人 15 分钟，其中自述 5 分钟、提问 10 分钟。

2. 自述要求 自述时要求脱稿陈述论文的选题思路、论文观点、论证过程及结论，并可以介绍各部分的主要内容。要求表达流畅，语音、语调较好。

3. 答辩要求 回答问题时可以参考论文原文，要求言之有物，紧扣问题，回答有理有据且论述完整清晰。

七、例文和分析

例文：毕业论文提纲

封面

××大学毕业论文

论文名称：注射用××的药学研究

分类号：R2

单位代码:10815

密级:秘密

学号:20173085

学科专业:中药学

学生:赵××

指导老师:×××

申请学位级别:××

申请时间:2017 年 6 月

申请学位类型:理学学士

摘要(略)

关键词:注射用　　××　药学

目　　录

6.4 除菌方法

6.5 冻干工艺条件

6.6 注射用丹葛制剂

7. 中试放大试验

下篇 质量标准研究

1. 药材质量标准控制

1.1 葛根药材质量标准

1.2 丹参药材质量标准

2. 成品质量标准研究

2.1 注射用丹葛通脉(粉针)剂质量标准

2.2 质量标准起草说明

3. 刺激性试验

4. 指纹图谱初步研究

第三部分 结论与讨论

1. 结论

1.1 研究结果

1.2 结论

2. 讨论

2.1 关于剂量

2.2 有效部位没有做成固体的原因

在做有效部位时,没有像其他冻干粉针一样做成固体,这是由于在制成固体时,需要干燥,而丹参酚酸类成分受热不稳定,分解成活性较低的原儿茶醛、丹参素等成分,为了确保疗效,因此,中间体以液体的形式出现,而没有制成固体。

2.3 药效研究因时间的关系有待进一步研究

2.4 指纹图谱研究

指纹图谱研究应该是一个广泛而系统的研究过程,由于时间和经费的原因,我们没有采集到全国不同产地的药材样品进行对照试验研究,目前所做的一点指纹图谱研究,也是比较粗浅,目前这项工作,还在继续进行之中。

3. 符号说明

4. 参考文献

参考文献

[1] ×××. 中药制药新技术与应用. 2 版. 北京:人民卫生出版社,2012:20-25.

[2] ×××. 中药药剂学. 北京:人民卫生出版社,1998:80-85.

[3] ×××. HPLC 法测定不同产地葛根中葛根素的含量[J]. 中草药,2001,32(3):220-223.

对一些暂时还没有结果的问题进行讨论。

对将要进行的研究进行分析讨论。

第四部分　附录

1. 致谢

衷心感谢我的导师张××教授对我的精心指导和悉心关怀！本论文从选题、实验方案的设计、实验工作的开展到论文的撰写，每一阶段都凝聚了恩师的大量心血。他平易近人、乐观开朗、严于律己、宽以待人的高尚人格，精深博学的学识，敏锐的洞察力，严谨求实的治学态度，一丝不苟的治学作风，敢于创新的学术思想，活跃敏捷的科研思维，让我在科研的道路上受益终身！导师渊博的学识，清晰的科学思路，对我学习、生活上的无微不至的关心和爱护，更让我如沐春风，心存感激！导师是我终身学习的楷模！

2. 个人简历

3. 读书期间发表论文及专著

3.1　读书期间发表的论文

3.2　读书期间出版的书籍

4. 读书期间获奖情况

5. 读书期间专利申请情况

6. 读书期间参与的课题

分析：

1. 这是××大学毕业论文。封面包括××大学毕业论文、论文名称、分类号、单位代码、密级、学号、学科专业、学生、指导老师、申请学位级别、申请时间、申请学位类型等。

2. 通过目录，我们看到第一部分前言，第二部分试验研究与结果，第三部分结论与讨论，后边是参考文献、致谢等内容。格式规范，条理清楚，重点突出。

点滴积累 ∨··

1. 毕业论文既是对选题、中心论点、资料论据、框架结构、语言表述有明确的规定和要求，又是和专家的对话，要有自己的观点和创新点。一些综合性的毕业论文主要是要解决"是什么""为什么"和"怎么样"这 3 个问题。

2. 在外国，一些中、小学生毕业时也要求写毕业论文。

3. 我国的博士后出站（毕业）所写的论文一般称为出站报告，而不叫毕业论文。

第五节　学术论文

一、学术论文的概念及适用范围

（一）学术论文的概念

学术论文又称科学论文，简称论文。它是在科学研究、科学实验和工程技术设计的基础上，对社会科学、自然科学领域里的学术问题进行科学研究后,将研究成果进行表述和论证的一种理论性实用文体。

(二) 学术论文的适用范围

学术论文是关于某一学术课题在实验性、理论性或观测性上具有创新的科学研究成果、创新的见解和知识的科学文献记录;或某种原理在实际应用中取得新进展的科学总结。用以供学术会议上宣读、讨论交流,在学术刊物上发表,或作其他用途。

二、学术论文的种类

(一) 按研究的学科分

按学科分为自然科学论文和社会科学论文,每类又可按各自的门类分下去。自然科学论文可以细分为药学、医学、农业、林业、渔业、种植等学科论文。社会科学论文又可细分为政治、经济、科技、军事、哲学、法学、文化、教育、文学、艺术、历史、语言等学科论文。

(二) 按研究的内容和性质分

按研究的内容和性质分为理论研究论文、实验(试验)研究论文、应用开发研究论文。

1. 理论研究论文 重在对各学科的基本概念和基本原理的研究。

2. 实验(试验)研究论文 重在对实验(试验)研究过程和结果的论证。

3. 应用开发研究论文 侧重于如何将各学科的知识转化为专业技术和生产技术,直接服务于社会。

(三) 按写作目的分

1. 目标论文分为交流性论文和考核性论文

(1)交流性论文:目的只在于专业工作者进行学术探讨,发表各家之言,以显示各门学科发展的新态势或自己所研究的情况。

(2)考核性论文:目的在于检验学术水平,作为有关专业人员升迁晋级的重要依据。

2. 报刊论文 在报刊上公开发表的论文。

3. 学业论文 学年论文、毕业论文、学位论文(学士论文、硕士论文、博士论文)。

三、学术论文的特点和作用

(一) 学术论文的特点

1. 学术性 是指各种系统的专门的学问。学术论文的内容必须符合历史唯物主义和唯物辩证法。在形式上属于议论文,它必须是有自己的理论系统,不能只是材料的罗列,应对大量的事实、材料进行分析、研究,使感性认识上升到理性认识。一般来说,学术论文具有论证色彩,具有论辩的理论性、学术性。

2. 科学性 要求必须切实地从客观实际出发,从中引出符合实际的结论。在论据上,应尽可能多地占有资料,以最充分的、确凿有力的事实为依据。在论证时,必须周密、严谨。

3. 创造性 科学研究是对新知识、新技术的探求。创造性是科学研究的生命,是科学的本质。

学术论文的创造性在于作者要有自己独到的见解,能提出新观点、新理论、新方法。没有创造性,学术论文就没有科学价值。

4. 专业性　是区别不同类型的论文的主要标志。

5. 实践性　是论文应用价值的具体体现。

（二）学术论文的作用

1. 学术论文是推动科学进步和生产力发展的重要工具,具有社会价值。可以传播科学知识,用于传播科学研究成果,促进科学技术的发展。

2. 学术论文是科研成果的总结,是进行国内外学术交流的有效手段。

3. 学术论文体现学术水平,它是检验和衡量一个人的学术研究能力与学术水平高低的重要标志。

4. 学术论文是大学生获得毕业证、学位证的条件之一。现在的硕士研究生毕业一般要求在国家核心期刊上发表 2 篇论文,博士研究生毕业要求在国家核心期刊上发表 3 篇以上的学术论文。

5. 晋职称用。学术论文是升职称的重要条件,升职称一般需要发表论文,数目根据每个公司的情况而定。

四、学术论文的格式

学术论文的一般格式由标题、作者、摘要、关键词、引言、正文、参考文献、作者简介等部分组成。常见的格式如下:

题　目

作　者

（单位,省城市,邮编）

摘要:目的,……;方法,……;结果,……;结论,……。

关键词:

（前言）

实验材料:

实验方法:

结论:

讨论:

参考文献:

作者简介:

联系方式:

知识链接

学术论文的创新性

学术论文的创新性是衡量其质量的重要标准。

1. 发现别人未涉足的新问题。

2. 从新角度、新方法，提出新观点、新结论。

3. 用新资料来论证证明过的问题，提出新的设想、新的见解。

4. 在综合前人的研究成果和经验的基础上，加工、整理、提炼、发掘出新意。

5. 在参与论争的课题中，提出与已有结论不同的新结论等。

一篇论文价值的大小在于是能否创造前人所没有过的新技术、新工艺、新理论，并具有普遍性和公开性。

五、学术论文的写作方法和要求

随着科学技术的发展，越来越多的学者、实验人员涉及学术论文的写作领域。学术论文的主要写作要求如下：

(一) 题目

选题是指选择科学研究课题和论文写作的题目。好的选题是论文成功的一半。选题不是一项简单的工作，不能只凭经验和感觉，必须以科学的态度和方法，遵循知识创新的基本规律，选择研究课题和论文写作的题目。它是在掌握科学研究的前沿动态、了解热点问题等各种信息的基础上，结合工作实践，通过科学归纳、逻辑判断和理性思维，提炼出高度概括或高度抽象的命题。

1. **题目(title,topic)** 又称题名或标题。题名应以最准确、最简明概括的词语反映论文中最重要的特质内容的逻辑组合。论文题目是一篇论文涉及范围与水平的第一个重要信息，也是必须考虑到有助于选定关键词和编制题录、索引等二次文献可以提供检索的特定实用信息。论文题目十分重要，必须用心斟酌选定。

2. **论文题目的要求** 准确得体、集中精练、新颖醒目。①准确得体：论文题目能准确表达中心内容，恰当反映研究的范围和深度。常见的毛病是过于笼统，题不对文。关键要紧扣论文内容，论文内容与论文题目要互相匹配，即题要扣文，文也要扣题。②集中精练：力求概括精练。一般一篇论文的题目不要超出20字，用较少的词语恰当而明确地反映本质内容。③新颖醒目：论文题目力求新颖独到，不落俗套，给人过目一新、过目不忘。当然，新颖醒目不紧是题目的要求，更是对核心内容的创新要求。

3. **标题的类型** ①论点性标题：直接揭示中心论点。这个论点是判断性的，其作用主要在于突出核心内容。②论题性标题：这种标题接近于中心论点，是概念性的命题。其作用在于揭示中心论点的对象，它规定论文要围绕某一概念展开论述。③问题性标题：这种标题显示出中心论点论述的对象是什么,其作用主要是启发读者去积极思考中心论点。

4. 标题的形式　标题用"浅谈""初探""试论""刍议""综述""研究""应用""述略"等词语,是拟写标题的常见写法。

（二）作者姓名和单位

作者姓名和单位(author and department)属于论文署名问题。署名一是为了表明文责自负;二是记录作者的劳动成果;三是便于读者与作者的联系及文献检索(作者索引)。大致分为两种情形,即单个作者论文和多作者论文。后者按署名顺序列为第一作者、第二作者……,重要的是坚持实事求是的态度,对研究工作与论文撰写的实际贡献最大的列为第一作者,贡献次之的列为第二作者,以此类推。

中国作者姓名的汉语拼音采用姓前名后,中间为空格。姓氏的全部字母均大写,复姓应连写。名字的首字母大写,双名中间空格;名字不缩写。如:

ZHANG Hua(张华),WANG ZhiYuan(王志远),ZHU ZhenXin(朱振新)

主要作者的工作单位包括单位全称、所在的省市名、邮政编码,以便于联系和按地区、机构统计文章的分布;单位名称与省市名之间以逗号分隔,整个数据项用圆括号括起。例如:

（河南××××科技药业有限公司,河南郑州 450000）

（×××中医药学院,北京 100080）

（三）摘要

摘要是论文的缩影,是对论文目的、方法、结果、结论等内容不加注释和评论的简短陈述,是不阅读论文即能获得的必要信息。摘要应包含以下内容:①从事这一研究的目的和重要性;②研究的主要内容,指明完成了哪些工作;③研究获得的基本结论和研究成果,突出论文的新见解;④结论或结果的意义。

论文摘要要反映内容充分概括,文字必须十分简练,篇幅一般限制其字数不超过论文字数的5%。例如对于 6000 字的一篇论文,其摘要一般不超出 300 字。论文摘要不要例举例证,不讲究过程,不用图表,不给化学结构式,也不做自我评价。

凡文献标识码定为 A、B、C 三类的期刊文章均应附中文摘要,其中 A 类文章还应附外文(多用英文)摘要。中文摘要前加"摘要:"或"[摘要]"作为标识;英文摘要前加"Abstract:"作为标识。

（四）关键词

1. 关键词(key words)又称键词,是为了文献标引工作从论文中选取出来的,用以表示全文的主题内容信息款项的单词、词组或术语。

2. 关键词的内容必须反映出全文的主题内容,是学术论文中起关键作用的、最能说明问题的词。它通常来源于题名,也可以从论文中挑选出来。多个关键词之间应以分号分隔,以便于计算机自动切分。科技论文应选取 3~8 个词或词组作为关键词。为了便于国际交流,还应标注与中文对应的英文 key words。中文关键词前应冠以"关键词:"或"[关键词]",英文关键词前冠以"key words:"作为标识。

3. 关键词的选择由作者在完成论文写作后,纵观全文,写出能表示论文的主要内容的信息或词汇。可以从论文标题中去找和选,也可以从论文内容中去找和选。关键词与主题词的运用,主要是为了适应计算机检索的需要,以及适应国际计算机联机检索的需要。一个刊物增加"关键词",就为该刊物提高"引用率"、增加"知名度"开辟了一个新的途径。

（五）引言

引言(introduction)又称前言,属于整篇论文的引论部分。其写作内容包括研究的理由、目的、背景,前人的研究工作情况,理论依据和实验基础,预期的结果及其在相关领域中的地位、作用和意义。

引言要概括精练,要吸引读者读下去。引言的篇幅大小需视整篇论文的篇幅大小及论文内容的需要来确定,长的可达 700~800 字,短的可 100~300 字。

（六）正文

1. 正文(main body) 正文是一篇论文的本论,属于论文的主体,它占据论文的最大篇幅,是论文所体现的创造性成果或新的研究结果。要求这一部分内容充实,主题明确,论据充分、可靠,论证严谨有力,层次分明,脉络清晰。

2. 论文写作的常用结构

(1)并列式结构:将所选取的材料加以排列,各材料单元之间并无逻辑制约关系,即使调换材料排列次序,亦不致影响表达效果。

(2)串式结构:将所选取的材料依次排列,各材料单元之间有依次的逻辑关系,不可随意调换。

(3)伞式结构:这种结构是指某一层次的论点由两个或两个以上的论据支撑着的结构,即只有同一层次的两个或两个以上材料单元同时成立时,上一层次的材料单元才能成立。

(4)复式结构:实际上,在撰写论文时,并不一定要拘泥于一种模式。应根据论文内容的内在逻辑联系,构思有关阐析、推理及反驳等论证的实质部分如何穿插安排、展开才能全面、准确、简明地说明问题,可以灵活运用"复合型结构"。

3. 正文部分分成大的段落 这些段落即所谓的逻辑段,一个逻辑段可包含几个自然段,每一逻辑段落可冠以适当的标题(分标题或小标题)。段落及其划分应视论文的性质与内容而定。

例如实验性学术论文一般常见的划分方式有:①实验原材料和材料/实验方法/实验结果和分析;②理论分析/实验装置和方法/实验结果比较与分析。

根据论文内容的需要,还可以灵活地采用其他段落划分方案,大体上应包含实验部分和理论分析部分的内容。"实验结果和分析"这一部分是论文的关键部分。有人曾说:"实验的结果是论文的心脏"。

不少学科的论文还可再简化一点,例如医学论文常将正文部分分成两个大段落,即"材料和方法"(或"对象和方法")和"结果和讨论"(或"结果和分析")。

比如要写好"材料和方法"这一节,应指明诸如实验所用原料或材料的技术要求、数量、来源以及制备方法等诸方面的信息,有时甚至要列出所用试剂的有关化学性质和物理性质。实验方法应介绍主要的实验过程。

（七）参考文献

在论文后面应列出参考文献。现在一些杂志要求一篇论文后面不得少于 12 篇参考文献。现在写学术论文必须将所有作者均列出。

1. 参考文献的类型　根据 GB3469-83《文献类型与文献载体代码》规定,以单字母标识:M——专著(含古籍中的史、志论著);C——论文集;N——报纸文章;J——期刊文章;D——学位论文;R——研究报告;S——标准;P——专利;A——专著、论文集中的析出文献;Z——其他未说明的文献类型。电子文献类型以双字母作为标识:DB——数据库;CP——计算机程序;EB——电子公告。非纸张型载体电子文献,在参考文献标识中同时标明其载体类型:DB/OL——联机网上的数据库;DB/MT——磁带数据库;M/CD——光盘图书;CP/DK——磁盘软件;J/OL——网上期刊;EB/OL——网上电子公告。

2. 参考文献的格式　参考文献条目列于文末,其格式为:

(1)专著、论文集、学位论文、研究报告:[序号]作(编)者. 题名[文献类型标识]. 版次. 出版地:出版者,出版年.

示例:[1]×××. 中国小提琴音乐[M]. 长沙:湖南文艺出版社,2001.

(2)期刊文章:[序号]作者. 题名[J]. 刊名,年,卷(期):起止页码.

(八) 作者简介

第一作者或通讯作者一般都需要有作者简介,以便于读者或杂志社与作者进行联系。作者简介包括作者姓名、出生年月、性别、籍贯、学历、职称、研究方向、学术成就、联系方式、通讯地址、邮政编码等。

知识链接

学术论文投稿需要注意的问题

1. 论文应按规范来写。

2. 明确所投刊物的特点(主要指它所开设的栏目)。

3. 考虑自己的文章是否符合所投刊物的要求。

4. 投稿既要通过邮政寄原稿,又要发电子邮件。

5. 做好及时联系工作。

六、例文和分析

例文一:

中医治疗消化性溃疡 104 例临床疗效分析

×××

[摘要] 目的:分析中医治疗消化性溃疡的临床疗效,总结其临床应用价值。方法:选取 2010 年 2 月~2012 年 2 月 208 例消化性溃疡的患者,随机分为观察组(中医治疗)和对照组(西医治疗),各 104 例,观察比较两组治疗效果。结果:观察组总有效率为 92.3%(96/104),对照组总有效率为 80.9%(84/104),两组疗效比较差异有统计学意义($P<0.05$)。两组 HP 根除率,随访 2 个月的复发

率比较差异有统计学意义(*P*<0.05)。结论:中医治疗消化性溃疡的临床疗效显著,明显优于西医治疗,复发少。

[关键词] 消化性溃疡;中医治疗;西医治疗

[Abstract] Objective To observe the clinical curative effect of Chinese medicine in the treatment of peptic ulcer, summarize its clinical application value. Methods In our hospital from February 2010 to February 2012, 208 cases with peptic ulcer patients were randomly divided into the observation group (traditional Chinese medicine treatment) and the control group (western medicine treatment), treatment effect were compared between the two groups. Results The total effective rate in the observation group was 92.3% (96/104), control group total effective rate was 80.9% (84/104), the effect of two groups had significant difference (*P*<0.05). Two groups of HP eradication rate, follow-up of 2 months the recurrence rate had a significant difference (*P*<0.05). Conclusion Chinese medicine in the treatment of peptic ulcer: clinical curative effect is obviously superior to western medicine treatment, recurrence, less.

[Key words] Peptic ulcer; Treatment of traditional Chinese medicine; Western medicine therapy

消化性溃疡是临床上较为常见的消化系统中的疾病[1-2],以十二指肠溃疡、胃溃疡为高发,对人类身体健康存在严重威胁,且病情复杂多变,容易复发,并发症较多,因此,需要临床给予高度关注,并及时给予有效治疗,阻碍病情的进展。本研究通过观察分析中医治疗消化性溃疡的临床疗效分述如下。

1 资料与方法

1.1 一般资料 选取我院2010年2月~2012年2月208例消化性溃疡的患者,其中复合性溃疡患者有61例,十二指肠溃疡患者有85例,胃溃疡患者有62例。随机分为观察组(中医治疗)和对照组(西医治疗),各104例。观察组男60例,女42例;年龄26~46岁,平均年龄(38.3±3.4)岁;病程1~28年;对照组男61例,女45例;年龄27~47岁,平均年龄(38.5±3.5)岁;病程1~29年;两组患者性别、年龄、病程等方面比较差异无统计学意义(*P*>0.05),具有可比性。

1.2 方法

1.2.1 观察组 采取中医治疗,使用的是自拟中药方剂,基础方如下:黄连6g,海螵蛸10g,苍术、白术各15g,丹参20g,黄芩12g,川贝母12g,三七粉2g,白及10g,元胡12g,白芍15g,厚朴20g,太子参20g,黄芪30g,瓦楞子15g,川楝子10g。对于合并嗳气频作、两胁胀满、遇情志不舒而加重的患者联合青皮、枳壳、香附、木香;对于合并手足心热、纳少口干、胃脘隐痛、大便干的患者加麦冬、沙参;对于合并胃脘部隐痛、神疲乏力、喜温喜按的患者加吴茱萸、炮姜;对于合并口干易怒、胃脘胀痛伴有灼热感、舌红苔黄的患者加茯苓、苍术、滑石;对于兼有瘀血的患者加郁金、红花、桃仁、赤芍,1天1剂。水煎服400ml,早晚分2次温服,连续口服4周。

1.2.2 对照组 采取西医治疗,给予口服20mg/次的奥美拉唑,1天2次,连续口服4周;给予口服0.5g的阿莫西林、0.4g的甲硝唑,1天3次,连续口服2周。

1.3 疗效评价标准 根据患者治疗后的临床症状及体征变化,制定出以下疗效评价标准,显效:经胃镜观察可见胃黏膜的表面呈现出橘红色,溃疡苔、胃黏膜充血及水肿消失;有效:经胃镜观察可见胃黏膜的表面基本愈合,溃疡苔变薄,胃黏膜充血及水肿有所好转,溃疡面积缩小≥50%;无效:经胃镜观察可见胃黏膜的表面面积<50%,胃黏膜充血及水肿无明显改善。总有效率＝显效率＋有效率。

1.4　统计学方法　本组疗效、HP 根除率、复发率的数据经统计学软件 V1.61 版本检验,期间采取 χ^2 检验,以 $P<0.05$ 为差异有统计学意义。

2　结果

观察组总有效率为 92.3%(96/104),对照组总有效率为 80.9%(84/104),两组疗效比较差异有统计学意义($P<0.05$)。

表 1　观察组和对照组疗效、HP 根除率、复发率比较[例(%)](略)

两组 HP 根除率,随访 2 个月的复发率比较差异有统计学意义($P<0.05$)。

3　讨论

西医治疗一般认为消化性溃疡是由于周围血管壁与溃疡基底的纤维明显增厚,形成管腔狭窄,出现营养不良及局部的血循环障碍,导致溃疡复发率较高,难治愈。中医认为可通过改善胃肠黏膜的血液循环,活血化瘀,全面加强黏膜的屏障功能,以促溃疡愈合及使预防复发的疗效加强。祖国医学认为,消化性溃疡属于“胃脘痛”的范畴,是胃肠道的黏膜发生缺损,并穿透黏膜肌层以下的一种病变,属于多发病和常见疾病,好发于所有的年龄段,但常见为青壮年男性,在春秋换季的季节好发,根据病变的部位一般常见为十二指肠溃疡和胃溃疡;一般是由于情志失调、饮食不规律、寒邪内侵所致。本研究采取自拟中药加减方治疗,总有效率为 92.3%,HP 根除率为 94.2%,随访 2 个月无一例复发,可见中药治疗效果显著,安全性高,主要是由于方中的黄连具有泻心胃肝胆火功效,能够泻火解毒;丹参具有通络止痛、活血化瘀、祛腐生肌的功效;黄芩可有利于清脾、大小肠、胆湿热;白及可以有效消肿生肌及收敛止血,其中所含有的白及胶还可以有效保护胃黏膜,中和胃内的酸性液体,有利于大网膜等覆盖,修复穿孔。中医治疗还有其独特的优势,能够对症治疗,虚火当滋阴降火、实火当清热火;虚证当补气益气、实证当清气降气。因此,中医方法治疗糜烂性胃炎与消化性溃疡丰富多样,且严格遵循辨证施治的原则,结合中医独特的望、闻、问、切、验的方式,进行有效的辨证,合理选择有效的治疗方案,提高治愈率,从根本上杜绝复发,清除 HP。

综上所述,中医治疗消化性溃疡的临床疗效显著,明显优于西医治疗,能够有效改善患者的生活质量,有效清除 HP,安全可靠。

参考文献

[1] ×××. 质子泵抑制剂三联治疗幽门螺杆菌阳性消化性溃疡疗效观察[J]. 当代医学,2012,18(10):50.

[2] ×××. 两种方法治疗消化性溃疡的疗效比较[J]. 中国医药导报,2011,8(19):145-146.

附:

作者简介:×××(1971~),男,广州××人,中药学博士,副主任药师。

联系电话:13770××××××,×××@163.com。

通讯地址:广东省广州市××××街××××号　邮编:510000

分析：

1. 这是一篇实验(试验)研究论文,重在对实验(试验)研究过程和结果的论证。

2. 题目是论题性标题,其作用在于揭示中心论点的对象,集中明确。摘要对论文目的、方法、结果、结论等内容简短陈述。关键词反映出全文的主题内容。

3. 正文属于论文的主体,是论文所体现的创造性成果或新的研究结果。这一部分内容从目的、方法、结果、结论分段进行陈述、分析、说明。内容充实,主题明确,论据充分、可靠,分析、论证严谨有力,层次分明,脉络清晰。

例文二:

中药治疗高血压的临床探析

××

(××市××区研究中心,×× ×× 473000)

[摘要]**目的** 探究高血压患者采用中药治疗的方法和效果。**方法** 选取 2013 年 9 月至 2017 年 1 月收治的 77 例高血压患者进行治疗,随机分组,实验组 44 例给予中药治疗,对照组 33 例患者选择常规的西药治疗,观察患者的治疗效果。**结果** 实验组治疗有效率为 93.18%,对照组治疗有效率为 81.82%,差异显著,有统计学意义($P<0.05$)。**结论** 高血压患者在治疗中给予中药治疗,能够促使血压恢复到正常范围内,药物安全性高,不会对肾脏造成损害,不良反应少,可在临床广泛应用。

[关键词]高血压患者;中药治疗;治疗效果

高血压为常见疾病,也是导致心血管疾病的一个重要因素,该疾病的发病率高,对身体的危害严重,经常容易并发缺血性的心脏病、急性的左心衰竭,肾功能不全等疾病[1]。该疾病的老年患者较多[2]。在多年的临床研究中,发现中药治疗,不仅能够提高控制血压的效果,还可减少不良反应,提高患者的生活质量。选取 2016 年 9 月至 2017 年 1 月收治的 77 例高血压患者进行治疗,分别给予中药和常规西药的治疗,观察疗效如下。

1 资料与方法

1.1 一般资料:选取 2013 年 9 月至 2015 年 1 月收治的 77 高血压患者进行治疗,实验组患者 44 例(有删节)。

1.2 方法

1.2.1 实验组:首先要求患者保持低盐饮食,然后采用苯磺酸氨氯地平片的治疗,同时给予中药穴位离子导入的治疗,选择两侧的涌泉、曲池、太冲穴位,药物有吴茱萸 6g,牛膝 15g,煎煮药材得 40 ml 药汁,使用无菌的纱布垫将药液浸透,放置在上述的穴位上,然后采用 MJ-668 中型的中药离子导入仪将电极板固定,采用离子导入的模式,每天进行 20 分钟的治疗,1 天 1 次,治疗 2 周后进行血压监测。

1.2.2 对照组:首先要求患者保持低盐饮食,然后采用苯磺酸氨氯地平片的治疗,每次剂量为 5mg,1 天服用 1 次,共治疗 2 周,治疗后进行血压监测。

1.3 疗效标准。治疗显效:患者治疗后舒张压得到 10mmHg 以上的下降,而且达到正常的范围;或者舒张压虽然没有恢复正常,但是得到 20mmHg 以上的下降;治疗有效:患者的舒张压下降不足 10mmHg,但已经在正常的血压范围内,或者舒张压得到 10～19mmHg 的下降,但没有在正常范围值,或者收缩压得到 30mmHg 的下降,三个条件满足一个即可。治疗无效:患者治疗后的血压情况没有达到上述标准。

1.4　统计学分析:对本文所得实验数据均采用 SPSS13.0 统计学软件进行检验,所得计量资料采用 t 检验,所得计数资料采用 χ^2 检验,以 $P<0.05$ 为有统计学意义。

2　结果

实验组 44 例患者中,24 例治疗显效,所占比例为 54.5%,例治疗有效,所占比例为,3 例治疗无效,所占比例为 6.8%,治疗有效率为 93.18%。对照组 33 例患者中,10 例治疗显效,所占比例为 30.3%,17 例治疗有效,所占比例为 51.5%,6 例治疗无效,所占比例为 18.2%,治疗有效率为 81.82%。两组患者的治疗效果差异较为显著,有统计学意义($P<0.05$)。

3　讨论

高血压在中医中,属于"眩晕病"的范围,病位主要在肝和肾,老年人大部分都有肝肾阴虚的情况,针对给疾病的中医病机,采用太冲、涌泉、曲池穴位,涌泉穴有清利泄热、滋阴降火、平冲降逆的效果;曲池穴可促使气血下降,太冲穴有清肝泻火、平肝潜阳的效果,肝属于风木之脏,金能克木,因此对曲池穴进行针刺,可以平亢盛肝阳,而且该穴位还有理气通络的治疗效果针刺该穴位能够对高血压有直接的治疗效果。使用牛膝和吴茱萸等药材,牛膝有强筋骨、补肝肾的治疗效果;吴茱萸可有效的降逆止呕、散寒止痛,两种药物同时使用,有降低血压和减缓头晕、头痛的治疗效果。而且中药治疗不会使患者的身体受到损伤,无不良反应。对照组患者采用常规的西药治疗,疗效一般。实验组治疗有效率为 93.18%,对照组治疗有效率为 81.82%,差异显著,有统计学意义($P<0.05$)。中药治疗同时还要叮嘱患者保持健康的生活习惯,睡眠充足,避免工作中过度劳累,减少抽烟喝酒的次数,饮食中减少盐分的摄入,增加瓜果蔬菜的食用,并在病情得到恢复后,进行适当的有氧运动,提高身体素质。同时高血压患者要提高治疗的依从性,谨遵医嘱,不可自己随意调整药物的使用剂量,或者直接停止使用,定期回院检查,同时在家也要定期测量血压并记录下来,能够对自己的血压情况有一个全面的了解。综上所述,高血压患者在治疗中给予中药治疗,能够促使血压恢复到正常范围内,对身体损伤少,没有不良反应,可促使生活质量的提高,效果显著,可广泛应用于临床治疗。

参考文献

［1］×××. 涌泉穴药物贴敷治疗高血压的临床疗效观察［D］. 北京:××中医药大学,20××.

［2］王××,王××. 用中药治疗高血压的效果分析［J］. 中小企业管理与科技(旬刊),20××(12):249.

分析:

1. 这是一篇中药治疗高血压的临床探析性研究论文,重在对临床案例研究过程和结果的论证。

2. 题目是问题性标题,用"探析"启发读者去积极思考内容和中心论点。摘要对论文目的、方法、结果、结论等内容简短陈述。关键词反映出全文的主题内容。

3. 正文是论文所体现的创造性成果或新的研究结果。这一部分内容从目的、方法、结果、结论分段进行陈述、分析、说明。内容充实，主题明确，事实论据充分、可靠，分析、论证严谨有力，层次分明，脉络清晰。

▶▶ **课堂活动**

阅读下列"学术论文写作的几点经验体会"，谈谈你对学术论文写作的认识。

学术论文写作的几点经验体会

1. 做学问前先做人

（1）写论文时，引用别人的观点时，不能断章取义，要客观地反映前人的研究成果。

（2）写论文时，不能过分夸大自己的研究意义；要借鉴前人学者的观点时，必须引用别人的观点，不然就是抄袭，就是学术不端。

（3）写论文时，无论是用英语还是汉语，心中都要有读者意识，做到作者责任型（writer-responsible），而不是读者责任型（reader-responsible）。

（4）论文的引言、理论框架、研究方法、结果与讨论、结论都是一脉相承、互相依存的，而不是单独孤立的。因此，在论文写作中应该注重逻辑衔接，增强文章的可读性，减少读者的阅读负担。

2. 大量阅读文献

（1）站在巨人的肩膀上，了解当前研究现状。写论文前常常没思路或者卡壳的主要原因是文献读得太少。高效科研的方法之阅读海量文献的方法：第一，由点到面；第二，由杂到精；第三，好记性不如烂笔头；第四，对于下载的文献，要以其内容建立以专题杂志按时间先后的专门分类；第五，天天学习，天天有文献。

（2）找出前人的不足之处。

3. 多与导师沟通 在论文写作过程中如遇到瓶颈，要及时和导师沟通，导师的每句话可能都会给我们打开写作思路，让我们少走弯路，所以要珍惜每次和导师沟通的机会。熟悉导师的写作风格，可以不了解导师写的具体内容，但一定要对导师的论文进行"体裁分析"。

4. 提高使用工具的能力 提高一些常用办公软件的使用能力，可提高工作效率和论文的"颜值"。例如 Word 中的绘制各种图表（柱状图、条形图）、SmartArt 的方法、表格的边框底纹、特殊符号的使用，如"→"等一些常用符号；Excel 中相对引用和绝对引用 F4 的技巧；基本求和函数的使用；学会运用云盘等工具，可以保证在写作过程中实时更新，论文写作过程就像进行一个项目，风险管理很重要。

5. 坚持每天写一点，持之以恒。最好保持每天写作的习惯。

做学术研究的过程可以培养很多严谨的科研品质，"悟"出其中的道，对今后一生的工作和生活都会大有裨益。

点滴积累 ∨

优秀学术论文的重要标准是选题有新意，观点有创新，材料典型有新意，论证严谨，结构完整，语言准确等。

目标检测

一、简答题

1. 实验报告的作用、写作中的要求是什么？

2. 简要谈谈毕业论文与学术论文的相同点和不同点是什么？

二、写作练习

1. 结合最近的一次实验，写一篇规范的实验报告。

2. 面对即将毕业，请为自己的毕业论文拟一份毕业论文提纲。

ER-07章习题

（王建林）

第八章

医药法律文书写作

导学情景 ∨ ┈┈┈┈┈┈┈┈┈┈┈┈┈┈┈┈┈┈┈┈┈┈

情景描述:

麦某,男,63岁,×年×月10日因肠梗阻入某院外科住院治疗。当晚开始输液,至凌晨3时出现胸闷等症状,家属叫来护士。护士称患者可能有哮喘病,故有胸闷症状。家属解释,患者无哮喘史。护士安慰家属几句,摇高病床就走了,未做其他处理。约30分钟后,胸闷症状无缓解,家属又叫来护士,护士安抚了几句后走开。凌晨3时40分患者出现呼吸困难症状。护士叫来医生抢救,至5时15分宣告患者死亡。死亡报告单显示患者的死亡原因为慢性支气管哮喘急性发作,呼吸衰竭。家属表示对此并不满意,称王某死亡后尸体呈黑色,像中毒一样,无哮喘史,入院接受检查时并没有检查出有哮喘病。调取病程记录和死亡报告单中还发现:①死亡通知单上患者的入院时间为10日19时20分,死亡时间竟为10日5时15分;②病程记录上3次给患者抢救输入的液体中2次分别为12g和12g,有这么大的剂量吗? ③更让家属无法接受的是,抢救前家属发现给患者的输液瓶上竟然写着另外一个患者的名字,因此怀疑可能是护士用错药导致患者离世。

据院方事后认定,误给患者麦某注射的药品确为邻床患者的乳酸林格注射液。林格液代替生理盐水用不会致命。院方认为患者死亡可能是疾病本身的原因,也可能是并发症的原因,但院方存在观察、抢救不及时的问题。家属对此解释仍不服。院方提出进行尸检,死者家属不同意,最终被迫放弃,所以真正的死因并没有得到证实。

请你就此案例,以死者家属的名义,向死者所在地的人民法院写一份状告医院及索赔的起诉状。

学前导语:

要写出这份起诉状,应对本案例中的疑点有细致的梳理,对法律上有关民事起诉的知识进行了解,并对应寻找相关医疗纠纷处理的法律法规,掌握法律文书中民事起诉状的写作格式。

第一节　法律文书概述

一、法律文书的定义

法律文书有广义和狭义之分。广义的法律文书指我国司法机关(含公安机关、国家安全机关、海关缉私机关、检察院、法院及监狱等机关)、公证机构、仲裁组织等依法制作的处理诉讼案件和非诉讼案件的法律文书,以及案件当事人、律师和律师组织自用或代书的法律文书的总称。

狭义的法律文书是指在司法程序中,司法、公证、仲裁机关处理各类普通诉讼案件和特殊诉讼案件时使用或制作的,以及案件当事人、律师自书或代书的具有法律效力或法律意义的文书的总称。

本章所指的是狭义的法律文书。学习的重点是案件当事人或其代理人在法律规定的条件下,为实现其权利或履行其义务而制作的,具有法律效力或法律意义的非规范性文件的总称。

二、法律文书的种类

(一)按制作机关的职能分类

侦查文书、检察文书、审判机关的裁判文书、监狱文书、律师事务文书、仲裁机关仲裁文书、公证文书。

(二)按诉讼性质分类

刑事诉讼文书、民事诉讼文书、行政诉讼文书。每类再以不同的审级和诉讼程序来划分,如第一审程序的诉讼文书和裁判文书、第二审程序的诉讼和裁判文书等。

(三)按文书的性质和用途分类

侦查类,起诉类,裁判类,执行类,报告类,笔录类,命令、决定类,公告、布告类,公函、通知类,票证类等。

(四)按写作和表达方法分类

拟制类(或称制作类,即用文字直接叙述)、表格类、填空类、笔录类。

三、法律文书的特点

法律文书是反映法律活动的专业文书。从文书的写作上讲属于文章的概念,从内容讲是法律的概念,因此除具有一般文章写作的特点外,还具有极强的专业性。

(一)制作的合法性

1. 制作主体的合法性 只有公、检、法、监狱、公证机关、仲裁机关,以及诉讼参与人等才有权制作,非法定的制作主体不得制作司法文书。

2. 制作内容的合法性 依据案件事实和与之相适用的法律、法规制作。

3. 制作程序的合法性 制作形式、手续和时效的合法性。

知识链接

法律文书合法性的表现

法律文书在诉讼活动中使用,它的出具使用直接反映着诉讼活动的进展,所以必须依照程序法的有关规定制作。从案件的立案、侦查、审查到作出判决,诉讼的每个环节都需要制作相应的文书来作为进行某项诉讼案件活动的文字凭证。

1. 手续的合法性 某些文书的使用必须履行特定的法律手续。如公安机关需要对犯罪嫌疑人进行逮捕,必须首先向主管领导呈送报请批准逮捕书,主管领导同意并签署意见后,公安机关才能制作逮捕

证，对犯罪嫌疑人进行逮捕。再如刑事案件对犯罪嫌疑人扣押物品的，扣押物品清单中在写明扣押的物品名称、数量之后，须由被扣押的人签字或按手印认可，如不履行此项手续，不仅不能发生法律效力，并且该项活动也属违法行为。

2. 时限的合法性 司法机关在处理案件的某项活动中必须按照诉讼法的规定遵守特定的时间，当事人行使某项权利也必须遵守特定的时限。例如不服一审民事判定，提起上诉的时限必须在一审民事判定下达后的 15 天以内，逾期即丧失了上诉权。再如我国刑事诉讼法中对采取强制措施的取保候审、监视居住也规定了最长期限，即对犯罪嫌疑人、被告人取保候审最长不得超过 12 个月，监视居住最长不得超过 6 个月，逾期如不对上述强制措施法律文书予以撤销或变更即属违法。

（二）形式的程式性

1. **样式格式化** 法律文书有专门的格式规定，国家司法机关为此制定了一系列的制作标准可作参照，以保证其完整性和严肃性。中华人民共和国最高人民法院网（http://www.court.gov.cn/）等也有专栏公布各类文书制作的格式。

2. **结构固定化** 都具备首部、正文、尾部三部分内容。首部大都由文书标题、文书编号、当事人的身份事项、案由、案件来源等项目内容组成，并按上述次序排列。正文包括案件事实、处理理由、处理决定（意见）三项内容，是法律文书的核心内容。尾部一般由交代有关事项、签署、日期、用印、附注事项等内容组成。

3. **用语准确化** 逻辑推理严密；语体专业，主要采用叙述、议论、说明 3 种语体；语气庄重严肃，言简意赅，文风朴实。如起诉书在写明案由及案件来源时，须使用如下固定用语表述："被告人×××因××一案，由××侦查终结，于×年×月×日移送我院，经依法审查表明："用语高度精练，不变通。

知识链接

法律文书制作学习的主要参考规范

1. 1992 年 6 月《刑事检察文书样式》《直接受理刑事案件文书样式》《控告申诉文书样式》。

2. 1993 年 3 月《法院诉讼文书样式》。

3. 1997 年 1 月公安部《公安机关刑事法律文书格式（样本）》。

4. 1997 年 4 月《人民检察院刑事诉讼法律文书样式》。

5. 1999 年 4 月最高人民法院《法院刑事诉讼文书样式（样本）》。

6. 2001 年 9 月最高人民检察院《人民检察院法律文书格式（样本）》。

7. 2003 年 12 月最高人民法院《民事简易程序诉讼文书样式》。

8. 2003 年 5 月《公安机关刑事法律文书格式》。

▶▶ **课堂活动**

用手机或其他上网工具查阅最高人民法院官网—法律文书—民事简易程序诉讼文书，以了解法律文书类目。

点滴积累 ∨

1. 法律文书广泛存在于法律工作的方方面面，也是当事人实现其权利或义务的重要手段。

2. 法律文书的特点　①制作的合法性（制作主体合法、制作内容合法、制作程序合法）；②形式的程式性（样式格式化、结构固定化、用语准确化）等特点。

3. 法律文书写作要领　①写作思路逻辑严密。②语言运用庄重严肃，言简意赅，文风朴实。③写作形式通常都包括了首部、正文、尾部三部分内容。首部大都由文书标题、文书编号、当事人的身份事项、案由、案件来源等项目内容组成，并按上述次序排列。正文包括案件事实、处理理由、处理决定（意见）三项内容，是法律文书的核心内容。尾部一般由交代有关事项、签署、日期、用印、附注事项等内容组成。

4. 国家司法机关制定了一系列的制作标准可作参照。

第二节　起诉状

一、起诉状的概念

起诉状是公民、法人或其他组织在其合法权益受到侵害或与他人发生争议时，为维护自身权益，向人民法院提起诉讼，请求人民法院审理、裁决所制作的法律文书。用来引起诉讼程序的发生，产生相应的诉讼权利和义务，是起诉人法律权利的体现。

起诉只有具备了法定条件，法院才能受理。根据 2017 年最新修订《中华人民共和国民事诉讼法》第一百一十九条之规定，合格的起诉必须符合以下条件：

第一百一十九条起诉必须符合下列条件：

（一）原告是与本案有直接利害关系的公民、法人和其他组织；

（二）有明确的被告；

（三）有具体的诉讼请求和事实、理由；

（四）属于人民法院受理民事诉讼的范围和受诉人民法院管辖。

起诉应当在诉讼时效期间内向人民法院提出。一般民事案件的诉讼时效期限为 2 年。

二、起诉状格式范本

（一）民事起诉状（公民提起民事诉讼用）

民事起诉状

原告：×××，男/女，××××年××月××日生，×族，……（写明工作单位和职务或职业），住……。联系方式：……。

法定代理人/指定代理人：×××，……。

委托诉讼代理人：×××，……。

被告：×××，……。

......

（以上写明当事人和其他诉讼参加人的姓名或者名称等基本信息）

诉讼请求：

......

事实和理由：

......

证据和证据来源，证人姓名和住所：

......

此致

××××人民法院

附：1. 本起诉状副本×份

2. 书证×份

3. 物证×份

起诉人（签名）

××××年××月××日

（二）民事起诉状（法人或者其他组织提起民事诉讼用）

民事起诉状

原告：×××，住所……。

法定代表人/主要负责人：×××，……（写明职务），联系方式：……。

委托诉讼代理人：×××，……。

被告：×××，……。

......

（以上写明当事人和其他诉讼参加人的姓名或者名称等基本信息）

诉讼请求：

......

事实和理由：

......

证据和证据来源，证人姓名和住所：

......

此致

××××人民法院

附：1. 本起诉状副本×份

2. 书证×份

3. 物证×份

起诉人（公章和签名）

××××年××月××日

【说明】

1. 本样式根据《中华人民共和国民事诉讼法》第一百二十条第一款、第一百二十一条制定，供公民、法人或者其他组织提起民事诉讼用。

2. 起诉应当向人民法院递交起诉状,并按照被告人数提出副本。

3. 原告应当写明姓名、性别、出生日期、民族、职业、工作单位、住所、联系方式。原告是无民事行为能力或者限制民事行为能力人的,应当写明法定代理人姓名、性别、出生日期、民族、职业、工作单位、住所、联系方式,在诉讼地位后括注与原告的关系。

4. 起诉时已经委托诉讼代理人的,应当写明委托诉讼代理人的基本信息。

5. 被告是自然人的,应当写明姓名、性别、工作单位、住所等信息;被告是法人或者其他组织的,应当写明名称、住所等信息。

6. 原告在起诉状中直接列写第三人的,视为其申请人民法院追加该第三人参加诉讼。是否通知第三人参加诉讼,由人民法院审查决定。

7. 公民提起诉状应当由本人签名。法人或者其他组织提起诉讼应加盖单位印章,并由法定代表人或者主要负责人签名。

▶▶ **课堂活动**

　　根据以上知识,对"导学情景"中的案例进行课堂小组讨论,将讨论结果总结于下列表格中。

分析书证梳理 事件疑点	1.	找出法律法规 对应条款	1.
	2.		2.
	3.		3.
	4.		4.
	5.		5.
	6.		6.
	……		……

讨论要点:

1. 分析讨论医院在哪些地方有不利的表述。

2. 根据所学的医、药事法律法规知识,找出适用的法律法规条款。

3. 拟出叙述事由的顺序和关键词句。

4. 根据讨论结果,拟写本起诉状。

知识链接

起诉状对事实陈述的注意事项

1. 事实是案件的核心,法律分析的核心也是基于法律在事实上的应用。

2. 习惯上按时间顺序陈述,先说重要的事情。

3. 事实陈述应与法律规则的构成要件相结合,并明确其中有哪些问题。

4. 尽量减少重复。

5. 避免使用敌对言辞。

三、例文和分析

起诉状

敬爱的院长：

您的身体好吧！工作忙吧！

我是某乡镇卫生院药房工作人员。我怀着无比愤怒的心情给您写这份状子，强烈控诉我们医院的院长，横行一方的恶霸李××。就是这个坏蛋，残酷剥削我们医院员工，任意克扣员工工资，剥夺员工正常休息时间，胡作非为，我们让他欺压得连气都不敢喘。两个月前，他在医院会议上宣布，克扣我的绩效奖金1000元。事情是这样的：

2016年7月16日，是周末，按照正常的值班安排，不该我值班，我和我的妻子、小孩一起到离医院200多公里的妻子娘家看丈母娘。我们医院有个不成文的规定，凡是当班的工作人员因故不能来上班，其他不当班的工作人员必须无条件的顶班。我在外地，接到李某某院长的电话，告诉我当班的张某某第二天（17日）要去喝喜酒，要求调班。院长的意思，是让我第二天去代张某某的班。我当时告诉他，对不起，我在外地，赶不回来值班。院长勃然大怒，在电话里就撂下一句话："你到底回不回来？你不回来，就看着办吧！"我实在没有办法回去，所以17号就没有回去当班。

8月6日，在院务大会上，李某某院长当着全院职工的面，将我作为不遵守劳动纪律的坏典型，点名进行严厉批评。并当场宣布，扣发我当月绩效奖金1000元。臊得我脸红颈胀，巴不得地上有个缝，让我马上钻进去。

李某某一贯为人作风霸道，什么事都是他一个人说了算。扣我奖金的事，没有经过医院领导层的集体讨论，也没有相关的医院管理文件作依据。他对员工的生活从不关心，任意占用员工的休息时间，不管上下班时间，必须随叫随到。国家规定的休息时间，对他来说简直就是形同虚设。

敬爱的院长啊，人人都说您是包青天。我们一家三口吃不下饭，睡不着觉，被扣奖金还要面临生活困难。连孩子下学期的学费都交不起。所以，我们只好告到法院，全凭您给我们做主了，依法严惩，替我们出出这口气吧！

我们一家老小，永远不会忘记您！

祝您精神愉快，身体健康！

起诉人：陈××
2016年10月5日

分析：人们看了这份"诉状"后，一定啼笑皆非。因为这根本不是一份诉状，充其量不过是一封告状信。凭这份"诉状"打官司，人民法院是不会受理的。它的主要错误是：

1. 格式不合规范要求。

2. 送达的对象错误。

3. 诉讼请求不明确，"替我们出出这口气"，到底该怎么个出气法，无具体说明。

4. 事实部分掺杂太多无用的情感抒发和偏激的议论。

5. 无适用法律的根据。

6. 无证据说明。

总结：

1. 关于诉讼请求的表达　诉讼请求的内容是当事人提起民事诉讼的直接目的。可以说,整个民事起诉状的关键之处就在于准确权衡如何提出"诉讼请求"。诉讼请求是否适当,直接关系到案件的胜败和结果,很多案件都是因为诉讼请求不当导致败诉,或者没能更大程度地实现自己的诉讼目的。诉讼请求的提出要与诉状中的"事实和理由"部分相一致。

2. 关于事实和理由　事实是你的民事权益被侵害或与他们发生民事争议的客观事实;理由是在事实的基础上按照相关实体法的规定你所拥有相关权利的依据。诉讼请求是在分析研究案件事实和法律规定的基础上高度概括提出的。要充分思考,做到事实上的侵害和请求的理由准确匹配,且提出诉讼请求时的用词要严谨、精练、准确,"惜墨如金",请求的内容才能得到法律规定的支持。该部分是诉状的主要内容,应紧紧围绕诉讼请求来写,一般包括 6 个要素,即时间、地点、人物、事件、原因、结果和证据等。因为该部分的每一句话,都是为了证明原告诉讼请求的合法性和合理性,或者证明对方行为的违法性和违约性,书写时应以陈述事实和理由为主,详略得当,切不可长篇大论像写报告一样;同时,不可用过激或侮辱性的语言,尽量简单地做到"事实清楚""理由充分"即可。如果起诉状写得过长、主次不分、道德感情成分过浓等,反而显示起诉者素质"欠佳",对自己是很不利的。

点滴积累 ▽ ┈┈┈

1. 起诉状的作用　是当事人的合法权益受到侵害时,为维权提起诉讼用的文书。

2. 起诉状的时效要求　一定要注意在有效期内(一般民事诉讼的时效为 2 年)向人民法院提出。

3. 写作要领　①必须有明确的被告;②有具体的诉讼请求和事实、理由;③一般按时间顺序陈述事实;④在陈述事实的要点上应与法律规则的构成要件相结合,并明确其中有哪些问题;⑤语言简洁,尽量避免使用与被告敌对的言辞和夸张的态度。

第三节　答辩状

一、答辩状的概念

答辩状是各类案件的被告一方或被上诉一方,针对原告或上诉一方的指控所进行的有理有据的答辩的书状。答辩是被告、被上诉人诉讼权利的体现,它有助于辨明是非正误及有罪无罪。

二、答辩状的有关规定

《中华人民共和国民事诉讼法》第一百二十五条规定:"人民法院应当在立案之日起五日内将起诉状副本发送被告,被告应当在收到之日起十五日内提出答辩状。答辩状应当记明被告的姓名、性别、年龄、民族、职业、工作单位、住所、联系方式;法人或者其他组织的名称、住所和法定代表人或者主要负责人的姓名、职务、联系方式。人民法院应当在收到答辩状之日起五日内将答辩状副本发送原告。"被告在中华人民共和国领域内没有住所的,应当在收到起诉状副本后三十日内提出答辩状。被告申请延期答辩的,是否准许,由人民法院决定。

三、答辩状格式范本

(一)民事答辩状(公民对民事起诉提出答辩用)

民事答辩状

答辩人:×××,男/女,××××年××月××日生,×族,……(写明工作单位和职务或职业),住……。联系方式:……。

法定代理人/指定代理人:×××,……。

委托诉讼代理人:×××,……。

(以上写明答辩人和其他诉讼参加人的姓名或者名称等基本信息)

对××××人民法院(××××)……民初……号……(写明当事人和案由)一案的起诉,答辩如下:

……(写明答辩意见)。

证据和证据来源,证人姓名和住所:

……

此致

××××人民法院

附:本答辩状副本×份

答辩人(签名)

××××年××月××日

(二)民事答辩状(法人或者其他组织对民事起诉提出答辩用)

民事答辩状

答辩人:×××,住所地……。

法定代表人/主要负责人:×××,……(写明职务),联系方式:……。

委托诉讼代理人:×××,……。

(以上写明答辩人和其他诉讼参加人的姓名或者名称等基本信息)

对××××人民法院(××××)……民初……号……(写明当事人和案由)一案的起诉,答辩如下:

……(写明答辩意见)。

证据和证据来源,证人姓名和住所:

......

此致

××××人民法院

附:本答辩状副本×份

答辩人(单位公章和法定代表人签名)

××××年××月××日

四、答辩状的写作要点

1. 以写答辩理由为主。主要是针对原告或上诉人指控的理由逐条应答,申辩说理。涉及事实有误的,要说明事实真相;涉及指控的罪名、法律责任等方面的问题,要根据事实和法律进行有理有据的答辩。

> **知识链接**
>
> 诉状写作的笔、墨、纸张要求
>
> 用纸型号,普遍要求的是 A4 纸。因为法院审理的案件材料最后需要装卷归档,并长期保存,所以诉状最好是用黑色字打印,也可用碳素笔、黑色签字笔、黑色或蓝黑色钢笔或毛笔书写。但不能用打印后的复印件,或铅笔、圆珠笔或红色笔书写,以便于法院长期保存。不符合上述要求的,法院会发回要求重写,才可能立案。

2. 要特别注意实事求是,以理服人。任何歪曲事实、强词夺理的答辩都是不应该出现的,也是不可能得到法院的理解和采纳的。如果是由代理人代书的答辩更应注意这一点,绝不能当事人要怎样答辩就怎样给当事人写答辩,而应该本着"以事实为根据,以法律为准绳"的原则来写答辩。

五、例文

民事答辩状

答辩人:刘×,男,汉族,住重庆市×区×镇

答辩人因杨×诉我健康权纠纷一案(2016×法民初字第×号),现提出如下答辩意见:

一、答辩人的诊疗行为完全符合医疗操作规范,原告出现药物过敏是差异体质的极个别现象。

2016 年 5 月 17 日 9 时左右,原告到答辩人执业的医疗卫生站就诊,其主诉因感冒引发咳嗽,咽喉疼痛等症状,否认既往病史、药物过敏史。答辩人经查体,确诊后并处方临床上常用的头孢氨苄胶囊(是头孢类抗生素,又名先锋,是广谱抗生素。对感冒有效果,用于治疗炎症,常说的消炎药,感冒后发烧或是扁桃体发炎使用。参见《中国药典》2005 年版二部头孢氨苄 232)口服药。

原告诉称答辩人未进行皮试就让其服用头孢类药是违反操作程序的说法,不能成立。头孢氨苄胶囊口服无临床用药必须皮试的规定。因此,答辩人的用药符合临床实践,诊疗行为符合医疗规范,

原告出现药物过敏是差异体质的极个别现象。

二、答辩人本着严谨的治病救人医生执业态度,在该过敏事件发生后当即采取救治措施,及时送医院治疗,且垫支医疗费用,原告很快康复,没有出现其他损害后果。

原告在发生过敏情况后,答辩人及时采取了急救措施,并拨打120电话第一时间送区人民医院进一步治疗。原告在入院后很快缓解了过敏症状,并很快康复。基于原告也是邻居关系,在原告住院期间,答辩人主动探望、护理,并垫付了近3900元医疗费用。

答辩人所在基层社区领导获悉后,也参与事件的协调处理,答辩人本着息事宁人态度自愿给予部分补偿,并与原告基本达成了互谅的协议条款,但原告临签字时反悔,后又诉至贵院讼争。

三、原告诉请的赔偿项目及数额有不符合事实及法律规定且计算的数额明显过高的情形。

先姑且不论此事件双方当事人各自责任大小,答辩人认为原告诉请的下列赔偿项目及计算方式不符合法律规定:

1. 关于住院医疗费8922.54元的问题

原告被×区人民医院收治的前3天时间内,其过敏症状就已消失,身体各项检查完全正常。主治医生当即表示最多不超过5天完全可以出院。因此,原告合理的医疗期间应不超过8天,但此间原告因补偿问题与被告未谈妥,便执意留置医院,以达到满足其赔偿数额再出院的要求。致原告住院时间实际为25天。因此只能将2016年5月17日-25日期间所发生的费用纳入医疗费用计算。之后原告故意空耗住院17天的医疗费因系原告故意行为扩大的经济损失,应当由原告自行负担。

其次,就其他部分医疗费用,因无相关医疗机构的处方和药品发票,不能证明与治疗原告药物过敏的病患有关,不应纳入医疗费损失中计算。

2. 关于护理费2500元的问题

原告住院期间被告主动前往病房探视,并连续照顾护理其5天,此间依据其病情无需聘请护工管理照料,且答辩人每天随床照顾,被告事实上确实未请护工照顾。故原告主张25天护理期限,每天100元护理费标准,根本就没有事实依据,不应当支持。

3. 关于误工费4200元的问题

被告认为,原告是年满72岁的农村居民,早已达到退休年龄,不是劳动者适格主体。其主张每天有80元的误工损失没有事实及法律依据。其次,原告主张误工时间为40天也没有医嘱等其他证据。《2012年重庆市国民经济和社会发展统计公报》统计显示2016年度我市农村居民人均年纯收入为7383.27元/年,折算出日收入仅为20.22元。

4. 交通费500元的问题

原告出院回家的交通费最多不超过250元。其过高主张800元交通费与他就医时间、地点不符合。

5. 精神抚慰金3000元的问题

答辩人认为原告药物过敏事件后,原告自诉只有头晕脑胀、视物不清症状。原告住院既没有出现失血创伤、器官损伤、肌体缺损;又没有作其他手术;更谈不上身体有伤残等级的严重后果。更何况原告出现过敏反应后,被告立即采取急救措施,在短短几天内让原告彻底消除过敏症状并完全康复,何谈精神上饱受创伤。

依据最高人民法院《关于精神损害赔偿标准的若干问题的司法解释》第八条"因侵权致人精神损害,但未造成严重后果,受害人请求赔偿精神损害的,一般不予支持"的规定,原告主张精神抚慰金没有事实依据,不应当得到支持。

四、答辩人已经向原告支付的医疗伙食补助费共计 3900 元,应当从原告应获赔偿款总额中扣减出来。

综上所述,答辩人在本事件中没有违反医生诊疗规范,不存在过失及过错行为,原告主诉病症时未告知药物过敏史,出现药物过敏事件也实属意外。请法庭依法律规定核定原告实际损失,答辩人请求对该损失按照公平原则双方分摊为宜,以维护良好的医患秩序,和谐乡邻关系。

此致

×市×区人民法院

答辩人:×××

2016 年 8 月 2 日

点滴积累 V ··

1. 答辩状的作用　是各类案件的被告方、被上诉方对被指控事件的有力答辩。

2. 注意答辩的时效性　在时效期内（一般是收到之日起 15 日内）及时答辩。

3. 写作要领　①内容要针对原告或上诉人指控的理由逐条应答,申辩说理。澄清事实,说明真相。②要特别注意实事求是,以理服人。做到"以事实为根据,以法律为准绳"来进行答辩。

第四节　上诉状

一、上诉状的概念

上诉状是各类案件的当事人或者他们的法定代理人不服一审法院的裁决,在法定的上诉期内,向原审法院的上一级法院提出要求重审改判案件的书状。这种上诉的书状如果符合事实,理由正当,经二审法院受理后,作出正确的裁决,对于避免错误裁决的发生有重要作用;反之,如果原审裁决正确,经终审裁决后,就可以使正确的裁决得以维持,以保证法律的正确实施。

二、上诉状的种类

根据案件的性质,上诉状分为刑事上诉状、民事上诉状和行政上诉状。

1. 刑事上诉状　是刑事诉讼当事人或其法定代理人对人民法院第一审案件判决或裁定不服,在法定上诉期限内依照法定程序,向上一级人民法院请求撤销或变更原审裁决或重新审理而提出的诉讼书状。

2. 民事上诉状　是民事诉讼当事人不服人民法院一审判决或裁定,依法定程序和期限,向上级人民法院提出上诉,请求撤销、变更原审判决或裁定,或重新审理的书状。

3. 行政上诉状 是行政诉讼当事人不服一审法院对行政案件作出的裁定或判决,在法定期限内依法向上一级法院提出上诉,要求撤销、变更原裁判的一种法律文书。

三、上诉状递交的时效性

当事人不服地方人民法院第一审判决的,有权在判决书送达之日起十五日内向上一级人民法院提起上诉。当事人不服地方人民法院第一审裁定的,有权在裁定书送达之日起十日内向上一级人民法院提起上诉。在中华人民共和国领域内没有住所的当事人,不服第一审人民法院判决、裁定的,有权在判决书、裁定书送达之日起三十日内提起上诉。

四、上诉状的一般格式

民事上诉状(当事人提起上诉用)

民事上诉状

上诉人(原审诉讼地位):×××,男/女,××××年××月××日出生,×族,……(写明工作单位和职务或者职业),住……。联系方式:……。

法定代理人/指定代理人:×××,……。

委托诉讼代理人:×××,……。

被上诉人(原审诉讼地位)×××,……。

……

(以上写明当事人和其他诉讼参加人的姓名或者名称等基本信息)

×××因与×××……(写明案由)一案,不服××××人民法院××××年××月××日作出的(××××)……号民事判决/裁定,现提起上诉。

上诉请求:

……

上诉理由:

……

此致

××××人民法院

附:本上诉状副本×份

上诉人(签名或者盖章)

××××年××月××日

五、上诉状的写作方法

上诉状的写作主要有以下两种方法。

一是说明的方法。上诉请求的内容要概括地、准确地、有针对性地说明一审判决不当,请求第二审人民法院撤销、变更原审的判决或裁定,或者要求重新审理。文字上要明确、具体,不含糊其辞、模棱两可。

二是反驳的方法。针对一审认定的事实逐一进行驳斥,从中突出上诉人的观点。针对性强,说理性强,逻辑性强。

在写作中应特别注意:

1. 针对上诉人对原状的不服之处,有的放矢。

2. 针对反驳的论点,摆出客观事实和证据,摆出相关的法律条款据理论证、分清是非。

3. 根据得出的结论,明确地提出自己的主张和要求。

六、例文

上诉状

上诉人 肖××、肖××、黄××

被上诉人 某市第一人民医院

上诉人因某市第一人民医院医疗事故损害赔偿纠纷一案,不服某市某区人民法院2016年7月25日所作(2016)×民一初字第××号一审民事判决,现依法提起上诉。

上诉请求

1. 请求依法撤销(2016)某民一初字第97号一审民事判决,发回重审或依法改判。

2. 请求一审、二审的诉讼费用由被上诉人承担。

事实和理由

一、一审对产妇进入医院进行体检时未作全面的健康评估只字不提,是对被上诉人失职行为的明显忽视。

一审判决认定,医方没有违反疾病诊治规范、常规;患者术后出现头痛,血压升高疑为妊娠高血压症所致,而使用硫酸镁治疗妊娠高血压症并无错误;患者在术后8小时出现头痛,经抢救无效于次日死亡是自身左侧大脑患胶质细胞瘤疾病恶化发展的转归,非医方医疗过失所致,故不构成医疗事故。此判决隐藏了一个简单的事实,被上诉者在收治产妇入院时未对其健康状况作出全面评估,所以病情诊断中并无患者患左侧大脑胶质细胞瘤的任何记载。以致出现危象时完全不能考虑到其身体特殊状况。这是被上诉人的明显过失。

二、一审对产妇死亡与被上诉人使用硫酸镁与10%葡萄糖混合静脉点滴,之间有无因果关系未作明确认定。

此判决完全割裂了人体是有机整体的关系。众所周知,用于产妇降压的点滴药物,也会随血液循环系统在身体的其他部位产生作用。在术中和术后只注意补液,给予硫酸镁与10%葡萄糖混合静脉点滴,却未输血增加血浓度。对于头痛剧烈,也未请神经内外科专家会诊,误认为是血压偏高所致,此时的静脉点滴,客观上加速了产妇水肿,脑疝形成,故医方的医疗行为存在过错,至少是加速了产妇的死亡。对此,一审依据的鉴定机构未作因果认定。因此,上诉人强烈要求另请鉴定机构,对死因进行重新认定。明确用药与产妇死亡有无因果关系。

综上,根据《中华人民共和国民事诉讼法》第一百六十八条"第二审人民法院应当对上诉请求的有关事实和适用法律进行审查"和第一百七十条第二款"原判决、裁定认定事实错误或者适用法律错误的,以判决、裁定方式依法改判、撤销或者变更"之规定,特向贵院提起上诉,请求依法撤销原判,发回重审;或查清事实后改判,支持上诉人在一审中的全部诉讼请求。

　　此致

某市中级人民法院

附:本上诉状副本1份

上诉人:肖××、肖××、黄××

2015 年××月××日

▶▶ **课堂活动**

　　理清上文中涉及上诉的事实和理由写作的方法,找出上诉人的上诉理由与适用法律条款的匹配性。

点滴积累 ∨

1. 上诉状的作用　是当事人不服一审裁决,在法定的上诉期内,向上一级法院提出要求重审改判案件的书状。有利于避免错误裁决,维护法律的公正性、严肃性。
2. 注意上诉的时效期　要按上诉的时效期提交。
3. 写作要领　①所提的要求和主张应明确具体;②应针对上诉人对原状的不服之处,有的放矢;③反驳的论点要以相关的法律条款作支撑;④上诉理由与适用的法律条款高度匹配。

第五节　仲裁申请书

一、仲裁申请书的概念

　　仲裁是指当事人自愿将他们之间发生的有关合同纠纷或其他财产权益纠纷提交给与争议无利害关系的第三方作出终局性裁决,且裁决对各方当事人均有约束力的活动。

　　与诉讼相比较,仲裁具有分担司法机关判决压力的补充替代作用,减少社会在纠纷解决方面的成本和代价,更及时有效地调整人际关系和社会关系,有效节约司法资源。

　　国内仲裁机构主要受理的是平等的主体包括公民、法人和其他组织之间发生的合同纠纷和其他财产权益争议纠纷。不受理婚姻、收养、监护、扶养、继承纠纷,也不受理应当由行政机关处理的行政争议。涉外仲裁受理涉外经济贸易、运输、海事中发生的纠纷的仲裁。

　　仲裁文书是指仲裁机构根据当事人达成的仲裁协议,依照仲裁法和仲裁规则的规定,依法就处理仲裁当事人之间的争议,确定当事人之间的权利和义务关系而制作的具有法律效力的书面决定。

仲裁申请书是指发生合同争议或其他财产权益争议的一方当事人根据双方所达成的仲裁协议，向约定的仲裁委员会提出仲裁申请，要求对已发生的纠纷作出仲裁裁决的书面文书。

二、仲裁申请书的结构

仲裁申请书包括首部、正文、尾部三部分。

（一）首部

包括标题和当事人的基本情况两部分。

（二）正文

包括请求事项、事实和理由部分，写明双方争议的主要事实。

1. 写明申请人与被申请人之间的关系。

2. 写明纠纷的起因、时间、地点、发生和发展过程及后果等。

3. 双方当事人争议的焦点、过错情节、责任的负担等。

理由部分主要说明被申请人应承担相应责任的依据、提交仲裁的依据。

（三）尾部

写明致送的仲裁委员会名称、申请人签名、注明制作文书的日期和附项。

知识链接

《中华人民共和国劳动争议调解仲裁法》（2008 年 5 月 1 日起实施）节选

第六条　发生劳动争议，当事人对自己提出的主张，有责任提供证据。与争议事项有关的证据属于用人单位掌握管理的，用人单位应当提供；用人单位不提供的，应当承担不利后果。

第十条　发生劳动争议，当事人可以到下列调解组织申请调解：

(一)企业劳动争议调解委员会；

(二)依法设立的基层人民调解组织；

(三)在乡镇、街道设立的具有劳动争议调解职能的组织。

第十七条　劳动争议仲裁委员会按照统筹规划、合理布局和适应实际需要的原则设立。省、自治区人民政府可以决定在市、县设立；直辖市人民政府可以决定在区、县设立。直辖市、设区的市也可以设立一个或者若干个劳动争议仲裁委员会。劳动争议仲裁委员会不按行政区划层层设立。

第二十一条　劳动争议仲裁委员会负责管辖本区域内发生的劳动争议。

第二十八条　申请人申请仲裁应当提交书面仲裁申请，并按照被申请人人数提交副本。

仲裁申请书应当载明下列事项：

(一)劳动者的姓名、性别、年龄、职业、工作单位和住所，用人单位的名称、住所和法定代表人或者主要负责人的姓名、职务；

(二)仲裁请求和所根据的事实、理由；

(三)证据和证据来源、证人姓名和住所。

三、仲裁申请书的常用格式

仲裁申请书

申请人:(姓名)性别:出生:年 月 日 民族:户籍所在地(或外国人注明国籍):现住址:联系电话:确认有效的通讯地址:邮政编码:

被申请人:法定代表人(主要负责人):(姓名)职务:住所:联系电话:

第三人:法定代表人(主要负责人):(姓名)职务:住所:联系电话:

仲裁请求:

1.……

2.……

事实和理由:

此致

×××劳动人事争议仲裁委员会

　　附件:1.《仲裁申请书》副本　份;

　　　　2.证据清单及有关证据材料　份。

申请人:×××

×××年××月××日

四、劳动仲裁申请书的写作注意事项

1. 申请仲裁的案件必须是劳动争议案件(劳务争议不受理),而且要符合劳动争议仲裁委员会的受理范围。

2. 必须在法定申请时效期间(劳动争议发生之日起1年内)向仲裁委员会提交书面申请书,并按照被申诉人数提交副本。

3. 如果申请的劳动争议属集体劳动争议,当事人应推举代表参加仲裁。

4. 可以委托律师等专业人员作为案件代理人,代理立案,参加仲裁。

5. 在立案时要有相关的证据材料并在指定的时限内交付仲裁委。

五、例文

劳动仲裁申请书

申请人:×××,男,汉族,1964年6月1日出生,住址:×××市×××区×××街道×××号,联系电话:1360×××××××

被申请人:×××　单位名称:×××市×××医院,住所地:×××。

负责人:姓名:×××　职务:×××　联系电话:×××

请求事项

依法裁决被申请人支付申请人停工留薪期间工资×××元、鉴定费×××元、一次性伤残补助金×××

元、一次性工伤医疗补助金×××元,一次性伤残就业补助金×××元。

事实与理由

××××年×月,申请人到被申请人处上班,担任120急救人员。在2015年4月5日夜接报,随120急救车对××市××区××酒吧三位酗酒顾客进行急救。其间被一酒醉者重拳击伤。送××医院,被诊断为:双额颞脑挫裂伤,双额颞顶硬膜下血肿,双额颞颅骨骨折,左侧额颞头皮裂伤。

××××年××月××日,××市人力资源和社会保障局作出编号为13583号工伤认定书,认定申请人所受伤害为工伤。××××年××月××日,××市劳动能力鉴定委员会以编号为768号劳动能力鉴定书,鉴定申请人伤残等级为×级。

事故发生后,被申请人仅支付申请人部分医药费,双方对工伤其他赔偿项目协商未果。

综上,申请人在工作时间和工作场所内,因工作原因受到事故伤害,已被认定为工伤。被申请人理应依法支付申请人各项工伤赔偿费用和其他补偿,而被申请人推脱不予支付的行为,已严重损害了申请人的合法权益。申请人为维护自己的合法权益,特依据我国《中华人民共和国劳动法》《中华人民共和国劳动争议调解仲裁法》《工伤保险条例》的规定,向贵委提起劳动仲裁,请求贵委依法裁决。

此致

××××劳动争议仲裁委员会

申请人:×××

2015年××月××日

点滴积累 ∨

1. 仲裁的独特作用　与诉讼相比较,仲裁具有分担司法机关判决压力的补充替代作用,减少社会在纠纷解决方面的成本和代价,更及时有效地调整人际关系和社会关系,有效节约司法资源。

2. 仲裁申请书在递交前必须征得当事双方的共同同意。

3. 写作要领　①重点写明请求事项、事实和理由;②清楚陈述被申请人应承担相应责任的依据和提交仲裁的依据。

目标检测

一、单项选择题

1. 按诉讼性质,法律文书的种类可分为(　　)

　A. 侦查文书、检察文书、裁判文书、律师实务文书、公证与仲裁文书

　B. 信函式文书、致送式文书、宣告式文书

　C. 拟制类文书、表格类文书、填空类文书、笔录类文书

　D. 刑事诉讼文书、民事诉讼文书、行政诉讼文书

2. 法律文书的程式性主要表现在(　　)

A. 主旨鲜明,材料客观　　　　　　　　　B. 结构固定,用语准确

C. 制作合法,内容法定　　　　　　　　　D. 语义精确,解释单一

3. 起诉书的制作主体是(　　)

A. 人民检察院　　　　　　　　　　　　　B. 人民法院

C. 公安机关　　　　　　　　　　　　　　D. 公民、法人或其他组织

4. 一审民事纠纷答辩状的作者是(　　)

A. 起诉者　　　　　B. 被起诉者　　　　　C. 人民法院　　　　　D. 仲裁机关

5. 法人或者其他组织提起诉讼在签字用印部分应(　　)

A. 由法定代表人或主要负责人签名

B. 由主要负责人和法定代表人签名并加盖单位财务印章

C. 由法定代表人或主要负责人签名并加盖该组织印章

D. 由起诉人签名

6. 被告应当在收到人民法院递交的起诉状副本之日起(　　)日内提出答辩状,如被告在中华人民共和国领域内没有住所的,应当在收到起诉状副本后(　　)内提出答辩状。被告申请延期答辩的,是否准许,由(　　)决定

A. 十五　三十　人民法院　　　　　　　　B. 三十　十五　人民法院

C. 十五　三十　当地政府　　　　　　　　D. 五　十五　人民法院

7. 所谓用"法律武器"保护自己,"以事实为根据,以法律为准绳",在民事起诉案例中,主要运用的(　　)

A. 既有《中华人民共和国民事诉讼法》这样的实体法,也有《中华人民共和国民法通则》这样的程序法

B. 既有《中华人民共和国民事诉讼法》这样的实体法,也有《中华人民共和国民事仲裁法》这样的程序法

C. 既有《中华人民共和国民法通则》这样的实体法,也有《中华人民共和国民事诉讼法》这样的程序法

D. 既有《中华人民共和国调解仲裁法》这样的实体法,也有《中华人民共和国劳动者权益保护法》这样的程序法

8. 仲裁文书是当事人之间根据已达成的仲裁协议,为解决(　　)而制作的申请仲裁和仲裁机构处理纠纷、争议的各种有关文书的总称

A. 经济合同、劳动争议　　　　　　　　　B. 继承纠纷、劳动争议

C. 继承纠纷、知识产权　　　　　　　　　D. 知识产权、劳动争议

9. 仲裁委员会通过调解的方式,解决仲裁纠纷的文书叫(　　)

A. 仲裁裁定书　　　B. 仲裁协议书　　　C. 仲裁调解书　　　D. 仲裁裁决书

10. 当事人在合同发行中产生争议时,依法向委员会申请仲裁使用的文书是(　　)

A. 仲裁裁定书　　　B. 仲裁协议书　　　C. 仲裁调解书　　　D. 仲裁申请书

二、多项选择题

1. 法律文书的固定结构包括(　　)

　　A. 首部　　　　　　B. 正文　　　　　　C. 尾部　　　　　　D. 签章

2. 法律文书的主要特点有(　　)

　　A. 制作的合法性　　B. 形式的程式性　　C. 内容的法定性　　D. 语言的精确性

3. 法律文书对语言的具体要求是(　　)

　　A. 表意精确,解释单一　　　　　　　　B. 文字精练,言简意赅

　　C. 文风朴实,格调庄重　　　　　　　　D. 语言规范,语句规整

4. 起诉的目的是(　　)

　　A. 请求人民法院明辨事实,还起诉者一个公道

　　B. 请求人民法院要求原告对被告的侵害事实作出合理的赔偿

　　C. 起诉的目的是请求人民法院在明辨事实和理由的基础上对原告的诉讼请求给予绝对支持

　　D. 请求人民法院对被告的侵害行为依法作出公正裁判

5. 答辩是(　　)诉讼权利的体现

　　A. 第三人　　　　　　　　　　　　　　B. 被告、上诉人

　　C. 人民法院、答辩人　　　　　　　　　D. 答辩人

6. 民事纠纷的上诉人可以是(　　)

　　A. 一审案例中的原告自然人

　　B. 一审案例中的被告自然人

　　C. 一审原告委托的律师或其它代理人

　　D. 一审答辩书的制作者

7. 上诉状分为(　　)

　　A. 刑事上诉状　　　　　　　　　　　　B. 民事上诉状

　　C. 行政上诉状　　　　　　　　　　　　D. 商务上诉状

8. 当事人申请仲裁应当向仲裁委员会递交的材料包括(　　)

　　A. 仲裁协议　　　　B. 仲裁申请书　　　C. 受理通知书　　　D. 副本

三、简述题

1. 简述法律文书的特点。

2. 简述民事答辩状的的写作要件及写作要领。

四、文书写作题

2004 年 8 月,重庆某职业技术学院学生小张经过学校代薪实习岗位介绍进入本市某区一药业公司制药厂实习,从事药品生产工作。两个月后,在一次当班时间,一台搅拌机将正在擦拭机器的小张右手臂卷了进去。这场突如其来的事故使小张右臂碎裂,血流不止。同事们将其紧急送往医院抢救。所幸因抢救及时,保住了生命,但失去了整条右臂。整个抢救、手术及住院医疗过程用去医疗费

1.8392 万元。事故发生以后,该药业集团领导代表集团到医院对小张进行了慰问,并垫支了住院的所有费用。但在事后小张提出因右臂残疾,将导致以后劳动能力下降,工作选择受限等理由,要求集团给予 5 万元一次性工伤补偿时,集团则以小张并非集团正式员工,未与集团签订正式劳动合同,且在生产线上操作不当,违反操作规程为由严厉拒绝。

请你以小张或其诉讼代理人的身份,写一份起诉该集团并要求工伤索赔的仲裁文书。

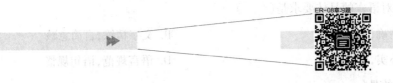

（王　琳）

第九章

申论及专用书信

ER-09章PPT

导学情景 ∨ ....

情景描述：

　　小张为某高职院校医学影像技术专业的专科生，今年7月毕业，4月其所在省份发布公务员招考公告，小张与家人商量后决定参加公务员考试，公考中申论占据半壁江山，小张如何在短时间内迅速提高申论？ 小刘为某医学院校本科毕业，被录取为某单位的办公室工作人员，作为医学专业学生，如何完成从医到文的转变？

学前导语：

　　本章分为两节，分别介绍申论和6种专用书信的写作知识。 学习申论写作，可以有效锻炼提高阅读理解、综合分析、提出和解决问题、文字表达等综合素质能力。 即使我们今后不一定参加国家公务员招录考试，这些能力的培养与形成对于胜任将来的工作，包括理解分析工作信息材料、提出问题和处理措施、撰写工作事务与公务文书等都是十分重要的。 专用书信在日常工作与生活中的应用极其普遍，几乎人人都需要使用它们来解决实际问题和处理具体事务，实用价值大。 学习掌握专用书信写作，可以培养将来工作中不可或缺的能力之一。

第一节　申论

　　申论是公务员录用考试中测查应试人员从事机关工作应当具备的基本能力的考试科目。学习申论写作，可以有效锻炼提高阅读理解、综合分析、提出和解决问题、文字表达等综合素质能力。作为专门考试科目的申论，对于我们较为陌生，因此学习本节内容之前，有必要在预习时通过相关图书或网络查找一份申论试题，初步了解申论试题的组成部分及其各部分的特点，并带着申论试题学习本节内容，化抽象为具体，以提高学习效果。

一、申论概述

　　在公务员录用考试中，申论是测查从事机关工作应当具备的基本能力的考试科目。作为公务员录用考试中的应试文章，申论是依据对给定材料的理解，针对特定事实，提出对策并展开论述，表明自己的观点或言论的文章。

　　申论一词，出自于孔子说的"申而论之"。"申"为申述、引申、申明，"论"为议论、论证、论说，"申论"则指针对特定话题提出自己的观点并展开论述。

学习申论写作,我们首先要了解申论考试的一些基本知识。

(一)申论考试

作为考试科目,申论最早出现在2000年中央国家机关公务员录用考试中。当年国家机关公务员录用考试的笔试部分包括《公共基础知识》《行政职业能力倾向测试》和《申论》三部分,其中《申论》是新增加的考试科目。此后,申论逐渐成为中央和地方各级政府机关公务员录用考试的必考科目。

(二)申论考试的性质

申论是测查从事机关工作应当具备的基本能力的考试科目,是一种具有模拟公务员日常工作性质的能力测试。

申论考试既不同于我国古代科举考试中的"策论",也不同于现代高考之类考试中的作文。申论借鉴了科举"策论"的一些经验与做法,但两者又有区别:策论要求考生论证某项国家政策或对策的可行性与合理性,侧重考查应试者解决问题的能力;而申论除此之外,更加注重考查应试者概括日常信息材料和案例内容的能力,并合理推论材料与材料之间的逻辑关系,提出解决方案的能力。策论主要从经书中出题;申论的内容更具有现实针对性,形式更加灵活多变。申论与作文考试也有着本质的不同:作文主要考查写作能力;申论考查应试者的阅读理解、综合分析、提出和解决问题、文字表达以及贯彻执行等综合能力。作文多是直接命题,指向鲜明;而申论则通常是给定一组材料,需要在阅读理解的基础上进行提炼加工、概括分析。

(三)申论考试的内容与目的

根据中央机关及其直属机构2017年度考试录用公务员公共科目笔试大纲,申论是测查从事机关工作应当具备的基本能力的考试科目。申论试卷由注意事项、给定资料和作答要求三部分组成。申论考试按照省级以上(含副省级)职位、市(地)级以下职位的不同要求,设置两套试卷。

1.省级以上(含副省级)职位申论考试主要测查报考者的阅读理解能力、综合分析能力、提出和解决问题能力、文字表达能力。

阅读理解能力——要求全面把握给定资料的内容,准确理解给定资料的含义,准确提炼事实所包含的观点,并揭示所反映的本质问题。

综合分析能力——要求对给定资料的全部或部分内容、观点或问题进行分析和归纳,多角度地思考资料内容,作出合理的推断或评价。

提出和解决问题能力——要求借助自身的实践经验或生活体验,在对给定资料理解分析的基础上,发现和界定问题,作出评估或权衡,提出解决问题的方案或措施。

文字表达能力——要求熟练使用指定的语种,运用说明、陈述、议论等方式,准确规范、简明畅达地表述思想观点。

2.市(地)级以下职位申论考试主要测查报考者的阅读理解能力、贯彻执行能力、解决问题能力和文字表达能力。

阅读理解能力——要求能够理解给定资料的主要内容,把握给定资料各部分之间的关系,对给定资料所涉及的观点、事实作出恰当的解释。

贯彻执行能力——要求能够准确理解工作目标和组织意图,遵循依法行政的原则,根据客观实际情况,及时有效地完成任务。

解决问题能力——要求运用自身已有的知识经验,对具体问题作出正确的分析判断,提出切实可行的措施或办法。

文字表达能力——要求熟练使用指定的语种,对事件、观点进行准确合理的说明、陈述或阐释。

（四）申论考试的题型结构

主要由三部分构成：

1. **注意事项** 包括考试目的、满分分数、考试总时限、阅读与答题要求、考试用笔要求等。

2. **给定材料** 所给定材料一般围绕一个特定主题,即当下社会热点问题、社会现象,或是大众媒体关注的焦点。命题过程中,命题专家先设定主题,再按公务员选拔的能力测试要求收集相关材料,并将主题嵌入材料中。通常为一组材料,字数约5000字,多的近1万字。给定材料选择时,兼顾应试人员学习、经历背景的多样性,内容不局限于某一方面,具有普遍性,且表述比较准确,一般不会出现偏差。申论的背景资料所反映的问题大部分已有定论,也有一些问题尚无定论或存在争议,需要考生自己去理解、分析和判断,并作出结论。

3. **申论要求** 包括三部分：一是概括主题部分,如根据给定材料,简要回答问题;二是解决问题部分,也称提出方案部分,如依据给定材料中的具体事例,简单谈一下理解、阐述实质或提出工作措施等;三是进行议论部分,即要求模拟政府公务员角色进行申论文章写作。概括地说,申论要求部分一是"申",申明或阐述材料围绕的特定事实,包括特定事实的表现、原因和对策,基本上占60分;二是"论",论证特定事实表现的准确性、原因的针对性和对策的可行性,占40分。

（五）申论考试的特征

1. **目的的针对性强** 申论是用于国家公务员选拔录用的考试科目,申论测查的目的明确、针对性强,主要测查应试人员从事机关工作所应具备的素质能力和潜质优势,包括阅读理解、分析概括、解决问题等能力。这些能力主要通过给定材料的分析、概括、论述,以及所提出的方案对策是否具有针对性和可行性体现出来。测查目的与申论试题命题有机统一：试题设计为测查目的服务,测查目的是试题设计的根本要求。

2. **所给的材料灵活** 公务员的工作涉及社会方方面面的问题,常规性工作和突发性公务事件的处理要求公务员面对纷繁复杂的、现象与本质混合呈现的信息资料,能从政治、经济、文化或社会等角度加以分析,及时抓住特定事实的本质,提出对策或进行论述。因此,申论针对公务员的工作特性给定一组材料,以测查考生分析、判断、解决问题的能力。为反映这一要求,申论给定的资料可能涵盖政治、经济、法律、教育等诸多方面的内容,范围广泛而灵活。

3. **模拟机关公务** 申论考试要求考生模拟公务员在管理国家行政事务过程中,针对特定的社会现象和问题,提出行政性建议并展开论述,从而表达行政意图,因此申论文章本质上是"官样文章"。申论考试中,无论是对给定材料的阅读理解,还是申论作答,应试人员首先都要有"假如我是一个政府公务人员"的角色意识,站在公务员的角度认识特定事实的本质,提出具有较强针对性和可行性的工作方案,具有政治敏锐性地论述社会现象和问题。

4. **没有标准答案** 申论作答有基本要求,但是没有标准答案。从给定资料来看,基本上是有关当前政治、经济、法律、教育等社会问题,有的已定论,有的尚未定论,完全由考生自己解决。从这个角度看,无论是提出对策或是进行论证,都不会有一个确切、固定、唯一的标准答案。以对策部分为例,这部分要求提出具有针对性和可行性的解决问题对策,但是针对性和可行性都是相对的,因为不同地区及其不同的发展阶段,何种解决问题的对策更具有针对性与可行性,需要联系具体实际方能确定。又比如论证部分,给考生留下足够的发挥空间,抓住什么问题、选择什么角度论证、运用什么样的论述方法与结构,都由考生结合自己的知识经验和能力特长决定,因而不可能有标准答案。

二、申论写作

申论是测查从事机关工作应当具备的基本能力的考试科目,因此申论写作是力求体现从事机关工作应当具备的基本能力的应试文章写作。

本质上,申论是处理政务能力的测试,而不是单纯的写作能力测试。因此,学习申论写作,目的是锻炼提高阅读理解、综合分析、提出和解决问题、文字表达等综合素质能力。即使我们今后不一定参加国家公务员招录考试,但是这些能力的培养与形成对于胜任将来的工作,包括理解分析工作信息材料、提出问题处理措施、撰写工作事务与公务文书等都是十分重要的。

(一) 申论写作的主要环节

申论作答主要包括阅读材料、概括主题、提出对策、进行论证4个环节。其中,阅读理解给定材料是最基础性的环节,是完成好其他3个环节的前提条件。首先,读懂给定材料,准确把握材料所反映的特定事实及其本质,准确概括给定资料所反映的主要问题,完成概括主题环节;其次,针对主要问题,就给定资料所涉及问题的原因和表现,提出针对、可行的解决问题的对策或方案,完成第3个环节的要求;再次,充分利用给定资料,抓住主要问题,全面阐明、论证本人对给定资料反映的主要问题的看法,以及解决问题的方案,完成进行论证环节。

(二) 申论写作的文体

就文体而言,概括主题部分可能是记叙文、说明文、议论文、应用文中的某一种,也可能综合了多种文体;提出方案部分则是应用文中的工作事务文书或公务文书写作;第三部分是议论文写作。申论测试既考查普通文体的写作能力,也考查公文写作能力。

(三) 申论概括主题部分的写作

概括主题部分的答题写作实质是对给定材料阅读理解结果的文字呈现。

申论的给定材料一般有两种形式:一种是新闻材料剪辑式,集中反映一个有一定影响又亟待解决的具体社会问题;另一种是报告类资料汇编式,围绕某一个社会热点问题,摘录相关观点材料汇编而成。命题时,基本思路是寓答案于材料之中,即将命题思路嵌入给定材料中,然后打乱材料的编排顺序。因此,给定材料成为命题思路和答题思路的沟通桥梁,是答案的载体、答案的根本源泉。必须吃透材料,用给定材料说话。

材料阅读应遵循下述两项要求:

1. 带着"问题"阅读　即阅读给定材料前,首先要有"问题意识"。从命题过程看,阅读的过程就是理解命题思路的过程,即理解和查找命题时将什么样的社会问题或社会现象作为主题嵌入给定材料中,这种特定事实的表现是什么、原因是什么、对策是什么,带着这些问题去阅读材料就会事半功倍。

问题意识包括具体问题和抽象问题两种。首先是具体问题,即申论要求部分题干的设问。值得注意的是,应先仔细阅读掌握题干及其要求,再阅读给定材料。因为题干给材料阅读提供了很重要的信息,包括材料的主线、特定事实等,抓住了这些信息,就容易抓住问题,增强阅读的针对性。其次是抽象问题,即给定材料所围绕的特定事实是什么,具体地说,在阅读分析材料时,一般问自己5个问题:材料反映的主要问题是什么;问题的表现是什么;问题的根源(原因)是什么;问题的对策是什么;材料与材料之间的内在逻辑关系是什么。

2. 熟练运用阅读的方法与技巧　中国社会科学院钟君博士在《申论万能宝典》一书中总结了材料阅读的"三遍四步法"。简要介绍如下:

"三遍四步法",就是合理分配40分钟的阅读时间,将材料阅读3遍,完成4个步骤:勾画关键词和关键句、总结段落大意、对材料分门别类、概括主要内容,从而抓住材料中提到的关键信息点和材料之间的逻辑关系。

第一遍——精读全部材料,勾画出关键词或关键句,找出材料的信息点。

第二遍——略读材料。在第一遍阅读的基础上,将找出的关键信息进行加工处理,去粗取精,根据题目要求,按照整体性原则和关联性原则概括每一部分的主要内容。

第三遍——略读材料。在概括段落大意的基础上,全面深入地理解和把握材料,理清材料之间的逻辑关系,对全部材料进行分门别类,然后再对全部材料进行系统化的概括(这个概括往往是申论第一道题目的直接答案)。

4个步骤阅读技巧与要求如下:

第一步——勾画关键词和关键句。关键词和关键句的判断技巧有:

(1)首尾句原则:写文章讲究起承转合,因此,大多数材料的段落大意或中心思想可以在段落的首尾句中找到。

(2)关联词原则:给定材料中,关联词出现的地方往往是关键信息出现的地方,阅读中找关联词的目的在于找到关联词前后的重要信息点。需要重视3类关联词:一是表示转折关系的连词,如"但是、然而、不过"等,其后都是强调的内容;二是表示因果关系的连词,如"因为……所以、由于、因此"等,其原因部分是强调的内容;三是表示并列关系的连词,如"同时、此外、还"等,提示一些不可忽视的信息点。

(3)观点性原则:观点即是主旨,阅读材料时要着力把握。与表达观点密切相关的标志词包括经调查、资料显示、反映、看出、告诉、据××讲、据报道、初步推断、分析、强调、指出、认为等。观点一般有3种类型,需要分别对待:政府权威部门的观点最重要,是作答时制订对策和验证对策的重要依据;专家学者的观点应该辩证地分析;群众的观点要注意把握其利益诉求。

(4)常见词原则:如"根源、危害、教育、体制、机制、领导、法律法规、监督、落实、经验教训"等,往往涉及事件或问题的表现、原因或解决措施之间的内在逻辑关系,是解决问题部分需要着重把握的信息点。

第二步——总结段落大意。即在第一步阅读的基础上,花较少的时间,根据整体性原则和关联性原则概括段落的主要内容。不一定全部写出段落大意,可采用简化的方法,标注"表现、原因、措施"等词即可。

第三步——对材料分门别类。对给定材料进行逻辑关系上的整理和划分,从而对材料进一步总体把握。材料之间的逻辑关系包括:

(1)并列关系:各种原因并列,如政治原因、经济原因、社会原因、文化原因等;各种现象并列,如甲、乙、丙、丁等现象;各种观点并列,如 A、B、C、D 等观点。

(2)对立关系:如成绩和问题、积极方面和消极方面、正面和负面。

(3)纵向关系:一般按提出问题、分析问题和解决问题来梳理材料,如分别梳理特定事实或问题的表现现状、问题的根源、处理对策。

(4)纵横交错关系:并列、对立关系为横向关系,横向和纵向叠加,形成多层次、多角度的材料梳理。这种关系的材料成为申论给定材料的主流和趋势。

第四步——概括主要内容。在阅读理解的基础上进行分析归纳。概括要符合4个要求:全面、准确、简明、流畅。

概括时需要注意下列几点:一是概括要有公务员角色意识,即作为公务员,你概括的信息要全,对领导决策有帮助;二是概括内容要以材料为准绳,对材料进行客观准确的精简缩写,不用感情色彩太强的词汇,更不能像写杂文一样任意发挥;三是语言简明,做到让领导一看就明白;四是清晰流畅,围绕主要问题,有条理地概括。

(四)申论解决问题部分的写作

针对特定问题提出对策和解决问题的能力是申论考试考查的重点之一。申论解决问题部分的作答是考生针对特定问题,依据给定材料,运用马克思主义的基本原理及有关知识,概括回答解决问题的可行性对策。

解决问题部分的写作一般分成3个步骤完成:

1. 找出问题的原因　原因是问题的症结之所在,准确找到原因,才能提出正确的对策。首先是找出特定社会现象所存在的消极、负面现象或影响,负面的东西是需要采取措施加以解决的,是提出对策所要针对的;其次是找出存在问题的原因。

寻找原因时要善于运用辩证唯物主义原理,从给定材料的客观实际出发,而不是从应试者的主观认识出发,以发展的眼光历史地看问题,而不是僵化静止地看问题,用普遍联系的观点看待特定事实,而不是简单孤立地看待问题,才能综合、全面、准确地找出原因。因此需要多角度找原因,要从宏观和微观两个方面找原因,宏观方面主要从政治、经济、文化、社会、生态等角度查找,微观方面主要从思想认识、利益、素质、制度、技术等角度查找。

2. 针对原因提出对策　找出来的问题,采取什么样的针对性措施加以解决,也就是提出对策或制订解决问题的方案。

政府工作的基本套路总体上可以概括为8个方面:①领导重视,提高认识;②加强宣传,营造氛围;③教育培训,提高素质;④健全政策法规,完善制度;⑤组织协调,形成机制(合力);⑥增加投入,依靠技术;⑦依法监管,全面落实;⑧总结反思,借鉴经验。基于上述思路,针对找出的问题原因,即可归类拟定解决对策。

3. 验证对策的有效性　主要从针对性和可行性两个方面加以验证。

(五) 申论议论部分的写作

申论文章是模拟国家公务员在管理国家行政事务工作中,针对特定的社会现象和问题,提出行政建议并展开论述,从而表达自己的行政意图的文章。

申论文章分两大类,一类是议论文,另一类是公文。议论文分为策论文和政论文两种形式,其中策论文是以提出解决问题的对策为重点的申论文章,政论文是以分析解决特定事实和社会现象的必要性、迫切性和重要性为重点的申论文章。公文又分为法定公文和非法定公文两个类型。这里侧重谈谈议论文的写作。

申论文章由论点、论据和论证三要素构成,三者缺一不可。

1. 论点　是应试人员在申论文章中所要发表的议论、阐述的观点或申明的主张。一般是在阅读和概括给定材料的基础上,对材料做总体把握,选取最深刻、最有现实意义、又最有利于自己发挥的一个观点作为论点,确立主题。

论点的基本要求是正确、鲜明新颖、深刻有力。

首先,论点正确是起码要求。必须坚持正确的政治原则,坚持以人为本、执政为民的政治立场。论点的正确性要求包括:一要概括准确,论断合理;二要实事求是,切合实际;三要符合辩证观点。例如关于户籍制度改革,正确的论点是户籍制度改革是一个庞大的系统工程,涉及方方面面的利益,必须循序渐进,不能一蹴而就;而"现行户籍制度不符合我国目前的实际情况,侵犯公民权益,必须立即取消",这样的论点无疑是错误的。

其次,论点要求鲜明新颖。论点是作者立场和态度的反映,赞成什么,不赞成什么,应该旗帜鲜明。论点还要力求新颖,论点要超出一般见解,善于抓住新问题,提出新的解决方案,能够给人以深刻启发。但是不能为了追求新颖,超出给定材料而刻意标新立异。

再次,论点要求深刻有力。论点的概括性应较强,不能拘泥于某一材料的段落、某一句话大加议论。论点的高度决定所写作的申论文章水平的高低,因此要从政府公务员处理政务应有的认识水平出发,提炼具有一定政治高度的论点。

论点构成的一般公式:时代背景+鲜明观点+客套话+特定事实。例如围绕"正确处理人与自然的关系"这一特定事实提炼论点,可以在其前依次加上"在生态文明建设日益重要的今天"(时代背景)、"既要反对以牺牲资源和环境为代价发展经济的行为,又要反对不考虑经济发展而一味强调保护环境的行为"(鲜明观点)、"使两者统筹兼顾、协调发展"(客套话)。

写作时还要注意突出论点,方法有4个:一是文章的标题即是论点;二是论点单独成段;三是每个分论点均紧扣总论点,每段开头或结尾均呼应总论点;四是最后一段总结总论点。此外,重要的分论点其位置要尽量前置。

2. 论据　论据是用来证明论点的材料和依据,是论点得以成立的基础。论据的要求是真实、准确、可靠;典型、充分、新鲜。论据包括两类,一类是事实材料,如具体事例、实施概况、统计数据和图表、亲身经历和感受等;另一类是理论材料,如经典著作、理论文献、名家名言、民间谚语和俗语等。有利于有力证明论点的材料都可以选择,包括给定材料和自身积累的知识材料。

3. **论证** 用论据证明论点的过程。论证的基本思路主要有两种,一种是展开式论证,即将一个简单的对策展开为具体的操作步骤,这是策论文常用的思路;另一种是解释式论证,即对于特定事实的原因和必要性等问题进行必要的解释说明,这是政论文常用的思路。

论证过程中,可选择和组合运用下列主要论证方法:

(1)例证法:运用典型事例证明论点。材料选取要求与中心论点保持一致,有代表性、可引申,论证时可挖掘所用材料的深层含义。

(2)引证法:用公认或已知的道理、名言、原理等论证个别观点。

(3)理论论证法:通过分析、判定等剖析事理,分析问题,揭示论据与论点之间的关系。理论论证包括因果演绎法和多角度论证法。

(4)比较论证法:抓住事物间的内在联系,进行横向、纵向、对照等对比。

(5)比喻论证法:通过形象、生动的喻体来说明具有某种共性的本体。

(6)归谬论证法:先假定某观点正确,再做逻辑推理,证明其结论违背事实。

(六)申论文章的结构

通常采用"三段式结构",总体思路是提出问题(是什么)、分析问题(为什么)、解决问题(怎么做、意义是什么),总体特征是"总—分—总式"或"起承转合式"。

提出问题要求简明扼要、开门见山,通常用给定材料中提供的事实材料和理论材料提出问题。分析问题要紧密结合材料,集中论述主要问题,同时注意详略得当、正面与负面兼顾、由表象到本质、由特殊到一般进行分析。解决问题时,要求富有条理地提出方案;层次分明,既有总体思路,又有可行性、针对性措施的列举。同时,解决问题的方案最好与所分析的问题相互对应。分析问题和解决问题通常采用分条列项式结构。

结构安排上,还要注意写好过渡句,使全文在结构上成为有机统一的整体。

(七)申论写作的基本要求

1. **模拟公务员角色** 申论是公务员招考科目,其性质决定了应试人员应站在公务员角度,从处理政务出发,理解和概括给定材料的主题,针对政务处理提出对策,从"执政"和"为民"出发,合理地进行论证。角色模糊,就容易导致概括偏颇,对策缺乏针对性与可行性,议论的态度和立场出现偏差。

2. **掌握思维特点** 申论作答运用的是归纳性思维、辩证式思维、规律性思维和实践性思维。命题材料的给定一般是演绎性思维,即组织一组材料以支持命题主题,那么理解把握主题就是对给定材料的归纳分析。公务员处理公务要求具体问题具体分析,兼顾公权与私权、主观与客观、相对与绝对、必然与偶然、理想与现实等,统筹兼顾,一分为二地分析问题,提出对策。公务员解决具体社会问题具有规律性与普遍性思维特征,这也是申论考查的要点。公务员的工作是解决实践问题的,脱离实践的空谈与对策毫无价值。申论写作的最佳效果是对策能让领导批示"照此办理",议论能让领导批示"见解深刻,措施可行"。

3. **文字简洁,通俗易懂** 公务员辅助机关领导工作,办文、办事中必须具备较高的辅助能力。

下笔千言离题万里,思想狭隘理解偏颇,思路不清措施不力,这样的能力素质根本不能胜任公务员工作。因此,文字简洁、简明扼要、条理清晰是申论写作的基本要求。

三、例文和分析

树立以人为本的安全观

岁末年初,历来是安全事故多发期。黑龙江七台河矿难教训还在总结,又闻河北唐山刘官屯矿难,再传河南寺沟煤矿透水事故;吉林辽源医院大火刚灭不久,广东中山酒吧火灾接踵而来;震惊全国的松花江水污染仍在处理,广东北江又出现令人惊扰的污染事件。

"魔鬼就在细节中",思想上的一时疏忽,工作中的丝毫大意导致血淋淋的矿难、城市大停水的不便、火烧医院的惨烈,这些不幸屡屡敲击着我们紧绷的神经,由此,我们认为树立以人为本的安全观刻不容缓。

重特大事故在岁末年初频发,这其中的原因值得我们深思。分析安全事故的原因,我们不难发现,不少安全事故的发生不是思想不重视,而是制度没落实;不是监管不到位,而是利益驱动使然;不是天灾,而是人祸。这种在生产中只看到利润看不到职工,只看到金钱看不到生命,只见物不见人的观念,与时势不符,与中央精神相逆,必须得到彻底纠正和全面清理。人民是社会的主人,"人民的利益高于一切"。面对安全事故多发势头,我们必须树立以人为本的安全观。对重特大安全事故,党中央高度重视,胡锦涛总书记、温家宝总理等中央领导同志作出重要批示,始终关心人民群众的冷暖安危。"对矿工负责,对人民负责,对后代负责。"温总理2007年元旦赴陕西陈家山煤矿慰问矿难家属时的讲话,让人记忆犹新。

中央的要求和目的很明确,就是要以对党和人民高度负责的精神,举一反三,采取切实有效措施,坚决遏制重特大事故多发势头。

树立以人为本的安全观,就必须加强安全生产制度的落实和监管。我们在忙于制定制度的同时,要更加注重制度的执行和监督。对那些有令不行、有禁不止严加惩罚,使其付出沉重代价。

树立以人为本的安全观,就必须摆正人与发展的关系。发展为了人民,发展依靠人民,发展的成果让人民共享。作为官员必须真正做到"权为民所用、情为民所系、利为民所谋",作为企业决不能忽视安全,唯利是图,本末倒置。

标题即论点。

本段概括引用给定材料,用排比句分类概括事实。

生动俗语。

依据材料提出问题(总论点)。

过渡句。

分析问题(是什么)采用理论性论证;3个选择性排比句,语言简洁犀利。

站在公务员角度说话。

两处用引证法。

过渡句,承上启下,过渡到解决问题。

3个分论点紧扣总论点;3个分论点基本对应问题的表现。

假设论证法。

解决问题的方案针对性强(怎么做)。

树立以人为本的安全观,就必须鞭挞形式主义、官僚主义。如果各级主管部门不落实中央政令,不切实转变作风,抓工作只停留在开会、发文件上,不善抓不善管,没抓实没抓严,无法消除法律政令的"肠梗阻"现象,就无法维护人民的利益、法律的尊严和政府的权威。

国家需要发展,社会需要和谐。搞好安全生产,减少伤亡事故,是当下人民群众最关心、最直接、最现实的利益问题。确保群众过个欢乐、祥和、安定的节日,是我们各级政府承担的责任,也是执政为民的具体体现。总之,树立以人为本的安全观,对推动我国经济社会发展转入科学发展轨道、走上社会和谐之路,推进全面建设小康社会,意义重大而深远。

情理兼顾。

总结,重申并升华总论点。

注:例文节选自《申论万能宝典》,分析部分为编者所加。

点滴积累 V ....

申论考试既不同于我国古代科举考试中的"策论",也不同于现代高考之类考试中的作文。申论注重考查应试者概括日常信息材料和案例内容的能力,并合理推论材料与材料之间的逻辑关系,提出解决方案的能力。申论的内容更具有现实针对性,形式更加灵活多变。申论考查应试者的阅读理解、综合分析、提出和解决问题、文字表达以及贯彻执行等综合能力。

第二节 其他常用书信

一、求职信

(一) 求职信的概念

求职信是求职应聘人员为谋求就业、寻求工作而写给用人单位的专用书信,又称自荐信、应聘书。

(二) 求职信的特点

1. 自荐性 求职信是个人写给用人单位的,目的是通过毛遂自荐,让用人单位的领导了解本人的素质能力,从而留下良好的第一印象,并进而获得期望的工作机会。所以信中要着重介绍自己的知识水平、能力优势、职业经历等,争取用人单位的认可,获得面试或录用的机会。

2. 针对性 求职信可能是在知晓或并不知晓用人单位的具体岗位招聘信息的情况下向用人单位递交的,无论哪种情况,求职信都要求针对特定的岗位或岗位类别进行自我介绍,表达求职愿望。

3. 请求性 求职信的目的是请求用人单位给自己提供招聘面试的机会,并最终提供自己想要的工作机会。

（三）求职信的写作格式

求职信的结构一般包括标题、称谓、正文、署名和日期五部分。

1. 标题 首行居中书写"求职信""自荐信"或"应聘书",其字号比正文字号要大。标题最好不省略。

2. 称谓 在标题下一行顶格书写对用人单位受信人的称呼,根据求职信的递交对象选择恰当的称呼,并在称谓后加冒号。例如递交公司企业的求职信一般写"尊敬的×××董事长（总经理）"或"尊敬的×××厂长（经理）";递交医院、学校等事业单位的求职信一般写"尊敬的×××校长（院长）"或"尊敬的×××（单位名称）人事处（人力资源部）处长（部长、负责同志）"。如果确实不知道用人单位领导的姓名和职务,可直接写"尊敬的领导"。

3. 正文 包括问候语、缘起语、主体和尾语。

（1）问候语:称谓下一行左空两格直接书写"您好!"。也可以不写问候语。

（2）缘起语:说明写信的缘由,即求职应聘的动机。如"从×××报上得知贵公司需要招聘一名医药销售业务代表,特写此信向您毛遂自荐。"或"久闻贵公司实力雄厚,能到贵公司供职是我梦寐以求的心愿,特写此信向您自荐。"前一种适用于知晓用人单位的招聘信息,后一种适用于不知晓用人单位是否有岗位招聘需求信息。

（3）主体:内容包括个人的基本情况、素质能力和相关工作经历、求职意向。

1)个人的基本情况:指姓名、性别、年龄、毕业学校、所学专业、最高学历（学位）等,简洁陈述,让受信人对你有一个概括性的了解。

2)素质能力和相关工作经历:指学习成绩、曾经获得过的荣誉与奖励、相关工作经历及所取得的业绩、相关资格证书、外语水平和计算机操作能力等。此部分内容重点介绍,争取用人单位的领导能够倾向性地认为你是最合适的岗位招聘人选。所陈述的内容应当直接针对用人单位的招聘岗位要求或本人的意向性求职岗位,突出自己在条件、能力方面的优势和闪光点,与求职岗位要求无关的内容不必一一罗列。

3)求职意向:即自己应聘的职位或希望从事的工作岗位,同时表达自己对所应聘的岗位工作的信心和决心。

（4）尾语:一般表达两层意思,一是希望对方能给予答复,并期盼能够得到面试的机会,如"期待您百忙之中的回音,诚表感谢!"二是表示敬意与祝福,如"此致　敬礼!""敬祝　工作顺利!""敬颂　商祺!"等,与一般书信的书写格式相同,前半部分首行空两格,后半部分另起一行顶格书写。

4. 署名 在尾语下一行靠右书写"求职人×××（敬呈）"或"应聘人×××（敬上）",其中自己的姓名应清晰手签。

5. 日期　日期写在署名的右下方。

为了方便及时联系,求职信中可注明自己的联系电话或电子信箱等联系方式,也可以在简历材料中注明。

▶▶ **课堂活动**

试分析下面这一份求职信在写法上存在的问题。

亲爱的收信人:

我叫刘××,贵公司副总经理让我给你写信,应聘贵公司华东区××省药品销售代表。 我去年从×医专药学专业毕业,在校时担任过学生干部,成绩优秀,积极参加社团活动,多次被评为"优秀学生干部"。 为了找到更好的工作,在校时经过我的努力,已经成为预备党员。 本来我想毕业后继续读专升本,现在我打算一边工作一般参加成人本科学习,提升自己的知识水平,更好地适应工作。 我也有过大医院药剂科实习经历。 我相信,以我的好学上进和经历能力,一定能够成为一名出色的医药销售代表。

如果能录用我,希望能尽快通知我,联系电话: 1890560××××。

求职人: 刘××

2017 年 5 月 7 日

(四) 求职信的写作要求

1. 态度诚恳　向用人单位表达自己的求职愿望时态度诚恳、谦恭有礼,是展示良好素质的重要要求。盲目自大、自吹自擂、仗势欺人、限定时间要求回复或不够自信都是求职信写作时不应有的态度。

2. 内容真实　求职信的主体内容应当本着实事求是的态度写作,做到"实话实说",以诚取信,切不可为了突出自己的优势而夸大其词,甚至弄虚作假。主体内容不宜过多,整封求职信一般不要超过 1 页纸。为了增强求职信主体内容的可信度,同时也是为了更好地向用人单位"推销"自己,还要精心制作求职信的附件材料,向用人单位呈送简历和相关证书、业绩材料等复印件。

3. 语言简练　求职信要求语言朴实、简练,语气庄重、平实,切忌堆砌辞藻、华而不实。值得注意的是,写作主体部分内容时,要尽量用数据或事实说话,这样既能让受信人感到可信,又能留下较深刻的印象。比较下述语句,我们即可辨别语言表达效果的优劣:"我的学习成绩优秀"与"我的各门课程成绩均不低于 85 分""我具有较强的西班牙语翻译能力"与"我翻译了两本西班牙语现代小说,其中一本已经出版发行"。另外,注意不能写错别字,不用生僻的词。

（五）例文和分析

求　职　信

尊敬的人力资源部部长：

　　您好！我从贵公司网站上获知贵公司正在招聘医药销售代表，特写此信毛遂自荐。

　　我叫赵××，男，24 岁，今年 7 月将从××医学高等专科学校药品经营与管理专业毕业。在校两年学习期间，我坚定专业思想，认真学习专业基础和主干课程，各门课成绩优良，获得过三等奖学金。在校期间，我积极参加社会实践和学生社团活动，锻炼了良好的人际沟通能力和团队合作意识。我是在××市人民医院药剂科实习的，这是一所三甲医院，8 个月实习期间，我学习掌握了医院药库管理和药房工作的知识与技能，对临床用药现状较为了解，与一些公司的医药销售代表建立了良好的人际关系。

　　贵公司是世界知名的医药生产和销售企业，是我期盼的求职就业单位。以我的专业知识基础和我的吃苦耐劳品质，我相信自己能胜任医药销售代表工作，恳请能给我面试和服务贵公司的机会，我将用敬业和实干回报贵公司对我的厚爱。随信寄上我的简历等 10 份材料，盼望您的回复。

　　我的手机号是：138××××××××。

　　此致

敬礼！

应聘人：赵××（签名）

2017 年 5 月 25 日

称呼规范。

知晓招聘信息而写的求职信。

学习成绩用分数表述则效果更佳。

实习经历叙述突出了自身优势。

针对求职岗位，态度诚恳。

该求职信格式规范，语言简洁，详略得当。

二、介绍信和证明信

（一）介绍信

1. 介绍信的概念和作用　介绍信是机关、社会团体或企事业单位介绍本单位人员前往有关单位联系工作、洽谈业务、参观学习等使用的专用信件。

　　介绍信的作用主要有两个，一是证明身份，二是说明任务事项。

　　介绍信是一种凭证和依据，也是一种简化的"公文"，因此单位要建立介绍信管理和使用的规章制度，切记在实际工作中不得开具空白介绍信。

　　2. 介绍信的种类　介绍信有以下 3 种。

　　第一种是普通介绍信。用于联系某项工作或任务事项,因所介绍的内容较多,使用格式化印刷品介绍信难以说清楚时采用此种介绍信,通常用本单位印刷信笺书写或打印。使用普通介绍信时,需要另外登记。第二种是存根式介绍信。格式化套红印制,成本装订,每页纸上分为两联,一联存根,另一联填写后供介绍外出人员使用。两联之间有中间间断的裁剪虚线,间断处有骑线编号,使用时要加盖骑缝章。此种介绍信的使用较普遍。第三种是专用介绍信。用于申办出国护照等专门业务工作的联系与办理,一般企事业单位和社会团体不常使用此种介绍信。

　　(1)普通介绍信样式

介　绍　信

××市人民医院:

　　兹介绍我校药学系药品经营与管理专业 2013 级学生张××等 6 名同学前往贵院进行毕业实习,实习时间为 2016 年 7 月 1 日—2017 年 2 月 28 日,共计 8 个月,望予接洽安排为盼!

　　此致

敬礼!

××医学高等专科学校(盖章)
2017 年 6 月 26 日
(有效期五天)

　　(2)存根式介绍信样式

介绍信(存根) 皖医专字(　　)号 ＿＿＿＿＿＿＿: 兹介绍＿＿＿＿等＿＿位同志前往贵单位办理＿＿＿＿ ＿＿＿。 年　月　日 (有效期　天)	介绍信 皖医专字(　　)号 ＿＿＿＿＿＿＿: 兹介绍＿＿＿＿等＿＿位同志前往贵单位办理＿＿＿＿ ＿＿＿。请予接洽为荷。 　　此致 敬礼! 年　月　日(单位公章) (有效期　天)

3. 介绍信的格式和写法

　　(1)标题:首行居中印刷(或书写)"介绍信",字号较大。

　　(2)编号:存根式介绍信和专用介绍信的两联上均有编号,位于第二行靠右,字样为"×××字(　　)×××号",其中,括号内用阿拉伯数字填写完整年份。存根联、使用联的编号与骑线编号要三号一致。

　　(3)受文单位:编号下一行居左顶格书写,写明被介绍人员前往的单位名称,或前往联系对象的称谓。

（4）正文：受文单位下一行左边空两格，内容包括外出人员的姓名、身份、人数（数字用汉字大写），以及前往办理的事项和向受文单位提出的希望与要求。正文之后，一般紧接着写"请予接洽""望予接洽为盼"等结束语。

（5）祝颂语：按一般书写格式印刷（或书写）"此致　敬礼！"。

（6）落款：位于祝颂语右下方，署本单位名称全称，在单位名称正下方注明开具介绍信的日期，并按公文用印要求加盖单位公章。

（7）有效期：介绍信左下方顶格，在括号内注明有效期天数，数字用汉字大写。

（二）证明信

1. 证明信的概念和作用　证明信亦称证明，是机关、社会团体、企事业单位或个人证明有关事情的真实性时所用的书面信函。

证明信主要用来证明某人的身份、学历、经历、婚姻状况、工资收入等个人情况，以及证明有关事件或某方面情况（如政历清白、无违法犯罪记录）的真实与否。证明信发挥核对事实的证明作用。

2. 证明信的格式和写法

（1）标题：首行居中写"证明信"或"证明"，比正文字体稍大。

（2）称谓：如果有明确的受文单位，则在标题下一行居左顶格书写受文单位或组织的名称。有的可省略不写。

（3）正文：标题或称谓的下一行空两格书写。针对对方的要求，实事求是、简洁明了地写清楚被证明的事实。如果证明学历，则要写清姓名、性别、出生年月（或年龄）、籍贯、入学与毕业时间、所学专业及所取得的学历等事实。如果是证明经历，则要按时间顺序写清时间、地点、担任职务等具体情况。有时为了避免姓名相同而产生的问题，证明中还注明被证明人的身份证或其他有效证件的编号。正文内容要求真实明确，用词注意把握分寸，不夸大或伪造事实。书写时，要求字迹清楚，不得涂改，如有修改，应当在修改文字上加盖公章或摁手印，以示负责。正文主体内容的下一行，左空两格写上"特此证明"。

（4）落款：包括出具该证明信的单位名称或个人姓名、时间，单位名称也可以用公章代替。个人出具的证明信，落款处署"证明人×××"，出具人应亲笔签名。

3. 例文和分析

证　　明	直接用"证明"作标题。
××派出所： 　　赵××，女，1994 年 6 月 15 日出生，是我校药学系药品经营与管理专业 2012 级学生。该同学近期不慎丢失了身份证（身份证号：34010419940615××××），已经登报申明作废。请准予办理补发身份证手续。 　　特此证明 　　　　　　　　　　××医学高等专科学校（公章） 　　　　　　　　　　　　2016 年 11 月 25 日	正文内容具体准确。

三、商务电子邮件

(一) 商务电子邮件的概念

商务电子邮件是商务活动中通过互联网相互传送和接收业务联系信息的应用性函件。商务电子邮件具有信息传递快捷、成本低廉等优点，在现代商务活动中广泛使用，对于增进业务联系、促进商务合作发挥着重要作用。因此，商务电子邮件写作在商务活动中值得重视。

(二) 商务电子邮件的写作格式

一般包括地址、主题、称谓、正文、结束语、签名六部分。

1. 地址 包括发件人、收件人、抄送收件人、密送收件人的 Email 地址 4 个，直接在地址栏填写。不要求每一项都填写，如果收信人只有 1 个，就不用填写其他收信人的地址。

2. 主题 在主题栏填写概括邮件主要内容的名词或词组。主题的作用有两个，一是确保收信人及时阅读该邮件，二是便于收信人事后查找该邮件。因此，主题既要简洁明了，又要能引起收信人关注，切忌含糊不清，应根据邮件内容，尽量用一个或少数几个索引性关键词。

3. 称谓 以礼貌得体为要求书写对收信人的称呼。比较熟悉、身份地位相当者可以直接写其名字；不熟悉的收信人一般写"尊敬的或亲爱的×××先生（或女士）"。如果收信人有头衔、职位、职称或学位等，应在其姓名后选择最合适的一个写上。需要注意的是，称谓书写前，对收信人的姓名、头衔、职称、性别等要认真核实，不可写错。

4. 正文 是邮件的核心部分，按照商务电子邮件写作要求，书写想要传递给收信人的信息文字，文档、图片等其他信息资料用邮件附件方式传递。正文内容较多时，分层次分段书写，邮件的重要内容在正文靠前位置书写。正文有缩进式和齐头式两种，每段首行向右缩进字符的为缩进式，段落首行不向右缩进字符的为齐头式。商务电子邮件通常用齐头式。

5. 结束语 商务往来中表示礼节或期盼的客套话，如祝颂语、"期盼您的回复"等。

6. 签名 正文下写上写信人完整的姓名。必要时，注明写信人的单位、所属部门、职务、地址、电话号码、传真等信息。

(三) 商务电子邮件的写作要求

商务电子邮件的规范写作不仅反映写信人的自身素质、业务水平和处事风格，还能在商务往来中反映写信人所属单位的品质与形象，有利于建立良好的商务合作关系。

商务电子邮件写作主要遵循下述要求：

1. 内容准确完整 由于商务电子邮件涉及商务活动双方的权利、义务关系，同时，电子邮件一旦点击发送就无法收回，如果内容不准或欠妥，就会引起商务活动中的误解，甚至引起纠纷，因此内容的准确性对商务沟通至关重要。商务电子邮件发出前，要认真检查所写的内容是否正确合适，如商务合作双方权利、义务的清晰性与合法性，提出的要求合情合理，作出的承诺能否信守等。内容准确的基础上，应力求具体、明确、完整，如提供给收信人的信息，尤其是盘问、询问条件要求等需要回复的，清楚完整才能达到良好的沟通效果，可以用"5W1H"法（who、when、where、what、why 和 how）

检查。

2. 语言简练易懂　通过商务电子邮件开展业务联系,应力求清晰传递信息、节省收信人的阅读时间,因此语言简洁是重要要求。尽量用口语化、简单句直接陈述内容,兜圈子的话语除非必要,尽量不写或少写。所写的内容要简明易懂,重要或强调的内容一般放在信件或段落的开头;一段一般围绕一个话题写,如询问有关事项、回答对方提出的问题、阐述自己的意见或态度、向对方提出要求等,均分段书写;用词准确清楚,如专业性强的术语进行通俗易懂的解释,供货时间用具体的年、月、日代替"不久"之类的模糊词语等。

3. 态度恭敬礼貌　商务活动以公平合作、互利双赢为基本要求,商务电子邮件是否礼貌,会直接影响整个商务合作的成败。写作时需要注意在细节、细微处体现礼貌恭敬,如摆正相互关系,称谓礼貌得体;用尊重的语气、婉转的措辞表达观点,让收信人易于接受;第一次跟收信人联系时,采用正式严肃的风格,给对方留下严谨、专业的印象;注意换位思考,照顾对方利益,避免产生隔阂等。

（四）例文和分析

发件人:Email 地址	正文采用缩进式。
收件人:Email 地址	
尊敬的王院长:	
您好！您昨天发来的邮件已经收悉。	
我们正在按照合同和计划开展工作,已经完成了机房部分设备和部分网络线路安装。	安装进展、新情况、处理意见分段陈述。
贵方技术员向我方提出了两项合同外的安装要求:一是要求增加一层 800 平方米楼层的网络布线,二是要求增装一台思科 WSC3560G 网络交换机。	
经测算,项目预算需要增加 3.8 万元,用于交换机、网络线购买及其安装工程;另,希望贵方能同意在合同规定施工期基础上延长 10 天工期。	态度恭敬。
对这两个问题您怎么看,期待您能尽早反馈贵方的意见,以便我们决定是否调整安装计划,以确保按期完成合同安装任务。	
谢谢！	
项目经理:×××	
2017 年 12 月 15 日	

四、申请书

（一）申请书的概念

申请书是个人或集体向上级或有关部门提出请求，希望得到批准或解决问题的专用书信。

▶ **课堂活动**

请分析下面这份入党申请书在写法上存在什么问题？

入党申请书

尊敬的辅导员老师，并党支部：

你们好！我是 2015 级药学 3 班的窦×× 今年 19 岁了。为了促进自己的全面发展，也为了毕业时更有就业竞争力，在父母的多次督促下，今天我终于鼓起勇气，向你交上我的入党申请书。

（对党的认识，略）

非常希望老师们能接受我的申请，帮助我早日加入中国共产党。在此，对老师们的关心和帮助表示衷心的感谢！

申请人：窦××
2016 年 7 月 1 日

（二）申请书的特点

1. 目的性　申请书是个人或下级为了解决某一具体问题写给组织或上级的，目的是争取组织或上级对这一具体问题的了解，并给予帮助、批准或解决，因此问题与事由以及如何解决都要求清楚、具体。

2. 单一性　申请书一般一事一申请，不在同一份申请书中提出多个问题或多项请求。

（三）申请书的适用范围

1. 申请参加某种组织　即希望参加某党派或某一社会团体而写的申请书，如入党（团）申请书、入会申请书。

2. 请求解决具体问题　即个人或集体向上级或有关部门请求解决工作、学习、生产、生活等方面的某个问题而写的申请书，如设备维修申请书、贷款申请书、进修学习申请书等。

3. 要求准许某种权利　即个人或集体向上级或有关部门请求授予某项权利的申请书，如专利申请书、使用权申请书等。

（四）申请书的写作格式

申请书的结构一般包括标题、称谓、正文、署名和日期五部分。

1. 标题　第一行居中书写，标题字号一般比正文所用字号大，可直接写"申请书"，也可写成"事由+申请书"的形式，如入党申请书、专利申请书。

2. 称谓　标题下空一行顶格书写，称谓后加冒号。申请书的称谓名称一般只有 1 个，可直接写申请书应当递交的上级或有关部门名称，如"党支部""人力资源部"；也可以根据情况，在名称前选择增加"敬爱的""尊敬的"等修饰语,如"敬爱的×××党支部""尊敬的人力资源部×××部长"等。

3. 正文　主要包括三部分内容:

(1)申请事项:即请求上级或有关部门解决的具体问题。

(2)申请事由:即申请的理由或意义。申请事由是正文的核心内容,要求客观、充分,富有说服力,有利于受理者接受申请,同时简洁明了。入党(团)申请书还需要阐述对党(团)的正确认识,内容较多的可从几个方面分段书写。

(3)请求解决:即希望受理者批准或帮助解决的话语,如"望予协助解决""恳请批准申请""如能给予解决,将不胜感激"等。

正文之后,按一般书信格式书写"此致　敬礼!"之类的尾语。日常事务申请也可以不写尾语。

4. 署名　在尾语的下一行靠右书写,个人递交的申请书一般写"申请人×××",其中自己的姓名应清晰签名;以集体名义递交的申请书可直接书写集体的名称,并在署名和日期处加盖公章。

5. 日期　日期写在署名的右下方。

(五)例文分析

<table>
<tr><td colspan="2">

申　请　书

</td></tr>
<tr>
<td>

尊敬的院长:

　　现申请购配一台新的办公电脑。我办仅有的一台闲置电脑购于 10 年前,经技术人员检测,CUP 存在严重故障,维修成本较大。同时,我办新来一名秘书,为了提高工作效率,决定办理此台闲置电脑的报废手续,并申请新配一台个人办公用电脑。

　　以上申请,请予批准解决。

办公室(盖章)

2016 年 7 月 10 日

</td>
<td>

称谓不恰当,存在越级申请的问题。

　　申请理由充分。

</td>
</tr>
</table>

五、倡议书

▶▶ **课堂活动**

请分析下面这份倡议书在写作上存在什么问题?

困难儿童救助爱心捐款倡议书

亲爱的全省大学生朋友们:

　　有一类生活, 没有亲历你就难以想象它的艰难;有一些地方, 没有去过你就难以体验那般困苦;有一种眼神, 没有遇见你就难以感知她的渴望。 当我们享有快乐的大学生活时,一些困难儿童正在艰难的生活环境中挣扎, 他们, 有的父母双亡, 有的辍学打柴, 有的期盼寒冬里穿上一双暖鞋, 有的渴望饥饿时吃上一碗热饭……让我们献出一份爱心，救助这些祖国未来的花朵。　特倡议如下：

1. 人人都献出一份爱，捐出一个月的生活费。　资助一名小学生每年只要150元。

2. 提倡同寝室或同班级的同学结队资助一两名失学儿童。

3.（略）

附：困难儿童个人信息及其艰难的生活照片

××班团支部

2016年6月1日

（一）倡议书的概念

倡议作为动词的意思是"首先建议或发起"，作为名词的意思是"首先提出的主张"。倡议书中的"倡议"包含动词和名词两种词性意思。倡议书是个人、群体或组织为发起某项有意义的社会活动，提出号召性主张，号召群众响应而首先发出的一种应用性文书。

倡议书可通过张贴、媒体发布或散发等方式发出。

（二）倡议书的特点

1. **首发性**　倡议书通常是其发出者充分认识到某项社会活动的意义，认为确有必要在一定的社会范围内积极倡导或推行时，首先公开发出的文书。

2. **群众性**　倡议书的目的是在一定范围内激发广大群众的热情，积极响应或开展某项有意义的社会活动，齐心协力地弘扬文明新风尚，或落实开展公益性的社会活动。如环境保护、抵制医药购销领域的不正之风、赈灾捐款等。

3. **号召性**　倡议书一般就有意义的社会活动提出建议或主张，号召更多的人响应参与、采取行动、付诸实践。倡议书本身不具有强制性和约束力，知悉倡议书的人可以响应，也可以不表示响应。

（三）倡议书的写作格式

1. **标题**　第一行居中书写"倡议书"或者"事由+倡议书"，如"文明上网倡议书"。标题所用字号比正文字号大。

2. **称谓**　第二行顶格书写倡议书所号召的对象，称谓后加冒号。称谓可以是某类单位，也可以是某类人群，如"全省医疗机构、医药生产与营销公司""亲爱的同学们"等。

3. **正文**　一般包括如下三部分内容：

（1）发出倡议的原因、理由或目的、意义：阐明倡议活动的重要意义，激起群众的共鸣，吸引群众自觉自愿地参与到倡议活动中来。一般只用一段文字，接着写过渡句，如"为此，我们倡议如下""为了……我们提出如下倡议"，引出下文的倡议内容。

（2）倡议内容：这一部分是倡议书的重点，一般采用分条列项方式书写，着重写明倡议主张，以及群众在思想上、行动上如何响应。

（3）提出希望：用精练的语言向倡议对象提出富有号召力和感召性的希望，进一步激励群众热烈响应、采取行动。

4. 署名和日期　在正文右下方署上倡议书发出者,并在其正下方注明倡议书的发出日期。如果倡议书的发出者是具体较大社会影响的个人或一群人,可采用签名字体署名。

（四）倡议书的写作要求

1. 内容具体,主张可行　即倡议何种活动、倡议的原因和意义是什么、倡议主张有哪些,均要具体写明。倡议主张应当合情合理、切实可行,不能脱离客观实际,超出群众可接受的度,让群众有意愿并且有能力参与到倡议活动中。

2. 语言简洁,富有号召力　倡议书一般不超过1页纸,正文语言应力求简洁、精练,说原因、说目的,简明扼要,让群众一看就懂;说主张、说响应,言简意赅,让群众欣然接受。由于倡议书不具有约束力,因此倡议书的语言要具有较强的号召力,主要体现在倡议内容能被群众理解和信服,倡议主张贴近群众的意愿和价值标准,倡议希望对群众具有感召力,切忌脱离实际、空喊口号。

（五）例文和分析

"文明上网,从我做起"倡议书

亲爱的同学们:

　　互联网已经渗透到人们学习、生活各个领域,成为获取信息、交流思想、娱乐互动的重要平台。网络带给我们方便同时,不良资讯、长时间上网也危害着我们的身心健康。一些网站传播不健康信息、发布庸俗图片、提供不文明声讯服务,甚至传播严重危害社会的内容,都会腐蚀我们当代大学生的人生观、价值观、道德观,甚至导致少数人行为失范。营造健康文明的网络文化环境,已成为维护社会和谐、保护青年学生健康成长的迫切需要。文明上网,从我做起,为此,我们向全校同学发出如下倡议:

　　一、遵纪守法,摒弃违法违纪。严格遵守国家有关互联网的法律法规,自觉依法上网,不制作、不发布、不传播危害国家安全、危害社会稳定、违反社会公德的有害信息,抵制一切违法、违规行为。

　　二、自警自律,摒弃消极颓废。提倡先进文化,坚决抵制腐朽文化,不传播不健康文字和图片,不搜索不健康内容,不链接不健康网站,不在网络社区、论坛、聊天室、博客中发表、转载庸俗、格调低下的言论、图片、音视频信息,营造健康文明的网络文化环境。

　　三、相互尊重,摒弃造谣诽谤。使用文明用语,抵制不文明行为,不在网上谩骂、攻击他人,不侵犯他人隐私,不在网络上冒名顶替、诬蔑欺骗,不拨弄是非、造谣生事,争做道德模范,共同促进网络和谐共处。

　　四、诚实守信,摒弃弄虚作假。坚持客观、公正、自由,发表客观、真实的信息,不在网上散布虚假言论,共同促进网络安全可信。

旁注：

用"事由+倡议书"作标题。

倡议事由、原因辩证陈述,说服力强。

倡议内容分条列项,文字简洁;每条内容首句采用排比句,易于记诵。

五、学习为要,摒弃荒废学业。正确处理上网与学习、生活的关系,以学习为我们在校大学生的第一要务,善于借助网络资源提升自身素质,不沉迷于网络世界和网上闲聊,不做网络游戏的"俘虏"。

六、安全上网,摒弃网络犯罪。增强安全上网意识,不传播网络病毒,不随便约见网友,不利用网络实施诈骗犯罪,不被虚假信息蒙蔽,不轻信网络世界会发生"天上掉馅饼",保护好自身安全,也维护好他人的安全。

美好的网络生活需要我们共同创造,文明的网络文化环境需要我们共同保护。让我们积极响应《全国青少年网络文明公约》,文明上网,从我做起,让网络伴随我们健康成长,让网络成为我们大学生促进社会文明和谐的载体!发出号召,激励响应。

××医学高等专科学校学生会

2017 年 5 月 4 日

点滴积累 ∨

1. 求职信关系到你能否给用人单位的领导留下良好的第一印象。 求职信写作要求态度诚恳、内容真实、语言简练。 求职信一般不要超过 1 页纸。

2. 介绍信的作用是证明身份和说明任务事项。 介绍信是一种凭证和依据,也是一种简化的"公文",因此单位要建立介绍信管理和使用的规章制度。 证明信发挥核对事实的证明作用。

3. 电子邮件的主题尽量用一个或少数几个索引性关键词。 商务电子邮件的称谓书写前要认真核实收信人的姓名、头衔、职称、性别等信息。 商务电子邮件的写作要求包括内容准确完整、语言简练易懂、态度恭敬礼貌。

4. 申请书一般一事一申请。

5. 倡议书的正文包括三部分: 发出倡议的原因、倡议内容、提出希望。 倡议书一般不超过 1 页纸。

目标检测

写作题

【给定资料】

东汉永平 12 年,孝明帝令水利专家王景治黄(此前黄河已泛滥几十年)。王景受命于危难之际,率几十万兵士民工,修汴渠治黄河,历时一年,用费亿钱。自王景治河后,河行新道,维持了 900 多年未发生大改道,是时,汴渠成为东通江淮的主要水道。王景的主要工作是修建了自荥阳至千乘的黄河大堤,治理了作为东汉漕运主要通道的汴渠。王景治河后。黄河相对安澜 800 年,据分析与王景所选定的东汉故道河身较短、地势较低,因而行河路线较优有关;另外,"十里立一水门,令更相回注"所描述的可能是一种利用沿河大泽放淤的工程措施,这对于延长行河年限也有一定作用。以上所述主要是从治黄工程的角度看问题,但据黄河水文、植保专家的研究,王景治河至隋代的 500 多年间,为黄河史上又一阶段,其特点是黄河下游河患相对较少,在此期间,黄河中游地区大暴雨的记录较少,这一时期黄河下游有分支,两侧又有较多湖泊洼地;但其中更重要的原因就是那时黄河输沙量的减少,否则,王景所开新河道(如汴水),也会很快被淤积,从而使河床不断淤高,降低其泄洪能力。这一时期黄河输沙量的减少并不是推论,而是有以下诸条事实,即在这一时期有关黄河水清的记载较多,且有"黄河清复清"的民谣。这一时期黄河输沙量的减少主要归因于黄土高原人口减少,植被得到一定恢复。安史之乱后,农牧界线又迅速北移到河套以北,大片草原又变为农田,又一次加剧了水土侵蚀,黄河下游灾害增多。五代、两宋至元、明时期,农牧界线一直游移于陕北和内蒙古自治区之间,直至清乾隆之后,农田植被更逐渐推移至阴山以北,这时整个草原几乎全部为当年生栽培作物所取代,水土流失非常严重,陕北风沙加剧,黄河下游水患频繁。王景治河后黄河安澜 800 年,他的治黄思路和做法很值得今人研究与借鉴。

作答要求

"给定资料"介绍了汉代王景治理黄河的思路和做法。请概括王景治河后黄河安澜 800 年的主要原因。

【要求】简明扼要,条理清楚。不超过 200 字。

（张万强）

参考文献

1. 刘静.实用写作.北京:人民卫生出版社,2009.

2. 王劲松,刘静.医药应用文写作.北京:人民卫生出版社,2013.

3. 阮田保.医药工作应用文.2版.北京:科学出版社,2009.

4. 钟君.申论万能宝典.北京:教育科学出版社,2010.

5. 王春.应用文写作.北京:清华大学出版社、北京交通大学出版社,2007.

目标检测参考答案

第一章 医药应用文写作基础知识

一、判断题

1. × 2. √ 3. × 4. × 5. √

二、改错题

1. 该公司每日的营业额 300 万元左右。

2. 请参会代表于 3 月 3 日到 XXX 报到。

3. 经学校团委研究决定,国庆长假期间将组织团员游览故宫。

4. 现将我区受灾情况报告如下:

5. 对李书记的讲话,与会代表们发出热烈的掌声。

第二章 医药工作事务文书写作

(略)

第三章 医药工作公务文书写作

一、单项选择题

1. C 2. A 3. D

二、判断题

1. × 2. × 3. × 4. ×

第四章 医药经济类文书写作

单项选择题

1. C 2. D 3. A 4. C 5. D 6. D 7. D 8. A 9. B 10. C

11. C 12. C 13. C 14. C 15. B 16. A 17. C 18. D 19. A 20. A

第五章 医药工作礼仪文书写作

一、单项选择题

1. C   2. B   3. B   4. D   5. C

二、简答题

答案:欢迎辞不一定要写得文采飞扬,具有浓郁的文学色彩。欢迎辞语言要精确、友好;措辞要得体、慎重;感情要真挚、诚恳;写作前要了解相关情况,写作的内容才会丰富而准确,而不是只堆砌一些华丽的辞藻。

欢送辞要表达惜别之情,但不必写得催人泪下。欢送辞有惜别性的特点。发言人要将依依惜别之情溢于言表,真切地表达出送别的感受,要写得真挚恳切,当然格调也不可过于低沉,尤其是公共事务的交往更应把握好分别时所用言辞的分寸。

第六章 医药新闻类文书写作

一、单项选择题

1. B   2. C   3. B   4. C   5. D   6. D   7. A   8. C

二、多项选择题.

1. ACD   2. BC   3. ABCD   4. AC   5. BC   6. AD   7. ACD   8. ABD   9. ABCD   10. ABC

三、简答题

1. 答案:新闻是对新近已发生和正在发生的,具有一定社会价值或有一定影响并引起公众兴趣的事实、现象、动态等所进行的报道。

新闻有广义和狭义之分。广义的新闻是指新闻报道的各类体裁,如消息、通讯、评论、特写等。狭义的新闻专指消息,消息是新闻传播的主要形式,使用频率最高,我们这里所要讲的新闻的写作就是消息的写作。

2. 答案

(1)对比性材料:主要通过对比衬托,以突出新闻事实的意义,阐明某一主题、表明某种观点。通过对比,突出矛盾和差异,显出特点和价值。通常有两种情况:一是纵比,即今昔对比,前后对比。二是横比。

(2)说明性材料:它往往是对与新闻事实相关的政治背景、地理背景、历史背景、思想状况或物质条件等情况作介绍和交代,用以说明事物产生的各种因素,揭示事物发生或变化的意义。

(3)注释性材料:它往往对产品(物品)的性能特点、科技成果、技术性问题、名词术语、文史知识、风俗人情等进行注释、介绍,以帮助读者掌握消息内容、增长知识和见闻。

3. 答案

(1)必须用事实讲话,要选择和运用典型事例对事实进行概括,处理好议论与叙述的关系(消息中的议论必须是从事实本身得出来的结论,不能抽象推理)。

(2)必须完全真实,可靠,有一说一。要真实可信,分寸得当。还要强调反映本质的真实,不搞片面性和表面性。

(3)新闻要新,时间新、内容新、角度新、结构新。

(4)坚持新闻的党性原则就是强调思想性,主要是指指导性、正确性、针对性方面。

(5)要有可读性,即要顾到知识性、趣味性、使读者感到有趣味。

四、分析题

(略)

第七章 医药科技文书写作

(略)

第八章 医药法律文书写作

一、单项选择题

1. D 　　2. B 　　3. D 　　4. C 　　5. C 　　6. A 　　7. C 　　8. A 　　9. C 　　10. D

二、多选题

1. ABC 　2. ABCD 　3. ABCD 　4. BCD 　5. BD 　6. ABD 　7. ABC 　8. BD

三、简述题

1. (略)

2. 写作要件:标题、首部(答辩人及其它参加人的姓名、住址、职务等基本信息)、事由(被答辩案件的立案编号等信息)、答辩意见、证据和证据来源、答辩人具名。

写作要领:(1)以写答辩理由为主。(2)要特别注意实事求是,以理服人。

四、文书写作题

本部分主观题。无唯一标准答案,请依照教材所讲授的相应文书的格式、内容(写作事项)、格式化用语、记叙事实以及阐述理由等方面的要求,运用法律文书写作的基本要求中所讲的技巧,进行个别化写作。

第九章 申论及专用书信

【参考解析】

人为原因:

1. 河行新道汴渠,河身短、地势低、行河路线优。

2. 修建大堤,沿河大泽放淤,延长行河年限。

3. 政府重视,投入人力、财力、物力。

自然原因:

1. 时期特殊,河患暴雨少,两侧有湖泊洼地。

2. 黄河输沙量少。

3. 人口减少,植被恢复,农牧界线转移。

医药应用文写作课程标准

（供药学、药物制剂技术、化学制药技术、中药制药技术、生物制药技术、药品经营与管理、药品服务与管理专业用）

ER-课程标准